权威·前沿·原创

皮书系列为
"十二五""十三五"国家重点图书出版规划项目

BLUE BOOK

智库成果出版与传播平台

湖北文化产业蓝皮书

BLUE BOOK OF HUBEI CULTURE INDUSTRIES

湖北文化产业发展报告（2019）

ANNUAL REPORT ON HUBEI CULTURE INDUSTRIES (2019)

湖北省中国文化传承与发展优势学科群
湖北大学湖北文化产业研究中心　　／编
当代文艺创作研究中心
湖北文化建设研究院

主　编／黄晓华
副主编／牛　旻　张　琦　聂远征

社会科学文献出版社
SOCIAL SCIENCES ACADEMIC PRESS (CHINA)

图书在版编目(CIP)数据

湖北文化产业发展报告. 2019 / 黄晓华主编. --北京：社会科学文献出版社，2020.2
（湖北文化产业蓝皮书）
ISBN 978-7-5201-6203-6

Ⅰ.①湖… Ⅱ.①黄… Ⅲ.①文化产业-产业发展-研究报告-湖北-2019　Ⅳ.①G127.63

中国版本图书馆 CIP 数据核字（2020）第 028805 号

湖北文化产业蓝皮书
湖北文化产业发展报告（2019）

主　　编／黄晓华
副 主 编／牛　旻　张　琦　聂远征

出 版 人／谢寿光
责任编辑／周　琼
文稿编辑／张　弦

出	版／社会科学文献出版社·政法传媒分社（010）59367156
	地址：北京市北三环中路甲 29 号院华龙大厦　邮编：100029
	网址：www.ssap.com.cn
发	行／市场营销中心（010）59367081　59367083
印	装／天津千鹤文化传播有限公司
规	格／开　本：787mm×1092mm　1/16
	印　张：19.75　字　数：297 千字
版	次／2020 年 2 月第 1 版　2020 年 2 月第 1 次印刷
书	号／ISBN 978-7-5201-6203-6
定	价／118.00 元

本书如有印装质量问题，请与读者服务中心（010-59367028）联系

▲ 版权所有 翻印必究

湖北文化产业蓝皮书编委会

顾　问　江　畅　刘玉堂

主　任　刘川鄂

副主任　黄晓华

委　员　（按姓氏拼音排序）
　　　　　傅才武　郭康松　黄　勤　黄卫星　黄永林
　　　　　李建华　李志飞　梁艳萍　刘保昌　刘继林
　　　　　邵俊青　吴成国　朱伟明

主要编撰者简介

黄晓华 男，博士，湖北大学文学院教授、博士生导师，湖北大学湖北文化产业研究中心常务副主任，中华文化发展湖北省协同创新中心研究员，美国加州大学洛杉矶分校（UCLA）访问学者（2013）；主持完成国家社科基金课题1项，主持完成省部级课题9项；出版专著3部，在《文学评论》等刊物发表论文40余篇；获湖北省、武汉市社科优秀成果奖三等奖各1次；2013年获"湖北五一劳动奖章"。

李志飞 男，博士，湖北大学商学院旅游系教授，北京大学博士后（2008~2010），美国北亚利桑那大学访问学者（2014~2015），2014年入选国家旅游局旅游业青年专家人才计划，湖北省旅游学会常务理事；主持国家社科基金、教育部人文社科基金等课题10余项；在APJTR（SSCI）、旅游学刊等国内外权威期刊发表学术论文20余篇；担任多地旅游规划评审专家和旅游产业发展顾问。

聂远征 男，博士，湖北大学新闻传播学院副院长、副教授、硕士研究生导师，主要研究领域为文化传播，中国新闻史学会会员，湖北网络协会会员，英国威斯敏斯特大学传媒、艺术与设计学院中国传媒中心访问学者（2015~2016）；主持国家社科基金项目1项，主持完成省部级纵向课题3项；曾获湖北省新闻奖（2012）、湖北省教学成果奖一等奖（2013）。

张 琦 女，硕士，湖北大学文学院副教授，曾任湖北人民出版社重点图书分社社长，具有多年出版从业经历，策划百余种时政、经济、文史类图书，策划的多个大型出版项目被纳入国家"十三五"出版规划，编辑出版的图书曾获得国家级和省级奖项 20 余种；目前为湖北大学编辑出版学专业负责人，主要研究方向为出版文化产业研究，在核心期刊发表论文多篇。

牛　旻　男，湖北大学文学院博士研究生，湖北工业大学艺术设计学院讲师，湖北文化创意产业化设计研究中心研究员；主持教育部人文社科基金、教育厅人文社科项目等省级以上课题 5 项；参与国家艺术基金、国家社科基金、湖北省政府智力成果重点招标项目、省教育厅哲学社会科学重大专项等省级以上课题 10 余项。

徐俊武　男，博士，湖北大学商学院副教授、硕士生导师，经济学系副主任，湖北省经济学会秘书、湖北省外国经济学说研究会理事；主持国家级研究项目 1 项，省级研究项目 2 项，在《统计研究》《财经研究》等核心期刊发表学术论文 10 余篇。

摘　要

随着《中共湖北省委、湖北省人民政府关于加快全省文化产业高质量发展的意见》等纲领性文件的出台，湖北文化产业已确立了"以高质量文化供给增强人们的文化获得感、幸福感。坚持正确导向，始终把社会效益放在首位；坚持深化改革，推进文化领域供给侧结构性改革；坚持融合创新，促进文化产业转型升级，培育新型文化业态；坚持特色发展，大力实施文化品牌战略"的核心思想。

2018年，湖北文化产业发展的政策环境与经济环境继续改善，"一主两副多极"的产业布局成形；对外主动加入国际知识产权交流保护合作；对内持续推进公共文化服务设施建设，民众文化获得感增强；文化旅游产业深度融合；传统文化的产业化路径渐趋清晰，现代文化产业稳步转型，新兴文化产业积极抢占新风口；文化扶贫和乡村振兴相得益彰，社会文化氛围保持升温，电子商务与快递物流进一步整合；一批龙头文化企业和拳头品牌走上可持续发展之路，"楚菜""潜江龙虾"等系统化文化品牌工程启动，以文化为导向与载体的产业融合正渐渐形成。与此同时，如何迅速提振文化消费，如何实现传统文化产业的可持续发展，如何推动新兴文化产业及时转型，依然是从业者与管理部门面临的难题。

《湖北文化产业发展报告（2019）》（以下简称《报告》）全面梳理了湖北省文化产业在2018年的发展状况，聚焦文化产业各门类在转型发展中的痛点与亮点，力求为从业者和决策者提供有益参考。

以大量政策解读、实地调研和数据分析为基础，《报告》认为，根据中共中央指示，湖北将在"一个新篇章"的总体要求下，以文化自信、文化强国、文化道路和文化使命的时代要求为指引，以文化软实力实现经济的

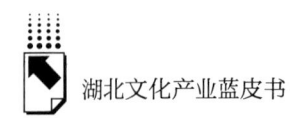

"硬发展"。《报告》认为，在新技术、新业态不断推动文化市场转型升级的当下，唯有坚持社会效益和市场效益相结合，深化体制改革，做强做大市场主体，吸引培养文化人才，激活增强文化消费，才能抓住机遇，推动湖北文化产业高质量发展，以高水平文化供给不断增强人民的文化获得感、幸福感。

《报告》是本研究团队连续第三年推出的湖北文化产业蓝皮书。经过进一步凝练方向、凸显特色，本书依然采取"总报告+指数报告+行业报告+专题报告"的结构，对文化产业中的核心门类做了统一梳理。同时，针对具有鲜明特色的传统产业门类或新兴门类，如汉绣、网红小镇等，课题组也进行了深入探讨。

关键词： 湖北文化产业　产业融合　文化供给　文化获得感

目　录

Ⅰ 总报告

B.1 湖北文化产业发展总报告（2018）……………… 黄晓华　牛　旻 / 001
　　　一　发展环境 ……………………………………………………… / 002
　　　二　发展概况 ……………………………………………………… / 006
　　　三　问题与挑战 …………………………………………………… / 013
　　　四　对策与建议 …………………………………………………… / 014
　　　五　结语 …………………………………………………………… / 017

Ⅱ 指数报告

B.2 湖北省文化产业发展指数发布与评价报告（2018）
　　　……………………………………………… 卿　菁　史映霞 / 018

Ⅲ 行业报告

B.3 湖北报业发展报告（2018）……………………… 张　琰　聂远征 / 034
B.4 湖北出版产业发展报告（2018）………………… 张　琦　陈　革 / 063

001

B.5 湖北省广播电视产业发展报告（2018）……… 路俊卫　彭　娅 / 083

B.6 湖北电影产业发展报告（2018）……………………… 刘　丽 / 099

B.7 湖北省广告产业年度发展报告（2018）…… 黎　明　崔世珍 / 113

B.8 湖北演艺产业发展报告（2018）…………… 胡晓亚　梁艳萍 / 130

B.9 湖北动漫产业发展报告（2018）…………………… 牛　旻 / 147

B.10 湖北文化旅游产业发展报告（2018）……… 李志飞　夏诚诚 / 164

Ⅳ 专题报告

B.11 湖北文化产业发展投融资分析（2018）…… 徐俊武　李诗媛 / 185

B.12 湖北省汉绣产业发展报告（2018）

　　　　　　　　　　　　　　　郭丰秋　王雨亭　谭维榕 / 199

B.13 湖北钢琴产业发展报告（2018）…………………… 王希翀 / 213

B.14 湖北省新华书店发展报告（2018）………… 张　萱　熊旭华 / 229

B.15 武汉"景绿网红小镇"发展状况调查……… 黄晓华　张义明 / 244

Ⅴ 附录

B.16 湖北文化产业发展大事记（2018年）………………………… / 276

B.17 后记 ……………………………………………………………… / 286

Abstract ……………………………………………………………… / 288

Contents …………………………………………………………… / 290

皮书数据库阅读使用指南

总 报 告

General Report

B.1
湖北文化产业发展总报告（2018）

黄晓华　牛旻*

摘　要： 2017~2018年，湖北文化产业发展的政策环境与经济环境继续改善，"一主两副多极"的产业布局成形，各地实现差异化发展，文化产业"走出去"步伐加快，主动加入国际知识产权交流保护合作，公共文化服务建设持续推进，民众文化获得感增强。在各省文化产业竞争日趋激烈、新业态飞速转型的当下，湖北将围绕国际级文化建设项目，进一步优化产业布局，以品牌为载体，系统化、持续推进产业融合发展，坚持社会效益和市场效益相结合，深化体制改革，做强做大

---

* 黄晓华，博士，湖北大学文学院教授、博士生导师，湖北大学湖北文化产业研究中心常务副主任，中华文化发展湖北省协同创新中心研究员，主要从事叙事理论研究、文化研究、文化产业政策研究；牛旻，湖北大学文学院博士研究生，湖北工业大学艺术设计学院讲师，主要从事文化产业研究。

市场主体，推动湖北文化产业高质量发展，以高水平文化供给不断增强人民的文化获得感、幸福感。

关键词： 湖北文化产业　产业融合　文化供给

　　2018年8月，湖北省统计局数据显示，湖北省第三产业产值已于2017年超过第二产业（2004年以来首次），在GDP占比中达到45.2%，成为国民经济第一大产业，湖北省国民经济三大产业占比排序从"二三一"转变为"三二一"。第三产业总量持续攀升，显示了湖北省服务业发展的良好势头，但不应忽视的是，增速依然相对较慢，比重依然相对偏低。

　　文化产业发展成效显著。随着湖北省委、省政府推动各项发展政策的陆续出台，各地逐步实现差异化发展，"世界设计之都""中国诗歌之城"等城市品牌建设成为国民经济发展的创新驱动力；文化与旅游系统合并重组，"诗和远方"的新模式推动文化旅游产业深度融合；文化扶贫成为乡村经济振兴的重要抓手；快递物流提质升级，迅速布局上线；新的龙头企业和知名品牌涌现，并形成可持续发展，如"楚菜""潜江龙虾"等新文化品牌项目，彰显了政企合作的强大合力。在产业快速稳步发展的同时，从业者与管理部门也依然面临进一步提振文化消费、推动新型文化产业及时转型等难题。

一　发展环境

（一）政策环境

　　2017~2018年，湖北省各项文化政策的制定与中央部委保持高度的一致性。在文化旅游、乡村振兴、非遗保护、新兴产业等领域，文化政策显示出明确的连贯性与创新性，为文化产业的提质升级起到了良好的保驾护航与引导作用。主要的政策法规与措施如下。

《关于深化职称制度改革的实施意见》（2018）
《湖北省公共文化服务保障条例》（2018）
《襄阳历史文化名城保护规划（2018—2035 年)》（2018）
《农村假冒伪劣食品专项整治行动实施方案》（2018）
《湖北省传统工艺振兴计划》（2018）
《省人民政府办公厅关于推动楚菜创新发展的意见》（2018）
《省人民政府办公厅关于推进电子商务与快递物流协同发展的实施意见》（2018）
《建设长江国际黄金旅游带核心区　推进旅游服务业提速提升工作方案》（2018）
《湖北省风景名胜区条例》（2018）
《神农架国家公园保护条例》（2017）
《湖北省"十三五"推进基本公共服务均等化规划》（2017）
《湖北省推进广告产业发展行动计划（2017—2020 年)》（2017）
《省人民政府关于新形势下加强打击侵犯知识产权和制售假冒伪劣商品工作的实施意见》（2017）
《湖北省特色小镇创建工作实施方案》（2017）
《湖北省文物安全管理办法》（2017）

顶层设计的导向作用进一步凸显。2018 年，在中央统一部署之下，湖北省文化厅和旅游局合并改组，正式成立了湖北省文化和旅游厅，"诗和远方"紧密结合，"以文促旅，以旅彰文"的文化战略成为今后文化产业发展的核心思想，产业融合进一步向纵深发展，新业态及时升级转型。

乡村振兴、传统文化保护与地方文化品牌发展战略加快融合。随着特色

小镇、楚菜、传统工艺振兴计划等一系列重要战略的确立，文、教、卫以及各种社会力量得到了有效整合，传统文化的传承与发扬，正在融入教育、融入经济、融入社会生活的各个层面，与扶贫形成合力，与创新相得益彰。

（二）经济环境

2017年，湖北生产总值达到35478亿元；2018年，湖北生产总值达39367亿元，增速高于全国平均水平1.2个百分点，高于预期0.3个百分点。其中，现代服务业增速居全国第一位，增速达24.9%；高新技术产业市场主体快速增长，规模以上高新技术产业市场主体达5206家，新增高新技术产业市场主体对高新技术产业增长的贡献率为28.5%。

当前，我国经济增长放缓，湖北的现代服务业及高新技术产业实现较快增长，得益于有效的产业结构转型。可以清楚看到，湖北生产总值对服务业和新技术的依赖度逐渐提高，从文化到产品的产业链条进一步打通，运行更加顺畅。

2017年，在三大产业构成中，第三产业总值为16507亿元，在GDP中占比继续提升，达到46.5%，增速则继续趋于平稳（见表1）。值得强调的是，自2004年以来，第三产业第一次超过第二产业，成为湖北国民经济最大产业。

表1 2015~2017年湖北三大产业总值及构成

单位：亿元，%

年份	第一产业及占比	第二产业及占比	第三产业及占比
2015	3310,11.1	13753,46.0	12820,42.9
2016	3659,11.2	14650,44.9	14352,43.9
2017	3529,10.0	15442,43.5	16507,46.5

资料来源：湖北省统计局社会和科技统计处、湖北省委宣传部文化产业处编《2017湖北文化及相关产业统计概览》。

2017年，湖北文化及相关产业的增加值首次突破1000亿元，占全省GDP的比重升至3.28%，增长势头明显（见表2）。在中部六省中超过安徽省,上升到第三位;与排名前两位的河南(1342亿元)和湖南(1280亿元)差距进一步缩小(见表3)。

表2 2015~2017年湖北文化及相关产业增加值及GDP占比

单位:亿元,%

年份	增加值	占GDP比重
2015	853.8	2.89
2016	954.5	2.92
2017	1164.1	3.28

资料来源:湖北省统计局社会和科技统计处、湖北省委宣传部文化产业处编《2017湖北文化及相关产业统计概览》。

表3 2015~2017年中部六省文化及相关产业增加值

单位:亿元

省份	2015年	2016年	2017年
山西	269	292	330
安徽	834	976	1088
江西	614	703	708
河南	1112	1213	1342
湖北	854	954	1164
湖南	1372	1459	1280

资料来源:湖北省统计局社会和科技统计处、湖北省委宣传部文化产业处编《2017湖北文化及相关产业统计概览》。

从三大产业的就业人员构成看,第一产业就业人数逐年递减,在2017年降至1300万人以下(1278万人),第二产业人数稳中有升,从2016年的837万人升至2017年的839万人,第三产业就业人员增长较为明显,2015~2017年依次为1420万人、1458万人、1493万人。2017年湖北省三大产业就业人员构成如图1所示。

从居民收入与消费,以及文化娱乐消费情况看,2017年,湖北全省居民人均消费支出达到16938元,年增幅为6.6%,人均文化娱乐支出则达到689元,增幅为16.7%。文化娱乐支出增幅跑赢了消费总支出。其中,城镇居民文化娱乐支出增幅为15.3%,农村居民文化娱乐支出重新实现增长,增幅为19.7%。

文化娱乐消费支出在总消费支出中的占比较低,依然是湖北文化产业面

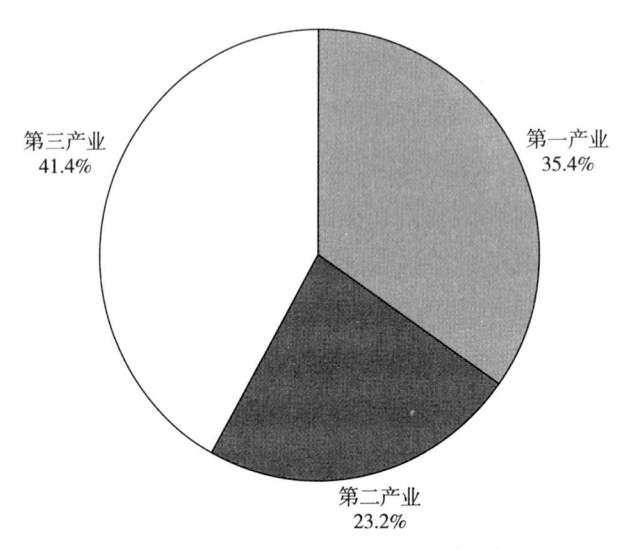

图1 2017年湖北省三大产业就业人员构成

资料来源：湖北省统计局社会和科技统计处、湖北省委宣传部文化产业处编《2017湖北文化及相关产业统计概览》。

临的突出问题。2017年，全省城镇居民的文化娱乐消费支出占比为4.8%，而农村居民的这一数据仅为2.3%。

二 发展概况

(一)"一主两副多极"的产业布局

2017年，湖北省文化及相关产业增加值突破1000亿元，达到1164.1亿元，增速达到21.96%，超过GDP增速，占GDP的比重达到3.28%，与2016年（954.5亿元，GDP占比为2.92%）相比，增加值与占比均有显著提升。

综观全省，2017年增加值最高的依然是武汉市（619.10亿元），占全省的比重达到53.18%；增加值最低的神农架（2.12亿元）增幅也较为明显，与2016年相比达到22.54%。2016年，增加值低于10亿元的共有3个，分别为潜江（5.40亿元）、天门（5.98亿元）和神农架（1.73亿元），到了2017年，天门市突破10亿元（10.03亿元），全省未突破10亿元的只剩2个。

襄阳与宜昌依然位列文化产业增加值的第二、第三，但总量及GDP占比均有轻微下降，襄阳由2016年的114.28亿元降至112.94亿元，宜昌则由2016年的111.63亿元降至101.18亿元，受产业结构改变的影响较为明显。文化产业增加值较2016年有所下降的共有3个市，分别是襄阳、宜昌和咸宁。

武汉继续呈现强大的集聚效应。2017年，武汉规模以上文化及相关产业法人单位由505家增加到726家，占全省总数（2117家）的34.29%，比例进一步提高。此外，无论是从业人数（占全省54.50%），还是资产总计（占全省71.42%），乃至营收（占全省52.56%），都占到全省总量的50%以上。

在"一主两副多极"中的"两副"——宜昌与襄阳滞胀的同时，孝感、荆州、黄冈等市实现了高增长。2017年，全省文化及相关产业增加值达到20亿元以上的市增加到11个，2016年则是7个，全省各地文化产业的"多极"特征渐趋成形，各地文化品牌战略逐渐清晰，特色进一步彰显。

（二）机构合并重组，新战略引导新业态

2018年，湖北省文化和旅游厅正式组建成立。湖北省文化和旅游厅的成立，是在推进文化旅游领域治理体系和治理能力现代化、满足人民日益增长的美好生活需要的时代背景下，一次及时有效的机构调整与改革探索。"以文促旅，以旅彰文"的新战略思想，将有效推动湖北省文旅事业深度融合，探索文化与旅游融合发展的规律，使资源优势向发展优势转化，从而为湖北文化产业提供新的驱动力，开创文旅强省的新格局、新面貌。

2018年，在由中国旅游研究院和中国旅游协会联合主办的旅游集团发展论坛上，鄂旅投入围全国旅游集团二十强名单。鄂旅投成功入围全国二十强，印证了湖北文旅融合战略的效果，正是由于紧密围绕省委、省政府战略部署，以文化旅游为主业，鄂旅投凭借恩施大峡谷等精品文旅项目，成功塑造了文化品牌，有效融合了地方经济文化，推动了新业态的形成。

（三）品牌战略成效显著，各地实现差异化发展

经过上一阶段的转型发展，省内各地的文化品牌战略渐趋清晰，纷纷走上适合各自特点的差异化发展之路。

以大型产业展会为例。2018年9月，武汉市举办了第五届中国（武汉）期刊交易博览会，以"新时代、新理念、新发展"为主题，吸引了52个国家和地区来汉参展。作为全国唯一一个国家级的综合性期刊博览会，刊博会已经成为湖北文化事业与产业的名片，也成为全国期刊行业的高地与平台，影响力日益彰显。2018年5月在武汉举办的首届中国游戏节，则吸引了140多家国内外主流游戏企业和硬件厂商参展，是一次集"赛、展、会、活动"于一体的综合性娱乐展会，在组委会"以泛娱乐产业为目标市场，以节日运作模式为主导，通过游戏与泛娱乐产业的创新融合，推进文化创意产业发展，使之成为城市经济发展的重要引擎"的主导思路下，该游戏节有望成为武汉"互联网+""文化+"的一张新名片，为武汉塑造良好的新城市形象。

各地的文化品牌战略日益呈现多样化特征。"潜江龙虾"形成共享品牌，是政府有效介入文化品牌塑造的良好案例。2018年5月，潜江市政府发起公用品牌协作，与嘉鱼、武穴、黄梅、赤壁、通城、通山、崇阳、咸宁市咸安区等8地签订《共享"潜江龙虾"区域公用品牌合作协议》，品牌和技术共用，结成"潜江龙虾"产业区域性战略合作伙伴，整合省内分散的饮食文化资源，统一推广、使用标准化养殖技术、区域公用品牌及形象。签约的9地小龙虾产量占全省的1/3，湖北省小龙虾区域公共品牌由此正式形成。"潜江龙虾"在经过18年发展之后，终于在省政府工作报告中得以确立，其品牌创建上升为省级文化战略；潜江市在2018年制定了14项技术标准，建立了涵盖全产业链的标准体系，获批"潜江龙虾"国家地理标志证明商标。经过政商合作、资源整合，一个强有力的地方文化品牌正冉冉升起。

宜昌打造"中国诗歌之城"，是政府转变管理职能、激发社会机构和资金活力的成功典型。宜昌市有浓厚的诗歌文化传统底蕴，但一度因缺乏资金导致大批诗社、诗人的诗会活动难以为继。从业者根据文化事业和产业的新形势，创新采用品牌战略，如以诗歌为主题开发酒产品等文化衍生品，与秭归县政府合作，将诗会与端午文化节结合，为诗歌产业搭建平台，起到了良好效果。2011年，秭归被评为"中国诗歌之乡"；2014年，宜昌被中国诗歌学会评为"中国诗歌之城"，同年设立了"中国屈原诗歌奖"，成为中国诗歌学会的诗歌单项最高奖；2017年，宜昌首次举办中国诗歌节。截至2018年，宜昌的诗歌文化活动已基本普及，共有200多个民间诗社，近2万群众参与诗歌创作，"中国端午·诗意宜昌"成为宜昌走向全国的文化名片。

（四）文化扶贫有效驱动乡村振兴

随着湖北省基层文化工作向纵深发展，文化扶贫和乡村振兴结合更为紧密。

精准扶贫的路径不断创新，方式更为科学。2018年10月，湖北省委宣传部与中央电视台签署了《中央电视台"国家品牌计划——广告精准扶贫"项目合作备忘录》。下一阶段，将有大批湖北的农副产品登陆央视，以公益广告为载体，在央视的黄金时段免费播出，单个产品的日播出频次不低于20次。湖北农副产品与"国家品牌计划——广告精准扶贫"项目牵手合作，是在"以公益传播服务国家战略"的指导思想下，进一步打通精准扶贫的关节点，通过将武当道茶、蕲艾、房县小花菇、红安花生等湖北优质农产品向全国推介，以"文化+扶贫"的方式，推动贫困农户脱贫致富。

特色产业成为乡村振兴抓手。咸宁市出台了《关于推进乡村振兴战略实施的意见》，明确了"不搞千村一面"，以产业兴旺带动乡村振兴。2018年，咸安区以"赏花经济"为主题打造万亩油菜田园综合体，通城县重点发展油茶种植业，嘉鱼县锁定富硒蔬菜种植，各地有效推动差异化发展。

国家级平台、项目成为重要载体。2018年，孝感市出台了《孝感雕花剪纸传统工艺振兴工作计划》，明确以市场为导向，提升雕花剪纸的制作、管理水平，打造全国剪纸文化交流平台。该计划指出，在平台搭建方面，要建设雕花剪纸传承中心，以高校为雕花剪纸人才的培养平台；建立师资库与专家库，形成产业发展的智库平台；举办大型文化交流、技能大赛，打造全国雕花剪纸交流平台；使雕花艺术与日用品生产结合，增强市场竞争力，打造产业平台。2018年，文化和旅游部、工业和信息化部公布了第一批国家传统工艺振兴目录，全国共有383项民艺入选，湖北省共计13项入选，分别是楚式漆器髹饰技艺、汉绣、孝感雕花剪纸、鄂州雕花剪纸、仙桃雕花剪纸、武汉木雕船模、老河口木版年画、黄梅挑花、红安绣活、阳新布贴、通山木雕、麦秆剪贴、土家族吊脚楼营造技艺。随着《湖北省传统工艺振兴计划》的印发，湖北将建立传统工艺振兴目录，将工匠精神的传承与文化市场的开拓结合，以荆楚传统工艺特有的文脉为引导，提升手工艺文化产品品质，使之融入现代生活，促进城乡就业，培养技艺传承队伍和工艺大师，形成市场前景好、竞争力强的大型传统工艺企业。

（五）提速驶向"一带一路"，文化产业"走出去"步伐加快

随着我国"一带一路"建设持续推进，湖北省文化产业走出国门、积极参与跨国跨地区发展的步伐显著加快。

2018年，湖北多次深度参与"一带一路"沿线文化事业建设，如10月的"澳门妈祖文化旅游节"，即以专题推介、文化展演和主题展览等多种文化活动为媒，对"灵秀湖北""湖北，从长江走来"等重要文化品牌概念作了有效的对外传播，并搭建澳门世界旅游休闲中心、葡语国家合作平台和武汉"世界设计之都"等世界级文化品牌之间的深度合作关系，旨在推动湖北省与葡语国家及"一带一路"共建国家的文化产业交流与协作。

传统工艺走向国际化的步伐加快。2018年11月，"中日韩漆艺对话"学术研讨会暨全国漆艺邀请展开幕式在荆州举行。来自日本、韩国、澳大利亚等国的漆艺专家和国内漆艺专家、传承人、学者汇聚荆州传统工作站，就"弘扬大漆文化，振兴楚式漆艺，开创优秀传统文化传承创新新局面"的主题做了研讨，同时成立了湖北省图书馆大漆分馆。

借力文创产业，湖北文化走向世界。2018年6月，"中国文化周——湖北省文创产品展示"在德国柏林举行，其通过内容丰富的展览和专题演讲，向德国文化节和文化产业界有效推介了湖北文化，介绍了改革开放以来湖北各城市的创意产业发展状况，通过楚漆器、剪纸艺术等传统技艺与数字文创产品的综合展示，呈现了湖北创意城市的精神风貌与时代内涵。2018年4月，"2018德国·中国湖北文化节"在柏林举行，这是湖北省与柏林中国文化中心又一次较为成功的合作，其间在柏林开展了"大漆走世界——湖北美术馆馆藏漆艺精品展""湖北综艺演出"等系列活动，《龙飞凤舞》《龙船调》《洪湖水浪打浪》《飞天》等曲艺节目将二胡、笙箫、琵琶等民乐向德国观众全面展示，湖北美术馆馆藏的多件漆画、漆器则进一步打开了中德文化交流的窗户。

（六）主动融入国际知识产权交流保护合作

随着湖北文化产业加速融入世界文化产业，湖北省委、省政府加快了相关政策法规的出台。《关于加强知识产权强省建设的意见及其实施方案》《加强专利创造保护运用暂行办法》等一批法规的颁发，为湖北文化产业驶向国际市场保驾护航，设置了航标。湖北拥有较为庞大的文化市场，发展潜力巨大，市场化、国际化和法治化建设成为文化产业发展的内在需求，在亚洲，湖北与日本和韩国的贸易关系紧密（日本和韩国分别是湖北省第三大、第四大贸易伙伴），进一步规范市场管理，营造更加有序的市场环境，成为湖北与相关国家、地区合作共赢的基础。

2018年12月，"中日韩知识产权用户研讨会"在武汉举行，共计200余位来自中日韩的知识产权界专家，以三国间的知识产权保护为主题，对相关新政、企业实践等话题进行了深入研讨，为相互间文化市场的开放与协作献计献策。

对知识产权的保护和管理成为"互联网＋"时代的重要议题。湖北省农业农村厅、省知识产权局等六部门联合印发《农村假冒伪劣食品专项整治行动实施方案》，深入推进农村食品商标大保护行动，一方面，进一步严

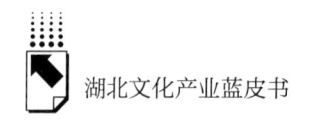

控商标注册，严厉打击恶意抢注、囤积商标等违法行为；另一方面，形成专项保护合力，加强各级机构的配合协调，确保农村食品商标大保护工作高标准、高效率完成，并形成延续性。

（七）公共文化服务建设持续推进，民众文化获得感增强

加快基层公共文化服务设施体系建设是湖北文化产业发展的重点举措之一。基层"四馆三场"建设、乡镇综合文化站提档升级等工程的持续推进，基层文化场馆、综合文化站和文体广场的建设被列为重点补助项目，省博物馆三期等一批省直重点文化建设项目相继投入，彰显了湖北提升公共文化服务水平的决心。

在我国文化供给的主要矛盾呈现为精品不足、文化供给跟不上人民群众日益增长的文化需求的当下，以高质量文化供给增强民众文化获得感，不陷入只重市场效应的误区，既重量也重质成为湖北文化产业发展的路标。

针对市、县图书馆规模偏小、人均藏书量偏低、场地闲置的问题，各地先后出台规划，补齐短板。例如，黄冈市在2018年6月启动创建工作，建设国家公共文化服务示范区，计划在2020年前新建市图书馆、科技馆、青少年宫等文化场馆，实现市、县级图书馆、博物馆、文化馆和群艺馆全部免费向公众开放，市、县两级图书馆人均藏书翻一番，达到0.8册/人。

针对老城区文化规划、设计不足，文化气息不浓的状况，各市纷纷以重点文化项目为契机，启动城市公共空间升级建设。以2019年世界军人运动会为契机，武汉市启动了户外广告整改行动，2018年拆除、整改上万处户外标牌，既消除安全隐患，也通过重新规划设计，给城市"整容"，重塑江城天际线，营造更加美丽、更具文化特色的城市公共空间。

更多、更普及的文化艺术惠民活动，有效增强了民众的文化获得感。2018年10月，第三届湖北艺术节暨改革开放40周年优秀作品展演在武汉开幕，在长达一个半月的活动中，共有68部剧目在全省展演，组织基层展演1000多场，优秀文艺作品进社区、进军营、进校园、进企业，使文化艺术成果真正惠及民众，有效增强社会文化氛围。

三 问题与挑战

（一）传统文化产业：亟待寻找可持续发展路径

在传统文化产业发展方面，湖北文化产业的转型模式思路清晰，即以文化为核心，构建综合性产业集群，使传统文化传承与开发成为新的经济增长点。以特色小镇为例，这种"非镇非区"的创新平台，实际上发挥了各类文化资源的集聚功能，结构复杂，定位容易发生偏误。自2017年湖北首批特色小镇申报以来，各地政府与企业在特色小镇建设方面一直存在思路不清、定位不准的问题，在已有的特色小镇项目库中，有超过一半项目是以旅游为主要产业，同质化程度偏高，"文化变现"的产业路径未臻明晰，因此，不乏发展受挫甚至夭折的特色小镇。

特色小镇建设方兴未艾，市场潜力巨大，但也存在亟待扫除的雷区。千镇一面的同质化开发，伤筋动骨的大拆大建，把特色小镇搞成房地产开发，因缺乏规划、概念无法落地而过早夭折，都是横亘在湖北传统文化产业化开发道路上的隐患。

当下，传统文化资源逐渐升温，地方政府与企业开始熟悉传统文化开发，湖北的传统文化开发与生产逐渐走上产业化的正轨，各地政府都出台了相关政策。如何理顺思路，打通产业链，形成政企合力，是摆在从业者面前最大的难题。

（二）现代文化产业：在寒冬中寻找春光

随着新技术、新媒体颠覆了人类生活模式，以传统报业为代表的现代文化产业，在市场资源重新分配中受到极大冲击，受众流失，广告商撤资，陷入了寒冬。以《楚天金报》等纸媒的停刊或重组为标志，湖北的现代文化产业开始大规模整合与转型。

新业态的大浪淘沙，一方面残酷地淘汰了大批文化企业，另一方面

也倒逼企业改革，在告别同质化竞争与资源浪费的同时打造自身核心竞争力。在报业寒冬中，《湖北日报》等纸媒销量实现逆势增长，原因即在于其权威性强、内容生产优势明显、视觉效果优良，这是目前的自媒体难以比拟的。

自2017年纸媒大面积停刊以来，在阵痛中艰苦转型的湖北纸媒立足媒体融合，通过中央厨房、垂直类内容生产、品牌新媒体等新思路的执行与探索，渐渐在大浪淘沙中站稳脚跟，正以内容优势赢得发展优势。

总体而言，现代文化产业面临的挑战依然严峻。在下一阶段的发展中，面对迅速成熟的自媒体的挑战，传统媒体如何适应，依然是一个难题。

（三）新兴文化产业：竞争激烈，急需突围

虽然凭借中部崛起等战略的实施，湖北在近年来成功打造了斗鱼等一批数字创意产业的龙头企业，也吸引了一批优秀的国内外新型人才扎根湖北，在产业新风口到来之时站稳了脚跟，但由于历史发展问题，湖北在新兴文化产业的规模方面依然与北上广和部分沿海地区存在较明显的差距。相比传统文化产业和现代文化产业，新兴文化产业面对的业态变化更为猛烈，更新换代更为频繁，如何保持亮点与特色，实现弯道超车，新兴文化产业任重道远。

以数字创意产业为核心的新兴文化产业，对创新型人才的需求是最迫切的。随着"新一线城市"集体加入人才争夺大战，各省、市相继出台力度极大的人才政策，客观上对湖北省的一系列人才新政形成了强烈冲击。

四 对策与建议

（一）继续培育文化消费市场，迅速扩大文化消费需求

在文化消费设施方面，要提高文化消费设施的覆盖率，提升使用率和便捷度。在进一步完善基层公共文化设施的建设与布点的基础上，加快推动文

化产品进入超市、商场和景区。

在文化消费习惯方面，要多通过优质平价的文化产品和文化服务，培养城镇居民（尤其是青年人群）的文化付费理念。力争培育出领先其他省的知识产权意识，用良好的文化消费习惯促进文化产品质量的提高。

在政策引导方面，首先，应推广武汉、宜昌等先行城市的成功模式，形成明确的模板效应；其次，应适当扩大政府购买公共文化产品与服务的范围，发挥更为明确的市场导向作用。

（二）围绕国际级文化建设项目，进一步优化产业布局，各地多极并进

以武汉市建设"世界设计之都"为导向，融合发展工程设计、建筑设计及相关产业，形成强大的产业集聚效应，打造全国文化科技融合示范中心。创建国家工业设计中心，积极拓展国际业务，建构跨媒体、跨平台和跨业态的产业融合发展模式。

积极推进各地差异化、品牌化发展。例如，深入推进并细化宜昌的三峡旅游、"中国诗歌之城"等文化品牌塑造，襄阳以三国文化带动影视产业和工艺品产业等，加快启动三峡国际游轮中心、"黄石号"小火车、汉江古城等特色文旅项目。文化生态修复与保护、历史文化传承与创新和旅游、文创开发、演艺等深度结合，打造"国内一流旅游目的地"和"长江国际黄金旅游带核心区"，打造旅游强省。

在差异化发展的过程中，政府应充分发挥调控作用，严格杜绝各地文化产业同质化现象。在项目申报与审批、过程管理和评估验收环节层层把关，抓大放小，确保各地产业发展的科学性与准确性。通过搭建产、供、销一体化的线上线下平台，为文创产品的发展壮大奠定坚实基础。

（三）以品牌为载体，持续推进产业融合发展

以潜力较大的文化品牌（如"楚菜""潜江龙虾"等）为载体，促进地方标志产品与地域文化的结合，以民众的消费和市场需求为导向，形成产

业融合的新合力。做到以文化为指引，系统化构建知名品牌，如系统建立楚菜理论体系，形成楚菜故事，评定楚菜名街、名店、名厨，建设楚菜博物馆。编纂"中国楚菜大典"，系统化推广楚式饮食文化。综合推动相关农产品、特色餐饮、旅游等产业融合发展。

（四）确立人才高地优势，形成人才集聚效应

首先，继续加大对国内外一流文化产业领军人才的引进和支持力度。通过设立人才头衔、创作基金项目、工作室制度等方式，尽快改善对高层次人才吸引力不够的现状。其次，加大政策引导与扶持力度，促进大专院校与企业联姻，建设高水平的培训机构，培养文化产业技能型人才。推动文化企业进校园，促进高校相关专业设置更新、改革，既提高人才培养的针对性，也促成本土培养的人才与本土企业的结合。

（五）促进市场主体健康成长

为企业主体成长营造良好环境。做好政府机构管理与社会资本投资的"路标"，尽快结束社会资本一拥而上的"烧钱"局面。例如，在文化园区规划管理中划清范围，明确支持主导企业壮大发展，严格限制无关企业入园，适当提高关联配套企业的入园门槛。再如，在特色小镇建设中加强管理与验收，严防文化建设变质成为房地产开发。

继续加大招商引资力度，同时鼓励文化产品出口。充分发挥交通与地域优势，以及自贸区政策优势，以文化贸易示范园区建设为契机，提高内外交流频率，打造各种国际级、国家级文化展演、博览会和赛事品牌。继续推动企业减负。不断完善"降本增效"政策，在高速公路通行费用减免、差异化收费试点、延长客货车通行费优惠时间段等方面继续加大力度，切实降低企业的运输成本，使湖北文化产业的血管更加畅通。

（六）整合资源，提升物流运输水平

落实《湖北省人民政府办公厅关于推进电子商务与快递物流协同发

展的实施意见》等一系列文件精神,有效改变湖北省快递物流企业"小、散、乱"的现状,使跨地区、跨企业物流资源整合不足、城乡物流网络布局失衡的现状得到尽快改善。通过结构调整,从根本上推动湖北省的电子商务与快递物流协同一体化发展,构筑起数字化水平较高、电商物流末端服务能力强的绿色、智慧快递物流服务体系,使各地物流网络有机结合与高度覆盖。

五 结语

湖北省已正式确立了新时期的文化产业发展纲要,强调以增强广大人民群众的文化获得感和幸福感为导向,重视社会效益,将坚持深化改革、坚持融合创新和特色发展明确列为发展原则,以期有效实施文化品牌战略。为了加快建设现代化文化强省,推动文化产业高质量发展,实现在2020年底"文化产业增加值占GDP比重达到全国平均水平",在2025年底"建立完善的现代文化产业体系和市场体系"的目标,需要政企进一步形成合力,有效创新。

根据中共中央指示,湖北将在"一个新篇章"的总体要求下,以文化自信、文化强国、文化道路和文化使命的时代要求为指引,以文化软实力实现经济的"硬发展"。

指 数 报 告

Index Report

B.2
湖北省文化产业发展指数发布与评价报告（2018）

卿 菁　史映霞[*]

摘　要： 本报告以2017年湖北省文化产业发展的八个主要评价指标为基础，得出了2017年湖北省文化产业发展指数及相关排名情况，为湖北省各地区文化产业发展现状提供相关数据参考。

关键词： 文化产业　湖北文化发展指数　文化产业体系

---

[*] 卿菁，博士，湖北大学政法与公共管理学院副教授、硕士生导师，美国加州大学河滨分校（UCR）访问学者（2012~2013），研究方向为公共文化；史映霞，湖北大学政法与公共管理学院研究生。

一 文化产业发展指数评价指标体系

（一）文化产业及文化产业发展指数

新时期，国家高度重视文化产业的发展，继党中央出台了一系列有关政策措施后，中共湖北省委、湖北省人民政府高度重视并坚决贯彻中央的政策意见，多次制定和出台了关于扶持文化产业发展的相关措施，在湖北省第十一次党代表大会上，省政府提出要建设一个强大的文化大省，努力把文化产业建设成为支柱产业。湖北省委、省政府于2018年11月出台了《中共湖北省委、湖北省人民政府关于加快全省文化产业高质量发展的意见》，该意见从湖北省文化产业发展的战略目标、发展重点、区域布局及保障措施等方面提出了较为系统全面的指导意见，推动传统文化产业升级转型和培育壮大新兴文化产业增长极，打造特色文化产业和文化品牌。

为帮助各地方政府更充分了解湖北省文化产业整体发展状况和文化产业基本走向，推动湖北省文化产业发展，本报告以统计数据为基础，建立了文化产业发展指数评价指标体系。通过对湖北省文化产业发展指数评价指标体系的SPSS分析，综合得出湖北省17个市（州、林区）文化产业指数的得分和排名。

（二）指标体系构建原则

1. 科学性原则

科学性原则是指文化产业发展指数评价指标体系的构建、指标的计算内容与计算方法都必须精确和合理，本报告所有数据均来源于湖北省统计局及相关部门统计年鉴，数据来源真实、有效，评价指标具有科学性。

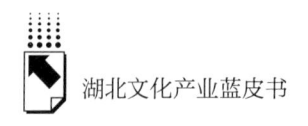

2. 合理性原则

本报告以国家重要文化产业政策和湖北省相关文化产业年鉴为指标体系的构建依据，指标数据可量化，立足基本国情，符合现代文化产业发展的政策走向和市场发展状况，指标的构建原则具有合理性，能够较为全面、准确地反映出湖北省文化产业的基本情况。

因此，本报告立足科学性原则与合理性原则，结合本报告的具体分析目标，在各项统计年鉴及统计数据中选取了八个具体指标作为分析标准，八项指标如表1所示。

表1 湖北省文化产业发展指数评价指标体系

具体指标	文化及相关产业法人单位营业收入（亿元）	文化产业增加值（亿元）	文化及相关产业年末从业人员（人）	文化及相关产业法人单位数（个）	文化及相关产业法人单位资产总计（亿元）	文化及相关产业固定资产投资完成情况（亿元）	文化产业增加值占GDP比重（%）	人均文化产业增加值（元/人）

二 湖北省文化产业发展指数实证分析

在构建湖北文化产业发展指数评价指标体系的基础上，采用归一化分析法和主成分分析法，根据收集和整理的统计数据，对湖北文化产业发展指数进行实证分析。

（一）湖北文化产业发展统计数据

依据《2017湖北文化及相关产业统计概览》和《2018湖北统计年鉴》，可以得到2017年湖北省17个市（州、林区）上述指标的具体统计数据，见表2。

湖北省文化产业发展指数发布与评价报告（2018）

表2 2017年湖北省文化产业发展统计数据

市（州、林区）	文化及相关产业法人单位营业收入（亿元）	文化产业增加值（亿元）	文化及相关产业年末从业人员（人）	文化及相关产业法人单位数（个）	文化及相关产业法人单位资产总计（亿元）	文化及相关产业固定资产投资完成情况（亿元）	文化产业增加值占GDP比重（%）	人均文化产业增加值（元/人）
武汉	1333.00	619.10	158680	726	2516.9	255.4	4.62	5683.52
黄石	36.00	22.74	6518	64	29.9	87.7	1.54	920.46
十堰	23.80	20.54	4396	62	62.1	126.7	1.26	600.94
宜昌	203.20	101.18	26056	279	224.8	148.9	2.62	2446.56
襄阳	212.90	112.94	23886	304	163.0	239.3	2.78	1997.52
鄂州	37.00	23.42	3121	38	22.2	57.9	2.58	2174.76
荆门	85.70	27.55	6772	79	62.2	84.2	1.66	949.51
孝感	224.20	66.05	15813	123	71.0	100.5	3.79	1343.85
荆州	104.50	47.77	8374	87	49.2	119.4	2.49	846.73
黄冈	87.70	38.40	11946	137	160.6	198.1	2.00	605.58
咸宁	48.60	20.37	5844	56	33.7	156.0	1.65	803.52
随州	28.40	13.34	3406	32	16.6	54.0	1.43	603.48
恩施	20.00	14.98	3652	65	29.9	53.7	1.87	445.70
仙桃	35.20	15.23	3058	27	24.6	24.4	2.12	1334.79
潜江	17.40	8.35	1961	14	16.0	24.9	1.24	865.28
天门	36.30	10.03	7006	19	25.2	13.3	1.90	781.46
神农架	2.00	2.12	649	5	15.8	5.5	8.29	2760.42

资料来源：湖北省统计局、国家统计局湖北调查总队编《2018湖北统计年鉴》；湖北省统计局社会和科技统计处、湖北省委宣传部文化产业处编《2017湖北文化及相关产业统计概览》。

根据构建的湖北省文化产业发展指数评价指标体系的八个具体指标，得出2017年湖北省17个市（州、林区）文化产业发展的描述统计对比分析结果，如表3所示。

表3 2017年湖北省文化产业发展描述统计对比分析

指标	2017年 最小值	2017年 最大值	2017年 均值	2016年 最小值	2016年 最大值	2016年 均值	2015年 最小值	2015年 最大值	2015年 均值
文化及相关产业法人单位营业收入（亿元）	2.00	1333.00	149.17	2.00	1027.20	132.72	0.90	1009.30	125.93
文化产业增加值（亿元）	2.12	619.10	68.48	1.73	477.28	55.51	1.49	409.31	50.17

021

续表

指标	2017年 最小值	2017年 最大值	2017年 均值	2016年 最小值	2016年 最大值	2016年 均值	2015年 最小值	2015年 最大值	2015年 均值
文化及相关产业年末从业人员(人)	649.00	158680.00	17125.76	392.00	128279.00	14935.12	228.00	123750.00	14425.90
文化及相关产业法人单位数(个)	5.00	726.00	124.53	5.00	505.00	106.71	4.00	459.00	97.18
文化及相关产业法人单位资产总计(亿元)	15.80	2516.90	207.28	1.70	1758.90	151.52	4.70	1570.70	136.19
文化及相关产业固定资产投资完成情况(亿元)	5.50	255.40	102.94	1.10	244.00	93.14	0.50	236.40	87.09
文化产业增加值占GDP比重(%)	1.24	8.29	2.58	0.90	7.49	2.26	1.03	7.09	2.29
人均文化产业增加值(元/人)	445.70	5683.52	1480.24	251.98	4433.13	1117.28	288.98	3836.91	1102.52

2017年，湖北省文化产业相关指标整体保持稳定增长，表明湖北省文化产业呈现良好的发展趋势。文化及相关产业法人单位营业收入2017年度均值为149.17亿元，比2016年增加了16.45亿元，增幅为12.39%，与2016年度5.39%的增幅相比，整体收入水平有了明显提升。文化产业增加值均值2017年为68.48亿元，比2016年平均水平增加了12.97亿元，增幅为24.37%，与2016年增幅10.64%相比，增长速度较快。文化及相关产业年末从业人员与2016年相比，平均增加了2190.64人，增幅为14.67%，2016年增幅仅为3.53%，2017年引进文化及相关产业人才数量增长明显，表明文化及相关产业的发展受到政府关注，积极引进人才，但最小值仅649人，人员配置地区差异明显。文化及相关产业法人单位数最大值为726个，最小值为5个，差异明显，与经济发展水平、人口密集度等均有关联。2017年，文化及相关产业法人单位资产总计均值比2016年增加了55.76亿元，增幅为36.80%，比2015年增长了52.20%，增幅较大，表明文化产业发展走势良好。文化及相关产业固定资产投资完成情况均值与2016年相比，增幅为10.52%，走势良好。人均

文化产业增加值均值与 2016 年相比，增加了 32.48%，与 2016 年增幅 1.34% 相比，有了明显进步，文化产业蓬勃发展。文化产业增加值占 GDP 比重与 2016 年相比，增幅缓慢，平均仅占 GDP 比重的 2.58%，文化及相关产业在湖北省推动经济增长要素中的比重仍然很低，密切关注国家政策动向，准确把握文化及相关产业的发展方向，培育湖北省经济新的增长点任重道远。

（二）湖北省文化产业发展指数测算分析

1. 评价指标标准化分析

如表 2 所示，在相关统计年鉴及统计数据中查得湖北文化产业发展指数评价指标体系中的八项具体指标均为正向指标，因此能够直接对数据进行指标归一化处理。本报告采用 z-score 标准化法，这种方法基于原始数据的均值（mean）和标准差（standard deviation）进行数据的标准化。将原始值 x 使用 z-score 标准化到标准分 Z_i，计算公式如下：

$$Z_i = (x - \mu)/\sigma \tag{1}$$

说明：Z_i 为标准分，x 为原始值，μ 为平均值，σ 为标准差。

对湖北省 17 个市（州、林区）文化产业发展指数评价指标数据进行预处理和标准化，由标准化计算公式得出各个指标换算的标准分，如表 4 所示。

表 4　2017 年湖北省文化产业发展统计数据标准分

地区	文化及相关产业法人单位营业收入	文化产业增加值	文化及相关产业年末从业人员	文化及相关产业法人单位数	文化及相关产业法人单位资产总计	文化及相关产业固定资产投资完成情况	文化产业增加值占 GDP 比重	人均文化产业增加值
武汉	3.89	3.90	3.92	3.51	3.98	2.05	1.22	3.35
黄石	-0.37	-0.32	-0.29	-0.35	-0.31	-0.21	-0.62	-0.45
十堰	-0.41	-0.34	-0.35	-0.36	-0.25	0.32	-0.79	-0.70
宜昌	0.18	0.23	0.25	0.19	0.03	0.62	0.02	0.77
襄阳	0.21	0.32	0.19	1.05	-0.08	1.83	0.12	0.41
鄂州	-0.37	-0.32	-0.39	-0.50	-0.32	-0.61	0.00	0.55
荆门	-0.21	-0.29	-0.29	-0.27	-0.25	-0.25	-0.55	-0.42

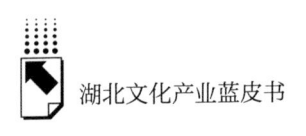

续表

地区	文化及相关产业法人单位营业收入	文化产业增加值	文化及相关产业年末从业人员	文化及相关产业法人单位数	文化及相关产业法人单位资产总计	文化及相关产业固定资产投资完成情况	文化产业增加值占GDP比重	人均文化产业增加值
孝感	0.25	-0.02	-0.04	-0.01	-0.23	-0.03	0.72	-0.11
荆州	-0.15	-0.15	-0.24	-0.22	-0.27	0.22	-0.05	-0.51
黄冈	-0.20	-0.21	-0.14	0.07	-0.08	1.28	-0.35	-0.70
咸宁	-0.33	-0.34	-0.31	-0.40	-0.30	0.71	-0.56	-0.54
随州	-0.40	-0.39	-0.38	-0.54	-0.33	-0.66	-0.69	-0.70
恩施	-0.42	-0.38	-0.37	-0.35	-0.31	-0.66	-0.42	-0.83
仙桃	-0.37	-0.38	-0.39	-0.57	-0.31	-1.06	-0.27	-0.12
潜江	-0.43	-0.43	-0.42	-0.64	-0.33	-1.05	-0.80	-0.49
天门	-0.37	-0.41	-0.28	-0.62	-0.31	-1.21	-0.41	-0.56
神农架	-0.48	-0.47	-0.46	-0.70	-0.33	-1.31	3.42	1.02

2. 湖北省文化产业发展指数综合模型分析

本报告主要运用 SPSS 模型，采用主成分分析法，以选取的湖北文化产业发展指数评价指标体系的八项具体指标为基础，构建综合评价模型，对湖北省 17 个市（州、林区）2017 年文化及相关产业综合情况进行分析。

（1）湖北省文化产业发展指数评价指标主成分分析

通过主成分分析法，对 2017 年湖北省 17 个市（州、林区）文化及相关产业发展指数评价指标体系进行分析，得到文化产业发展指数解释总方差（见表5）和文化产业发展主成分载荷系数、主成分得分系数、特征值（见表6）。

表5　2017 年湖北文化产业发展指数解释总方差

序号	初始特征值 合计	初始特征值 方差的贡献率(%)	初始特征值 累积贡献率(%)	提取平方和载入 合计	提取平方和载入 方差的贡献率(%)	提取平方和载入 累积贡献率(%)	旋转平方和载入 合计	旋转平方和载入 方差的贡献率(%)	旋转平方和载入 累积贡献率(%)
1	6.241	78.015	78.015	6.241	78.015	78.015	5.706	71.325	71.325
2	1.165	14.563	92.578	1.165	14.563	92.578	1.700	21.253	92.578
3	0.465	5.816	98.394						
4	0.090	1.119	99.513						

续表

序号	初始特征值			提取平方和载入			旋转平方和载入		
	合计	方差的贡献率(%)	累积贡献率(%)	合计	方差的贡献率(%)	累积贡献率(%)	合计	方差的贡献率(%)	累积贡献率(%)
5	0.029	0.358	99.871						
6	0.009	0.107	99.979						
7	0.001	0.013	99.992						
8	0.001	0.008	100.000						

表6 2017年湖北省文化产业发展主成分载荷系数、主成分得分系数、特征值

指标	主成分载荷系数		主成分得分系数	
	文化产业发展规模 F_1	文化产业发展水平 F_2	文化产业发展规模 F_1	文化产业发展水平 F_2
文化及相关产业法人单位营业收入	0.986		0.161	0.019
文化产业增加值	0.991		0.164	0.010
文化及相关产业年末从业人员	0.987		0.163	0.011
文化及相关产业法人单位数	0.971		0.191	-0.077
文化及相关产业法人单位资产总计	0.973		0.154	0.031
人均文化产业增加值	0.900		0.036	0.339
文化及相关产业固定资产投资完成情况	0.682		0.242	-0.370
文化产业增加值占GDP比重		0.869	-0.184	0.725
特征值	6.241	1.165		

以每个主成分对应的特征值占所提取主成分总的特征值之和的比例为权重，对主成分分析得到的因子载荷矩阵进行计算，得出文化产业发展指数综合得分，公式如下：

$$F = (6.241F_1 + 1.165F_2) \div (6.241 + 1.165)$$
$$\approx 0.843F_1 + 0.157F_2 \tag{2}$$

说明：F为文化产业发展指数。

（2）湖北省各市（州、林区）文化产业发展指数得分

以2017年湖北省文化产业发展指数评价指标体系八项指标为基础，依据主成分分析法得到的测算结果，计算出2017年湖北省17个市（州、林区）文化产业发展指数得分，具体结果如表7所示。

表7 2017年湖北省各市（州、林区）文化产业发展指数得分及排名

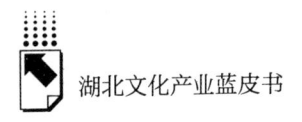

城市	文化产业发展指数 F 得分	排名	文化产业发展规模 F_1 得分	排名	文化产业发展水平 F_2 得分	排名
武汉	3.117	1	3.69	1	0.04	6
神农架	0.407	2	-0.17	6	3.48	1
宜昌	0.327	3	0.42	3	-0.15	8
襄阳	0.322	4	0.52	2	-0.72	14
孝感	0.094	5	0.02	4	0.51	3
鄂州	-0.149	6	-0.28	8	0.53	2
荆州	-0.210	7	-0.21	7	-0.23	10
黄冈	-0.212	8	-0.07	5	-0.98	17
荆门	-0.320	9	-0.32	10	-0.35	12
仙桃	-0.330	10	-0.45	13	0.33	4
咸宁	-0.364	11	-0.29	9	-0.76	15
黄石	-0.378	12	-0.37	11	-0.41	13
天门	-0.424	13	-0.53	16	0.17	5
恩施	-0.442	14	-0.49	14	-0.18	9
十堰	-0.444	15	-0.37	12	-0.82	16
随州	-0.486	16	-0.52	15	-0.31	11
潜江	-0.505	17	-0.57	17	-0.15	7

三 湖北省文化产业发展指数结果分析

（一）2017年湖北文化产业发展指数分析

从表7可以看出，2017年度湖北省17个市（州、林区）文化产业发展指数排名由前到后分别是武汉、神农架、宜昌、襄阳、孝感、鄂州、荆州、黄冈、荆门、仙桃、咸宁、黄石、天门、恩施、十堰、随州、潜江。在四个省直管县（林区）中，神农架的文化产业发展指数得分位列全省第二，其余三地得分情况分别是仙桃排名第十，天门排名第十三，潜江排名第十七。

武汉市文化产业发展指数综合得分高居全省榜首,比第二名神农架综合得分高出 6.66 倍,是湖北省唯一一个文化产业发展指数综合得分超过 1 的城市,表明 2017 年武汉市文化产业综合实力处于全省领先地位。文化产业发展规模得分为 3.69,居全省第一,规模全省最大,而文化产业发展水平得分仅为 0.04,排名第六,表明文化产业发展水平有待提高。从文化产业发展指数的八个单项具体指标来看,除了文化产业增加值占 GDP 比重这项高出平均水平 0.79 倍之外,其余七项的最大值均为武汉市各项指标的数值,表明武汉市文化产业综合实力远超湖北省其他市(州、林区),文化产业发展规模大,但整体发展水平有待提高。文化产业发展势头正劲,居民在文化产品和文化服务上有较强的消费能力,整体经济实力强于湖北省其他市(州、林区)。

神农架文化产业发展指数综合得分排全省第二,文化产业发展规模得分为 -0.17,排名第六,文化产业发展水平排名第一。由主成分分析法得出,由于因子 F_2(文化产业发展水平)与文化产业增加值相关性最高,神农架文化产业占 GDP 比重即文化产业发展水平得分为 3.48,因此排全省第一。从个体指标来看,文化产业增加值占 GDP 比重为 8.29%,是全省平均水平的 3.21 倍,人均文化产业增加值为 2760.42 元,是全省平均水平的 1.86 倍,此为神农架在此次全省排名靠前的主要原因。其余指标均低于全省平均水平且均为湖北省各项指标最小值,表明神农架文化产业整体发展规模和水平都不高,与神农架人口数量和经济体量相对较小有关。

宜昌市文化产业发展指数综合得分排全省第三,整体发展水平较高。文化产业发展规模得分排全省第三,但文化产业发展水平排名仅第八,表明宜昌市文化产业发展规模较大,但整体发展水平有待提高。总体而言,宜昌市文化产业综合实力较强。文化及相关产业法人单位营业收入为 203.20 亿元,高出平均水平 0.36 倍,文化产业增加值为 101.18 亿元,高出全省平均水平 0.48 倍,文化及相关产业年末从业人员数高出全省 0.52 倍,文化及相关产业法人单位数为 279 个,高出全省平均水平 1.24 倍,文化及相关产业法人单位资产总计略高出平均水平0.08倍，文化及相关产业固定资产投资完成情况高于平均水平0.45倍，文化产业增加值占GDP比重与平均水平基本持平，人均文化产业增加值高于平均水平0.65倍，各单项指标均表现良好，与全省整体状况相比，各项指标均衡发展，文化产业发展状况较好，居民文化消费水平较强。

其他14个地区中，襄阳市文化产业发展指数综合得分排名第四，文化产业发展规模较大，排名第二，但整体发展水平较低，有待提高。孝感市和鄂州市综合排名分别是第五和第六，其中，孝感市的文化发展水平和规模基本持平，但鄂州的发展水平排全省第二，水平较高，发展规模一般，排名仅第八。其余地区的文化发展水平与规模都存在不平衡或者整体不足之处，需要当地政府重视。

（二）2015～2017年湖北省文化产业发展指数排名变动分析

综合对比2015～2017年湖北省文化产业发展指数排名情况，具体结果如表8和图1所示。

表8 2015～2017年湖北省文化产业发展指数排名对比

城市	排名		
	2015年	2016年	2017年
武汉	1	1	1
宜昌	3	2	3
襄阳	2	3	4
孝感	5	4	5
黄冈	4	5	8
咸宁	6	6	11
荆州	7	7	7
十堰	8	8	15
黄石	9	9	12
荆门	10	10	9
鄂州	12	11	6
随州	11	12	16

续表

城市	排名		
	2015年	2016年	2017年
恩施	13	13	14
仙桃	14	14	10
神农架	17	15	2
潜江	15	16	17
天门	16	17	13

资料来源：《湖北省文化产业发展报告（2016）》及《湖北省文化产业发展报告（2017）》。

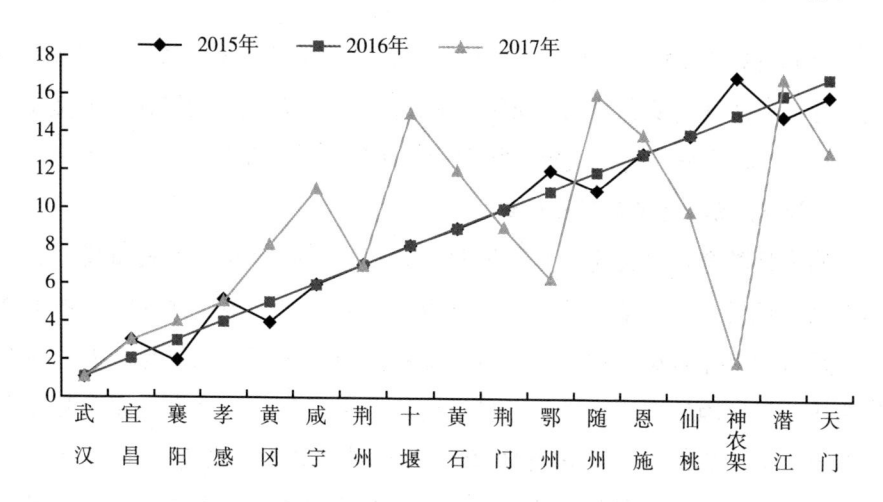

图1 2015~2017年湖北省文化产业发展指数排名变动情况

综合近三年整体变化情况，从表8和图1可以看出，2015年至2016年的变化幅度不大，2017年，各市（州、林区）文化产业发展指数排名变化幅度较大，尤其是神农架和十堰排名波动幅度偏大。2015年至2017年，湖北省文化产业发展指数得分排名变动中，武汉市连续三年高居榜首，综合实力较强，宜昌市、孝感市、荆州市、荆门市和潜江市排名变动幅度不大。襄阳市、黄冈市、咸宁市、十堰市、黄石市、随州市、恩施市排名均有所下降。其中，自2015年以来，黄冈市综合排名下降了四位，排名第八；咸宁市下降了五位，排名第十一；十堰市下降了七位，排名第十五；随州市下降了五位，排名第十六。鄂州市、仙桃市、神农架和天门市排名有所提升，与

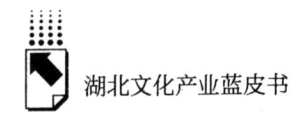

2015年相比，鄂州市排名提升了六位，排名第六，仙桃市提升了四位，排名第十，神农架提升了十五位，排名第二，进步明显，天门市提升了三位，排名第十三。

四 推动湖北省文化产业发展的对策

（一）统筹湖北文化布局

湖北省有丰富的文化资源，其中，特色文化资源是湖北省文化资源的比较优势。要使湖北从资源大省向特色文化产业强省转变，统筹湖北省文化产业布局，把优先发展特色文化产业作为湖北省发展文化产业的着力点。

1. 科学规划特色文化产业布局

制定科学合理的文化产业布局和发展规划，政府要在宏观布局上起指导作用，规划布局，重点发展，由点带面，全方位、多层次促进各地区文化产业科学有序发展。此外，各地在发展布局与规划上既要与全省整体合理衔接，又要因地制宜，优先发展当地特色文化产业。全面、深入开发湖北省历史文化资源，自然名胜资源与人文景观资源，红色文化资源，工艺、曲艺、饮食文化资源，民族文化资源以及精神文化资源，等等。提供差异性的文化产品和服务，推动湖北省特色文化产业全方位、多层次发展。

2. 有效配置特色文化产业资源

文化产业的分管部门过于复杂，存在职权交叉的现象，很多资源无法得到有效配置，不利于文化产业的健康发展。因此需要有目的地将这些职权进行整合，集中资源进行优势发展，突出区域特色。要引进资本化运作方式，重视社会资本的力量，发挥市场在资源配置中的作用，实现资源配置的优化升级。更好地发挥政府的作用，整合优势资源。要发挥优势龙头产业的带动作用，形成区域经济带，合理配置和有效利用特色文化资源，扩大文化产业发展规模和提升整体发展水平。要鼓励特色文化集团和文化企业进行跨行业、跨地区的重组和兼并，形成文化产业规模效应，实现特色文化产业的合理布局和产业优化升级。

3. 大力扶持特色文化产业品牌

首先，需要政府完善、发展与特色文化产业相关联的配套政策和法规体系，加大对发展特色文化产业项目的扶持力度，出台相应的政策措施，在土地使用、财政拨款、税收减免等方面给予适当帮扶，从财政支持转向政策扶持。一方面要以扩大国内市场为发展基础，拉动内需，打造具有鲜明本土特色的文化产业品牌；另一方面要以开拓国际市场为长远发展目标，组织和参与各种国际文化交流活动，一是要提高大型文化活动的档次，二是要加大活动宣传力度，有计划有系统有目标地将湖北特色文化推向国际市场，实现文化和产品输出。其次，要扶持和开发一批具有核心竞争力和广阔市场前景的特色文化资源和文化品牌，以保证特色文化资源健康可持续发展。

4. 保护与传承特色文化资源

在具备开发潜力且带有地域特色和多地域共有的特色文化资源的开发与保护上，应本着轻重缓急的原则，对项目专用名称及衍生事物进行商标注册、互联网域名注册，对文化资源及产品实行原生地和原产地保护，重点保护和扶持已有的文化资源及品牌，特别是较知名的、有个性特征的特色资源和品牌，进一步扩大特色文化影响力，提升特色文化产业竞争力，要健全和完善分级分类保护制度，建立一套完整的有规制标准约束的保护体系，要及时认定和命名一批省级生态文化保护区，实行重点保护、专项工程保护。建立科学的传承体系和特色文化传承人保护机制，加强非物质文化遗产的保护和传承，使优秀的特色民间文化及资源代代相传。

（二）健全现代文化产业体系

湖北省是文化大省，其文化产品和服务丰富多样，处于全国较为领先水平，也是湖北文化发展的重要引擎和动力来源。当前存在文化供给总量相对充足但供给质量有待提升的短板，应着力加强文化创新力，提升文化品牌吸

引力和提高文化产品的质量，以提升文化供给质量。文化创新要建立在继承的基础之上，结合实践和人民群众的精神文化需求，以原有的特色文化资源为基础，进行文化上的超越和创造，综合提升文化资源的市场转换能力，建立健全现代文化产业体系，带动社会主义文化大发展大繁荣。

1. 建立健全文化产业体系

建立完善全省文化产业重点项目库，加大对文化产业项目扶持力度，谋划实施和引进一批投资规模大、产品附加值高、市场前景好、辐射带动强、科技含量高的大项目、好项目，以保证文化产业发展的后劲。加强文化产业体系发展载体平台建设，以创建省级文化产业示范园区（基地）为抓手，打造一批特色文化产业聚集区，培育、壮大文化市场主体，增强核心竞争力，发挥园区（基地）的示范引导和辐射作用，推进传统文化产业升级换代，推动产业升级转型，打造重点文化产业链，健全湖北现代文化产业体系。完善金融、外贸和科技等领域协同创新、融合发展的平台，落实金融支持文化产业拓展转型的各项举措，进一步开拓文化产业发展新空间。

2. 完善文化市场结构体系

加强文化要素市场建设，强化国有文化企业的市场主体作用，建立健全现代文化企业制度，降低文化市场准入标准，推动文化企业并购重组和文化体制改革，培育新型文化企业，发挥文化市场资源配置功能，引导社会力量参与文化市场建设。以培育多元文化市场主体为目标，优化市场结构，增加文化服务供给，推进政府购买文化服务，提升社会组织承接政府购买文化服务的能力，完善文化市场结构体系，建立起政府、市场、社会协同发展文化市场的机制。

（三）积极推进文化产业与科技融合发展

文化与科技相辅相成，相互融合。首先，先进的文化理念是科技创新的活的灵魂，为科技创新注入新鲜血液；其次，科学技术是第一生产力，是文化的外在表现方式，科学技术创新能够有力推动文化生产方式变革。

1. 构建科技文化融合发展体系

文化与科技融合的跨行业、跨领域特点在深度与广度上日益凸显，这与政府发挥引领作用，建立起不同行业、不同领域之间的交流与合作平台，创造了良好的产业发展生态密不可分，更与文化企业和科技企业在市场机制的驱动下的跨界融合息息相关。发挥"互联网+"的技术创新驱动作用，整合大数据资源的数字化服务体系，实现文化与科技信息的资源整合，建设统一高效的网络服务平台，实现文化与科技的深入融合发展，大力支持科技型文化企业创业创新，为人民群众提供既丰富又便捷的科技产品、公共文化产品和服务。

2. 加快推进文化产业数字化建设进程

加快数字化建设进程，数字技术、网络技术、新型显示技术等高新技术在文化产业的广泛应用，能够极大丰富和激发各类文化产品的表现力和发展活力。全面推进信息网络、大数据、智能制造、云计算、3D打印、虚拟现实、物联网等高新技术融入文化领域，提升文化企业核心竞争力。组建文化科技公共服务平台，由政府、科研机构、高校、文化企业等共同参与，共同发挥作用，实现文化事业欣欣向荣与文化产业蓬勃发展，共创共建共享共赢，加强文化科技的协同创新和成果转换。

3. 创新文化产业服务监管方式

文化与科技融合发展涉及面广、新业态多，需要深入学习研究文化与科技融合发展趋势和科技发展方向，创新监管方式，做到科学有效监管。当前泛娱乐文化产业发展迅速，正在快速形成各种文化和娱乐方法，如网络红人做直播、拍小视频等文化娱乐方式层出不穷，有关部门应该因势利导，科学监管，合理利用，促使其朝着有利于丰富和发展社会主义先进文化的方向发展，推动"互联网+"新技术、新模式、新理念与文化市场监管工作深度融合，利用移动互联网实现网络与后台管理平台无缝对接，方便进行网上查询、网上办公、场所搜索等新型监管。

行业报告

Industry Reports

B.3
湖北报业发展报告（2018）*

张 琰 聂远征**

摘　要： 随着媒介融合战略的不断推进，湖北报业正从初步融合的"粗放生长"走向深度融合的"精耕细作"。首先，在媒体功能层面，传统报业在AI、云计算、大数据等数字技术的加持下，从单一功能模式向复合型、多元化的智能媒体迈进，报业可提供服务不断增加，服务人群更加精准。其次，在融合战略层面，湖北各大报业集团因地制宜地提出不同的融合方案，不论是建立自己的融媒体中心，还是借助成熟的融媒体平台，各家报业集团都在融合发展之路上迈出了坚实的一步。在应对新媒体激烈的竞争中，湖

---

* 本文是湖北省教育厅教改项目"媒介融合和大数据背景下的新闻编辑人才培养研究"研究成果之一。
** 张琰，湖北大学新闻传播学院2018级硕士研究生，研究方向为传播实务；聂远征，湖北大学新闻传播学院副教授，中国新闻史学会党报党刊研究会常务理事，研究方向为新闻业务。

北报业通过优秀的本土报道，深化媒体融合战略，布局多元产业，多方位、多角度"盘活"报业发展。在融合发展的深水区，湖北报业将朝着精品化、权威化、智能化的方向发展。

关键词： 湖北报业　深度融合　智能化　精品化

2018年报业发展走向"深水区"，湖北报业依旧面临着严峻的考验，在新的一轮挑战中，湖北报业如何应对行业"寒冬"成为重要课题，本报告选取湖北省内部分报纸作为样本，通过对其发展环境等方面进行分析，探微湖北报业发展情况，总结湖北报业发展趋势。

一　湖北报业发展环境

2018年，在市场经济竞争激烈的态势下，报业力图在稳中求进，积极找寻行业发展新航向，不断调整自我发展路径。本报告将影响2018年湖北省报业发展的主要因素归纳为政策环境、经济环境、文化环境等。

（一）政策环境

1. 国内环境

随着媒介融合不断深化，2018年3月中共中央印发了《深化党和国家机构改革方案》，对原有的中央电视台（中国国际电视台）、中央人民广播电台、中国国际广播电台进行机构整合，成立中央广播电视总台，作为国务院直属事业单位，归中央宣传部领导。在中央的示范带头作用下，地方广电的改革步伐也不断加快，辽宁、天津等地纷纷进行了大刀阔斧的机构整合与重组。总台组建后，原中央三台的各种资源、能力彻底打通，在规模化、集约化发展的基础上开启了全媒体、全视听的深度融合新时代，新闻舆论工作取得了很大进步。

2018年8月21日至22日，全国宣传思想工作会议在北京召开，中共中央总书记、国家主席、中央军委主席习近平出席会议并发表重要讲话，他对新时期下新闻工作提出新的要求，讲话指出："宣传思想干部要不断掌握新知识、熟悉新领域、开拓新视野，增强本领能力，加强调查研究，不断增强脚力、眼力、脑力、笔力，努力打造一支政治过硬、本领高强、求实创新、能打胜仗的宣传思想工作队伍。"[①] "四力"成为新时代环境下记者的新要求。

2018年11月14日，中央全面深化改革委员会第五次会议通过的《关于加强县级融媒体中心建设的意见》指出，要深化机构、人事、财政、薪酬等方面改革，调整优化媒体布局，推进融合发展，不断提高县级媒体传播力、引导力、影响力，对县级融媒体中心建设提出了具体要求。表1为2017~2018年中国出台的主要传媒政策。

表1 2017~2018年中国出台的主要传媒政策

信息内容	《关于支持电视剧繁荣发展若干政策的通知》
	《关于电视剧网络剧制作成本配置比例的意见》
	《网络视听节目内容审核通则》
	《关于进一步加强网络视听节目创作播出管理的通知》
	《关于进一步加强网络原创视听节目规划建设和管理的通知》
	《"十三五"国家重点图书、音像、电子出版物出版规划》
平台渠道	《关于把电视上星综合频道办成讲导向、有文化的传播平台的通知》
	《网络文学出版服务单位社会效益评估试行办法》
	《关于规范报刊单位及其所办新媒体采编管理的通知》
	《点播影院、点播院线管理规定》

---

① 《习近平在全国宣传思想工作会议上强调 举旗帜聚民心育新人兴文化展形象 更好完成新形势下宣传思想工作使命任务 王沪宁主持》，《人民日报》2018年8月23日。

续表

平台渠道	《关于加快推进广播电视村村通向户户通升级工作的通知》
服务技术	《互联网络新闻信息服务管理规定》
	《互联网群组信息服务管理规定》
	《互联网用户公众账号信息服务管理规定》
	《国务院关于印发新一代人工智能发展规划的通知》

注：作者根据公开资料整理。

2. 省内环境

湖北省统计局发布的《湖北省2018年国民经济和社会发展统计公报》显示，2018年湖北省出版全国性和省级报纸9.1亿份，各类期刊1.2亿册，图书2.5亿册。较之于2017年的报纸11.0亿份，期刊1.5亿册，图书2.3册，出现了略微的下降趋势。

十八大以来，文化自信被习总书记多次强调。湖北省作为"荆楚文化"的发源地，为了坚定文化自信，培育和践行社会主义核心价值观，加快建设文化强省，促进荆楚文化繁荣兴盛，2018年初湖北省政府印发的《2018年湖北省政府工作报告》中强调："推动文化事业发展。深入实施文化惠民工程，建好用好基层'五馆三场'、综合文化服务中心和农家书屋，推进公共文化服务体系示范区创建。发展哲学社会科学，培育高端新型智库。推进新一轮有线数字电视整体转换。建设长江文明传承与创新集聚区，打造'长江文明之心'。"

（二）经济环境

1. 省内环境

2019年3月4日，湖北省统计局发布的《湖北省2018年国民经济和社会发展统计公报》显示：湖北省2018年完成生产总值39366.55亿元。总体来讲，2014年至2018年湖北省经济发展速度逐步放缓（见图1）。

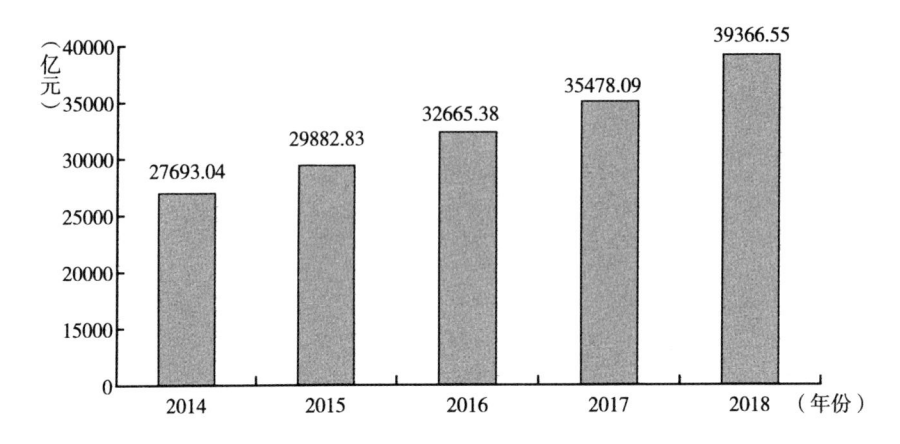

图1　2014~2018年湖北省生产总值

2018年末，全省共有国有艺术表演团体86个，群艺馆、文化馆125个，公共图书馆116个，博物馆157个；电影放映管理机构96个，放映单位1663个；广播电台6座，电视台6座，广播电视台77座，有线电视用户1119.6万户。

依据智研咨询发布的《2019—2025年中国湖北省文化产业行业运营态势及未来发展趋势报告》，3年来湖北文化及相关产业的增加值依次为742亿元（2014年）、854亿元（2015年）、954亿元（2016年），逐年上升且增幅显著，占全省GDP比重也持续提高，分别为2.71%、2.89%、2.92%。在中部六省的横向对比中，湖北与增加值最高的湖南、河南两省还存在一定差距。

湖北广播电视台2018年部门预算总支出为38040.12万元，较2017年减少10365.7万元。增减变动主要原因是，湖北电影制片有限公司、湖北电视剧制作有限公司2017年划转到湖北长江电影集团，支出减少2800万元，2017年支出含湖北广电传媒基地建设项目支出3000万元。

2. 国内环境

（1）传统媒体广告业务不断下降

根据CTR媒介智讯的数据，2018年1~11月，中国传统媒体广告市场下降了0.3%，如果不包含户外广告，电视、广播、报纸、期刊四类传统媒体广告仅与2017年持平，根据月度趋势加上12月的数据，就有可能转为下降。

CTR媒介智讯的广告监测数据显示，2018年电视广告经历了前高后低的过程，上半年月度同比基本处于增长趋势，但7月开始进入逐月下降的状态，1~11月电视广告仅增长0.9%，但广告资源量下降7%。广播广告各月都在增长，1~11月增长6.8%，是传统媒体中表现最好的，但广告资源量也下降了4.3%。平面媒体广告呈现逐月下降的趋势，1~11月报纸广告降幅仍然高达30.7%；期刊8.1%的降幅有所收窄，但广告资源量的13.7%的降幅表明，下降趋势也将继续。户外广告的降幅也达到了13.3%，资源量降幅高达19.3%（见图2）。①

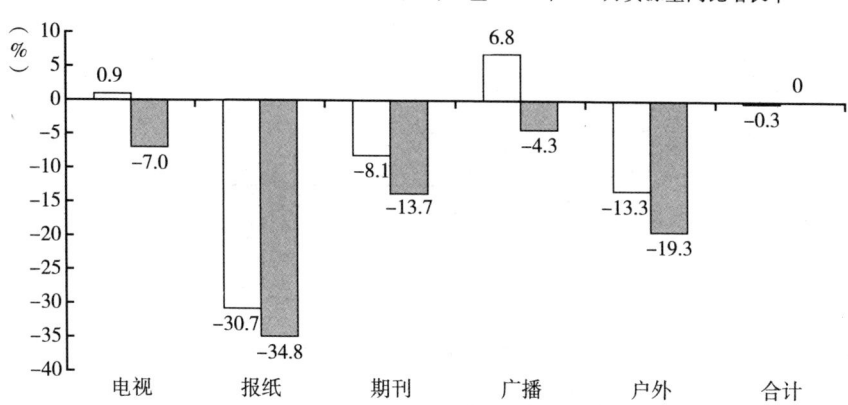

图2　2018年1~11月传统媒体广告刊登额、资源量同比增长率

资料来源：根据CTR媒介智讯数据整理。

---

① 姚林：《媒体融合中经营转型的互联网+》，人民网，http://media.people.com.cn/n1/2019/0517/C426843-31090611.html。

(2) 报刊订销数持续下降

国家统计局数据显示：2018年9月我国订销报纸份数为140349万份，同比下降4.2%，2018年1~9月我国订销报纸份数累计1300705.3万份，累计下降2.5%（见表2）。

表2 2017年10月至2018年9月我国订销报纸份数统计

单位：万份，%

时间	订销报纸份数_当期值	订销报纸份数_累计值	订销报纸份数_同比增长	订销报纸份数_累计增长
2017年10月	138570.2	1472961.0	-5.0	-1.3
2017年11月	147409.0	1620370.0	-2.9	-1.4
2017年12月	150197.0	1770567.0	-3.4	-1.6
2018年1月	153476.4	153476.4	1.7	1.7
2018年2月	126494.8	279971.2	-4.4	-1.2
2018年3月	150718.7	430689.9	-4.8	-2.5
2018年4月	139590.5	570280.4	-2.5	-2.5
2018年5月	152620.7	722901.1	-0.2	-2.0
2018年6月	143310.6	866211.7	-4.4	-2.4
2018年7月	145760.1	1011971.8	-1.7	-2.3
2018年8月	148384.5	1160356.3	-2.4	-2.3
2018年9月	140349.0	1300705.3	-4.2	-2.5

资料来源：根据国家统计局、智研咨询数据整理。

(3) 新闻纸价格攀升，传统报业用纸量下降

2018年，新闻纸价格不断上升。新闻纸价格上涨原因有很多：自2018年3月1日起，根据有关规定，进口废纸含杂率要求由原来的1.5%降低到0.5%，而国际上符合上述标准的废纸货源非常少。2018年5月2日，海关总署发布文件，自2018年5月4日起，对来自美国的废物原料实行100%掏箱检验，导致各纸厂进口废纸通关速度大大减缓，无法满足生产需求。

中国报协对全国103家用纸量大的报社进行了调研，其中，有22家报社（占21.4%）2018年用纸量比2017年增加，有75家（占72.8%）用纸

量减少，6家（占5.8%）基本不变。接受调研的这103家报社2018年的总用纸量是98.5万吨，2017年的总用纸量是105.3万吨，2018年同比下降6.5%。2017年全国报业用纸量为177.7万吨，按照6.5%的降幅，推算2018年全国报业用纸量约为166.1万吨（见图3）。从数据上看，相对于2014年、2015年、2016年的两位数降幅，这两年降幅相对较小，从发行量或者印张来看，中国报业进入小幅缓慢下降趋势。①

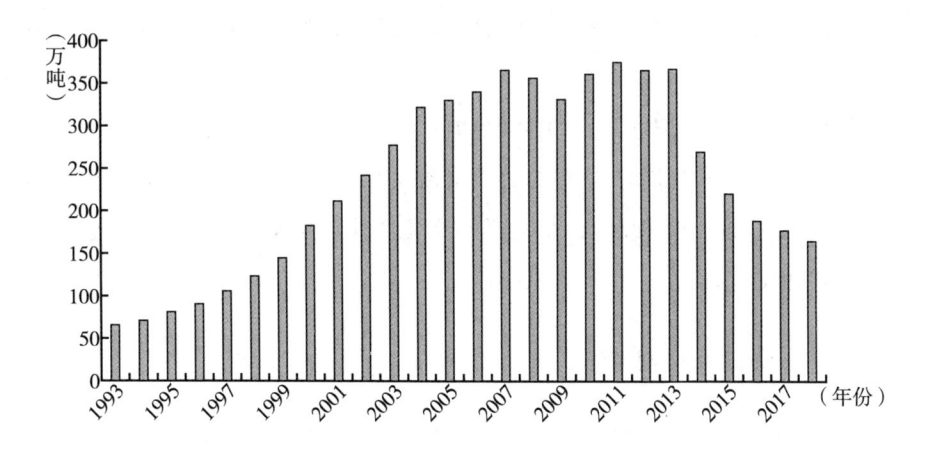

图3 1993~2018年新闻纸使用量

资料来源：根据中国报业协会、报业转型课题组数据整理。

（三）文化环境

2018年，湖北省《山河袈裟》《高原上的野花》获第七届鲁迅文学奖。文化戏曲栏目《戏码头》收视率稳居全国卫视同类戏曲栏目第一名。省委、省政府出台《关于加快全省文化产业高质量发展的意见》；长江出版集团入选2018年第十届"全国文化企业30强"。荆楚"红色文艺轻骑兵"惠民演出超过6000场，深受老百姓欢迎。

2018年既是党的十九大精神的开局之年，也是实施"十三五"规划承

---

① 陈国权：《2018中国报业发展报告》，《编辑之友》2019年第2期。

上启下的关键一年。湖北省文化厅2018年3月20日印发了《湖北省文化厅2018年工作要点》，文件强调了加强艺术精品的创作、加快构建现代公共文化服务体系、提升文化遗产保护利用水平、完善现代文化市场体系、加快壮大文化产业、扩大对外文化交流、扎实做好各项保障工作等各项要求，从政策方面大力扶植荆楚文化建设，同时通过实施湖北戏曲振兴发展计划、实施优秀作品展演计划、实施美术科教工作创新发展计划、实施重大文物保护项目、持续推动文化市场行业转型升级等具体措施全方面助推湖北文化产业发展。①

2018年12月，湖北省文化体制改革与文化产业发展领导小组会议强调，要落实省委、省政府《关于加快全省文化产业高质量发展的意见》部署，深入推进文化体制改革，全力推动文化产业高质量发展，加快建设社会主义现代化文化强省。

（四）媒体内部环境

1. 新媒体蓬勃发展，短视频用户不断攀升

2018年是互联网大放异彩的一年，不论是IG的夺冠，还是雅加达亚运会电子竞技项目的崛起，无疑让更多的人将目光转向了互联网。现在的互联网已然不再被视为洪水猛兽。"蓬勃向上"应该是互联网最好的形容词，据CNNIC（中国互联网络信息中心）统计，截至2018年6月，中国网民规模达到8.02亿人，2018年上半年新增网民数量为2968万人，与2017年相比增长3.8%，互联网普及率为57.7%（见图4）。

在互联网媒体中，短视频成为竞争的焦点。2017年1月至2018年2月中国短视频活跃人数从1.566亿人上升到4.035亿人（见图5）。截至2018年9月中国短视频用户人数达5.18亿人，占总网民数一半以上（见图6）。

在互联网短视频冲击下，传统媒体也在积极寻求自身的创新之路，纷纷

---

① 湖北省文化厅：《湖北省文化厅2018年工作要点》，湖北省文化和旅游厅网，http://wlt.hubei.gov.cn/gk/iggg/fzgg/31385.htm。

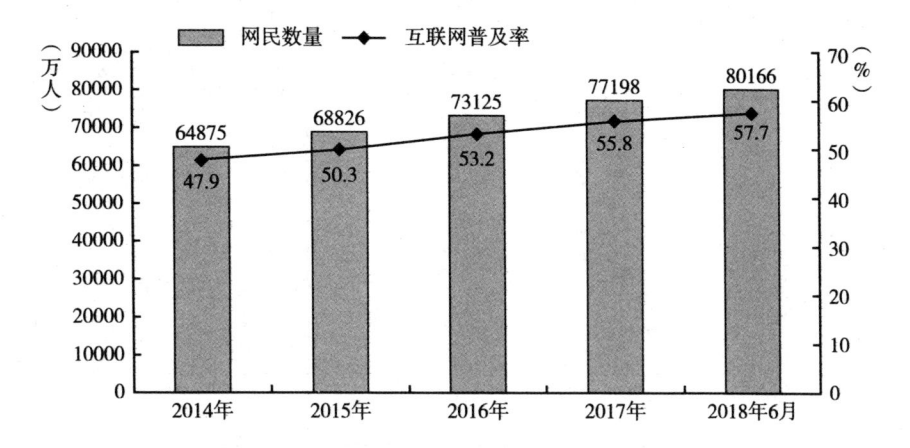

图4 2014年至2018年6月中国网民规模及互联网普及情况

资料来源：根据CNNIC、中商产业研究院数据整理。

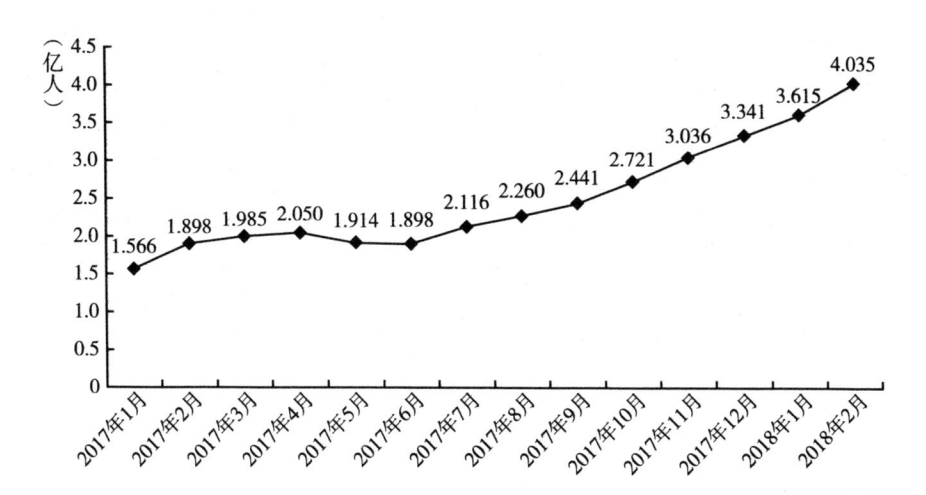

图5 2017年1月~2018年2月中国移动短视频综合平台月度活跃用户规模

资料来源：根据易观数据分析所得。

开设自己的短视频业务。例如，《新京报》于2016年与腾讯视频联合推出了"我们视频"新闻项目，抢占网络视频、短视频业务。截至2018年2月，"我们视频"上线一年多，拥有团队人数上百人，全网视频生产总数超过20000条，获得大量好评。

值得注意的是，2018年湖北省内各大传统报纸集团也开始了自己的短

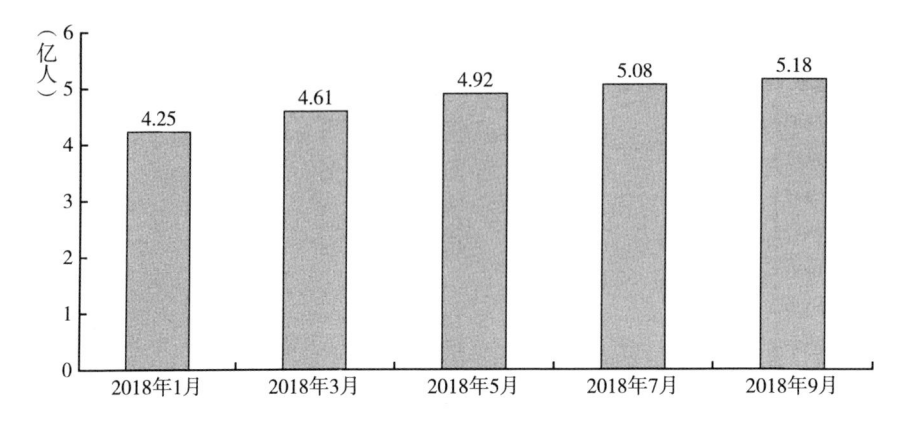

图6　2018年1~9月中国短视频月活跃用户规模情况

资料来源：根据QuestMobile、中商产业研究院数据整理。

视频之路。《长江日报》于2018年7月18日在抖音平台首次建立了自己的官方账号进行短视频业务投放。截至2018年底，《长江日报》在抖音平台共生产视频300余条，获赞700多万个，获粉丝20余万人。《武汉晚报》于2018年8月6日在抖音平台投放短视频，截至2018年底共投放视频100余条，获赞150多万个，收获粉丝50余万人。2018年4月2日，《十堰晚报》在抖音开设了自己的官方账号，截至2018年底共生产视频300余条，获赞1400多万个，获得粉丝40多万人。

2. 报业生存空间继续压缩，停转合趋势加大

并不是所有报纸的转型都是一帆风顺的。受自身资金、能力的限制，报业的转型之路同样是荆棘密布。随着新媒体的日新月异，传统媒体的市场份额被不断压缩。2018年全国报刊停刊、休刊数量仍然在不断增加，截至2018年底，全国停休刊数为53份，较2017年停休刊数有明显增加。

值得注意的是，在停刊的53份报纸中大多为都市报（见表3）。回溯到21世纪初，那段时间是都市报发展的繁荣时期，各大报业集团为加强市场化竞争，纷纷开设子报，以子报养母报，以产品数量抢占市场高地，所以大多都市报都呈现同质化趋势，在报业衰退的今天，这些盲目扩张且趋于同质化的报纸也最终走向了尽头。

表3 2018年宣布停休刊的报纸

序号	报纸	出版地	报纸类型	停休刊时间
1	《晨报周刊》	湖南	都市报	2018年1月1日
2	《无锡商报》	江苏	都市报	2018年1月1日
3	《北京娱乐信报》	北京	地铁报	2018年1月1日
4	《渤海早报》	天津	都市报	2018年1月1日
5	《汕头特区晚报》	广东	都市报	2018年1月1日
6	《汕头都市报》	广东	都市报	2018年1月1日
7	《湘潭晚报》	湖南	都市报	2018年1月1日
8	《赣西晚报》	江西	都市报	2018年1月1日
9	《上海译报》	上海	专业报	2018年1月1日
10	《北部湾晨报》	广西	都市报	2018年1月1日
11	《西部开发报》	贵州	都市报	2018年1月1日
12	《白银晚报》	甘肃	都市报	2018年1月1日
13	《西凉晚刊》	甘肃	都市报	2018年1月1日
14	《皖南晨刊》	安徽	都市报	2018年1月1日
15	《大别山晨刊》	安徽	都市报	2018年1月1日
16	《台州商报》	浙江	都市报	2018年1月1日
17	《球迷报》	天津	专业报	2018年1月1日
18	《采风报》	天津	文摘报	2018年1月1日
19	《假日100》	天津	都市报	2018年1月1日
20	《中国广播报》	北京	行业报	2018年1月1日
21	《I时代报》	上海	地铁报	2018年1月17日
22	《西部商报》	甘肃	都市报	2018年6月23日
23	《新疆都市报》	新疆	都市报	2018年7月1日
24	《淮海商报》	江苏	都市报	2018年8月31日
25	《伊犁广播电视报》	新疆	都市报	2018年9月1日
26	《地铁时报》	辽宁	地铁报	2018年9月29日
27	《江西商报》	江西	都市报	2018年11月1日
28	《申江服务导报》	上海	都市报	2018年11月21日
29	《羊城地铁报》	广东	地铁报	2018年12月1日
30	《春城地铁报》	云南	地铁报	2018年12月27日
31	《北京文摘》	北京	文摘报	2018年12月27日
32	《黄山日报·黄山晨刊》	安徽	都市报	2018年12月28日
33	《中国技术市场报》	天津	行业报	2018年12月28日
34	《郴州新报》	湖南	都市报	2018年12月28日
35	《四平晚报》	吉林	都市报	2018年12月28日

续表

序号	报纸	出版地	报纸类型	停休刊时间
36	《京郊日报》	北京	都市报	2018年12月29日
37	《人民公安报·消防周刊》	北京	行业报	2018年12月29日
38	《新商报》	辽宁	都市报	2018年12月29日
39	《黑龙江晨报》	黑龙江	都市报	2018年12月29日
40	《安阳晚报》	河南	都市报	2018年12月29日
41	《新知讯报》	宁夏	行业报	2018年12月31日
42	《北京晨报》	北京	都市报	2018年12月31日
43	《赣州晚报》	江西	都市报	2018年12月31日
44	《北方周末报》	内蒙古	都市报(周报)	2018年12月31日
45	《今晨6点》	山东	都市报	2018年12月31日
46	《新晨报》	山东	都市报	2018年12月31日
47	《法制晚报》	北京	都市报	2018年12月31日
48	《亳州新报》	安徽	都市报	2018年12月31日
49	《哈密广播电视报》	新疆	都市报	2018年12月31日
50	《中国测绘》	北京	行业报	2018年12月31日
51	《华商晨报》	辽宁	都市报	2018年12月31日
52	《伊犁晚报》	新疆	都市报	2018年12月31日
53	《重庆时报》	重庆	都市报	2018年12月31日

资料来源：根据公开资料整理。

在传统报业的内部，报刊的整合、改版已成为大势所趋。湖北省内，成立于1961年的老牌晚报《武汉晚报》在历经2017年与《武汉晨报》合并后，于2018年3月20日，全员并入《长江日报》。《长江日报》启动内部整合，在"不裁员"原则下，将《武汉晚报》全员转入《长江日报》，而《武汉晚报》和《武汉晨报》的报纸品牌继续保留，《武汉晚报》的出刊由长江日报社医卫康养事业部负责，原《武汉晚报》的医疗健康条线记者转入该部门，其他人员按行业分流；2017年已并入《武汉晚报》的地铁报《武汉晨报》，则对应长江日报社地铁商圈事业部。

同时，为应对预算不断缩减的大背景，2019年2月21日，《武汉晚报》在头版刊发的公告《致读者》称，经主管部门批准，《武汉晚报》改为周一至周五出版，周六、周日不再出版，改版后，仍将维持2018年总版数不变。

3. AI 技术全面升级，从业人员竞争压力不断增大

在 2018 年 11 月 7 日第五届世界互联网大会上，搜狗与新华社联合发布了全球首个全仿真智能 AI 主持人。通过语音合成、唇形合成、表情合成以及深度学习等技术，克隆出具备和真人主播一样播报能力的"AI 合成主播"。该项技术能够将所输入的中英文文本自动生成相应内容的视频，并确保视频中音频和表情、唇动保持自然一致，展现与真人主播无异的信息传达效果，同时还具有 24 小时不间断播报的能力。此项技术引起了业内对于 AI 主播是否能够完全替代人工播报的热议。

"AI 合成主播"具有全天候的播报能力，这在很大程度上弥补了人工播报在处理突发新闻时的不足，同时在一定程度上削减了传媒集团对于人工成本的支出。但是，目前的 AI 技术还只是处于初期，声音模拟干瘪，播报出错，这些问题还是不能完全避免。例如，将阿里巴巴创始人马云的名字"Jack Ma"误读成了"Jack Massachusetts"，这是因为语音合成系统读到这部分文字稿的时候，判断"MA"是美国马萨诸塞州的缩写。

"AI 合成主播"虽然还有很多的问题亟待解决，但是它也为新闻行业敲响了警钟。在技术倒逼之下，要使我们的主播区别于"念稿机器"，就需要新闻从业人员拥有更为全面的业务能力来适应当前的技术环境。

二 湖北报业发展概况

在报业经历了 2012 年断崖式下降的几年之后，"媒体融合"战略成为报业转型最好的出路。湖北报业在 2017 年历经了《楚天京报》的停刊，《武汉晚报》与《武汉晨报》的合并之后，依旧在转型融合之路上探索着新的发展模式。2018 年随着转型融合步伐的加快，媒体多平台联动的格局已初见成效。

2018 年，《长江日报》相继在一直播、抖音等网络平台开通官方账号，实现了多渠道联动，收获粉丝百万余人，走在媒体融合战略的前列。

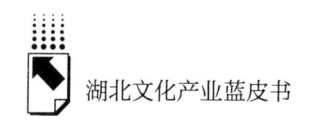

2018年6月20日，北京发布的"中国500最具价值品牌"排行榜中，"楚天都市报"再度上榜，品牌价值首次突破100亿元，达115.39亿元，是湖北唯一上榜媒体。2018年12月18日，楚天都市报社召开了2019全媒体分享会，会上《楚天都市报》梳理了全媒体发展带来的硕果，据悉，《楚天都市报》通过微信、微博、看楚天App、企鹅号、头条号等多种渠道进行传播，获粉丝2000余万。

（一）新闻+政务+服务：从渠道融合到功能整合

随着媒介融合的不断深入，早期"两微一端"的融合思路已经无法满足当代受众的需求。媒体仅仅实现以信息传递功能为主的融合远远不够。现今互联网技术在加速度发展的同时也为传统媒体的转型提供了更多思路。多元、复合式的深度融合正在进行。

《媒体融合蓝皮书：中国媒体融合发展报告（2019）》认为，2018年媒体融合发展进入3.0时代。[①] 如何打破平台壁垒，进行全方位功能整合，提供立体、多方位服务，打造出"新闻+政务+服务"新型媒介生态是传统报业转型的关注点。

在云计算、物联网等技术的支持下湖北广电研发打造的"长江云"政务新媒体平台，打通广播、电视、电子报、PC、WAP、微博、微信、客户端，形成"八位一体"的融合态势。2018年，"长江云"有全省2220家政府部门入驻，搭建"一键问政"等接口，成为网民"口袋里的办事窗口"，将传统媒体通过互联网化的转型，打造成一个集传播、服务于一身的生态型媒体。

2018年全国"两会"期间，"长江云"联合全省云上系列客户端，推出"云端报两会"融媒体系列报道，总点击量达1.83亿次。

在"长江云"成功的基础上，2018年3月，中国记协在武汉召开"长江云"平台建设研讨会，总结"长江云"发展经验，为各地融媒体中心建

---

① 梅宁华、支庭荣主编《媒体融合蓝皮书：中国媒体融合发展报告（2019）》，社会科学文献出版社，2019。

设提供方案。作为湖北省县级融媒体中心建设的省级支撑平台,"长江云"开创出"1 + N"的模式,助力县级融媒体中心建设。在"长江云"的"云上县市"项目带动下,湖北省地方媒体中,相继出现"云上咸宁""云上红安""云上钟祥"等优秀的新媒体平台。

构建服务型媒体是传统媒体进行深度融合的重要切口,因为成功的现代传媒在很大程度上取决于它的"服务"到位,而到位的服务重头戏就在于做好服务类新闻。2018年5月21日,《长江日报》就大学生购房问题进行了报道,一篇文章《快!大学生8折买房开始登记,临空港青年城均价6800元/平米》在很短的时间内就达到了"10万+"的点击量。除了提供服务类资讯,为民众提供表达空间也是传统媒体提供优质服务的一个重要方法,2017年4月,长江日报报业集团创办武汉城市留言板,力图通过资源整合、功能聚合、媒体融合,成为武汉市民的办事平台和民意直通平台,党委、政府走网上群众路线的服务平台。

在线下,2018年1月,长江日报报业集团打造的武汉城市留言板的首个线下互动体验空间入驻江岸区政务服务大厅。该区域利用多样的艺术造型,融合多媒体互动,将城市政务服务、实时新闻、主流文化等内容进行直观展示。后期将定期开展线下互动、小型展览、文化沙龙等主题活动,将市民多样化的信息需求与社会服务资源进行有效对接,提升政务服务的亲民性、参与性、互动性,促进形成"新闻+政务+服务"的一体化新型媒体。

2018年,楚天都市报社联合武汉城管围绕"垃圾分类",策划了"万元奖励江城垃圾分类荣耀家庭""征集武汉垃圾分类公益大使"等一系列活动,既保障了政务信息的有效传递,也提高了媒体的曝光度,获得了社会效益与经济效益的双丰收。

(二)直播 + 短视频:多元视角抢占传媒高地

随着媒介技术的不断发展,信息传播主体和终端向多元化演变,短视频、直播、H5、游戏、长图等多样化的传播方式已经屡见不鲜。截至2018年9月,我国短视频活跃用户达5.18亿人,移动直播用户达3.43亿人,直

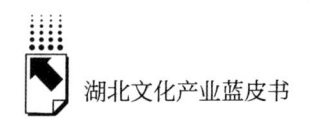

播与短视频成为2018年流行的传播平台，移动直播与短视频的盛行也为各大传统媒体提供了更大的展现自我的空间。

2018年全国"两会"期间，湖北日报社融媒体中心就以一只来自神农架的猴子"楚楚"为卡通形象，打造出短视频作品《楚楚说两会》特别节目，以别具一格的方式对传统严肃议题进行报道，激发了民众的兴趣，提升了两会的影响力。该节目共分为4期，平均时长2分钟，短小精炼，符合网友阅读习惯。4条短视频分别从政府工作报告的民生亮点、湖北省生态文明建设、湖北交通强省战略以及湖北省全域旅游发展等四个角度为民众解读两会报告，取得了良好的社会反响，也得到了中宣部的肯定。

此外，长江日报社也在2018年7月开通了自己的官方抖音号，进军短视频平台。在2018年首届"中国国际进口博览会"期间，《长江日报》制作了短视频作品《浑身可折叠的眼镜》《午间音乐会走进新闻中心》《无人咖啡厅不到两分钟冲一杯》《未来的一天丰田给你这样的构想》《2亿！它是进博会最贵的单品》等，获阅读量50多万人次。

在移动直播方面，2018年3月15日国际消费者权益日期间，《湖北日报》策划了"武汉市药监突查校园餐饮""装修违规收费""快递遗失了该如何快速处理"等移动直播节目，从传统媒体的权威性优势入手，联合市食品药监局、工商局、邮政管理局，回应民众关注问题，并且结合移动直播反馈快的特点，及时派遣记者赶往第一现场拍摄细节，有效提升了媒体的关注度与公信力。同时，在直播完成之后，通过后期剪辑技术将直播中的重点内容制作成多个新闻点，以短视频的方式上传网络，打通直播与短视频的平台界限，进行优势互补。在短短24小时内获得了"10万+"的阅读量。

在2018年武汉市"两会"期间，《长江日报》就首次采取了在"两会"主会场旁搭建30平方米的直播间的方式进行直播，通过网络同步到长江日报报业集团各新媒体端口进行传播，同时，在场的代表委员也可以通过透明直播间外的大屏，实时观看直播。真正做到了"一次采集、多种生成、多元传播"，使资源利用率最大化，获得了不错的传播效果。

新兴的传播方式为传统媒体带来了转危为安的可能，在湖北媒体融合战略过去几年里，走在寒冬中的传统报业终于迎来了一丝曙光，各媒体正以多形态、立体化的传播格局慢慢走向传媒高地。但从宏观上来看，报业整体情况并不乐观，报纸订阅数逐年下降的趋势并没有得到缓解，全国都市报停休刊的数量仍在增加，想要在众媒时代下立于不败之地，更好更有效地整合报业资源，生产出以"内容为王"的精品还是需要报业集团作出更多的思考。

（三）技术+人才：复合型人才支撑媒介融合

报业转型与媒体融合依靠的不仅仅是政策的引领与支持，同时行业自身也应掌握过硬的技术手段，在此基础上吸纳并培养复合型媒体人才，才是报业可持续发展的关键所在。

在报业转型过程中，三峡日报社先后投资400多万元，配置虚拟视频直播室、无人机导航网络直播车、网络直播服务器等，同时集团组建新媒体星云影视公司，打造专业化新媒体团队，保证了自身走在融合转型的前沿。

近年来，楚天都市报社的摄影团队把着眼点放在航拍技术上，创立了自己的航拍队伍。在2018年4月17日黄石市矿山公园改造完成的开放日，楚天都市报社的拍摄团队使用航拍视角展现了这一深度达444米的亚洲第一采坑，其航拍短视频作品《奇观！亚洲"第一天坑"盛装出镜，坑口面积达150个标准足球场、深444米》在楚报官微播放量达170万次。

2018年8月，孝感日报社出台学习培训常态化的工作计划，推进学习型组织建设和提高全体员工工作能力。根据事业的发展需要，缺什么补什么、需要什么培训什么。2018年，其全年组织人员学习培训80余人次，强化全体采编人员融媒体思维，引导采编队伍由传统编辑记者向融媒体采编队伍转型。

荆州日报社则在技术上侧重于自身的云中央厨房建设，打造了媒体融合系统"新闻梦工厂"。打破了传统一报一编辑部模式，形成了新闻采集、分类出版、渠道传播、资源转化、价值评估、运行保障等六大环节。同时在

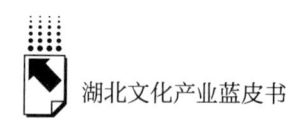

2018年与市场技术公司合作，启动党报云中央厨房大数据、舆情分析，开展政务双微排名，进一步促进双微平台建设。2018年下半年，荆州日报社引进点对点移动直播技术，建设全域同步网络直播系统，并且由中央厨房向辖区内所有通讯员开放端口，打开了与200名通讯员的信息实时交互通道，通过技术实现了媒体资源的最优化调配。

襄阳日报社在2018年启动了"春晓"新媒体培训生计划和"传媒合伙人"计划，在培育自身新闻人才的同时积极发掘其他领域人才，为自身发展注入动力，其新媒体中心联合手绘、动漫专家策划制作的《襄阳手绘旅游地图》《中国有机谷手绘地图》获得了社会广泛的好评，也增加了集团的经济收入。

三 湖北报业发展特点

湖北地区报业的发展紧跟时代的步伐，奋力求生存、求发展。在积极关注行业自身发展之外，扩大发展领域，注重科技赋能、互联网加持。

（一）湖北报业发展的共性

1. 立足本土特色，关注民众生活

本土化报道是媒体拉近与当地受众距离的一种重要手段。在新媒体时代下，信息数量呈井喷式增长，但信息质量低下，同时，信源数量的增加使有用信息的筛选工作变得异常复杂，受众的信息需求很难得到满足，传统媒体通过专业手段策划的本土化报道可以有效满足受众的信息需求，从新闻的质量与新闻的温度上面收获受众好感。近年来，湖北省的各家报业集团都在积极尝试通过权威的本土化报道来形成自身特色，与新媒体的定位区别开来，以此来吸引更多受众的关注。

例如，在2018年重庆公交车坠江事件发生后，11月2日上午《长江日报》微信公众号就推送了《最后10秒视频曝光，重庆万州公交车坠江原因：乘客司机争执互殴》的文章，这一事件引起了"江城"武汉民众空前的热议，短时间内该文章就获得了"10万+"的阅读量。11月3日又推出了《车辆过江乘客突然抢夺方向盘　武汉公交车上"一刹一抱"化险为夷》的文章，此篇报道记叙了2016年武汉公交车在跨江过程中发生的惊险的瞬间。从重庆事件转向武汉事件，报道有效地从"接近性"上拉近了与本土受众的距离，在引起广泛关注的同时，在头版又刊发了《在公共生活中学做一个"公共人"》的评论，从媒体的社会责任出发，引导公众遵守公共秩序。11月3日晚，在微信公号上推出文章《重庆公交坠江，为何大桥护栏没拦住？武汉桥梁专家一语道破真相》，通过相关专家就市民关心的焦点问题进行解答，消除民众恐慌。这一系列的新闻报道活动，准确抓住了本土特色，获得了良好的传播效果。

本土化报道的重点就是能抓住本土特色，充分利用本土资源。襄阳在金庸先生笔下出现多次，2018年10月30日晚，《襄阳日报》在金庸先生逝世之际，发起了一项"为先生点亮襄阳城"的活动，此次活动一经发起就引起了众多市民以及网友的响应，2018年10月31日，"为先生点亮襄阳城"活动位列微博热搜前10，《人民日报》、新华社、中新社等主流媒体纷纷转载。在不到24小时的时间里，"为先生点亮襄阳城"活动单条抖音播放量突破2000万次，单条微博阅读量突破1500万人次，网友评论数超过100万条。可以看出，作为襄阳市本地媒体的《襄阳日报》充分利用本土文化资源，发挥本土特色，有力抓住时机，通过权威的策划，打造了传播奇迹。

2018年，《湖北日报》则更多地将重心放在时政报道上，将晦涩的政策报道转换成通俗易懂的内容，并挑选出与本地相关的政策进行重点解读，服务当地受众。例如，在湖北省机构改革期间，《湖北日报》刊发了《重磅！湖北省省级机构改革方案刚刚公布！》的文章，从独到的视角将晦涩的政策性文件解读给当地公众，获得了"50万+"的阅读量。同时积极关注民生问题也是让报刊更有温度的一种做法，2018年4月12日，《湖北日报》在微信公众号上刊发了《"我家孩子绝不能那样"，中国农大高材生成反面教材？这个湖北娃让人肃然起敬！》，从平民化视角讲述了农大高材生马伟放

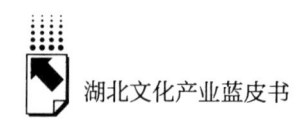

弃高薪工作回湖北创业，但自己的生活却难以为继的故事，这种立足于本土人物的报道方式，体现了媒体对当地民生的关注，这种有温度的内容很快吸引了当地民众的眼球，各家企业纷纷助力马伟。既解决了马伟的实际问题，也使媒体获得了民众广泛的好评。

2. 深化媒体融合，多平台联动助力报业发展

媒体融合战略在新媒体诞生之初就已经被各家报业集团提上了日程，如今，在融合战略过去的几年里，各家报业集团也从早期的简单融合步入了深度融合阶段，各平台之间的联动也日趋成熟。

在省级媒体中，《湖北日报》《长江日报》形成了报、网，"两微一端"，多平台入驻的融合发展格局。据人民网研究院发布的《2018全国党报融合传播指数报告》来看，《湖北日报》《长江日报》在融合传播力上均能位列全国前20，其中《湖北日报》微博传播力排全国第12位，报纸排第9位，新闻客户端排18位。长江日报微信公众号排全国第9位，微博排第20位，入驻App排第19位。

地市级媒体中，《三峡日报》通过借助成熟的媒体平台扩展自身的新闻业务，融合发展期间入驻了"人民直播""现场云""央视新闻+""长江云"等上级媒体视听平台，同时在今日头条、澎湃问政、一点资讯、企鹅号、一直播、抖音等社会化媒体平台开设官方账号，开展网络直播、内容推送、活动联动、技术对接、数据调用等系列业务，2018年三峡日报获新华社"现场云"优秀报道奖，"三峡日报直播"获评"2018全国地市网络媒体最具创新力十大品牌"。①

《荆州日报》则大力发展自身的"云中央厨房"，建立起一个一体的融媒体运行体系。在此基础上，2018年10月，《荆州日报》再度升级，打造"融合AI智能终端实验室"。该实验室的建立标志着《荆州日报》将进入全新的人工智能媒体时代。AI技术的运用将更大程度地优化融合媒体之间的

---

① 郭晓尽、杨振：《大力拓展视听业务 积极推进全媒转型——以三峡日报传媒集团发展实践为例》，《中国地市报人》2018年第12期。

资源调度与提高数据处理能力,助力荆州日报步入深度融合期。

随着媒体融合步入深水区,湖北省报业融合态势趋于稳定,多平台格局逐步成熟。传统媒体在新技术的加持下正朝着更加深度的融合形态迸发。但也有不少媒体的自身研发能力薄弱,在深度融合时期很难跟上步伐,所以各报业集团在运用现有技术融合发展的基础上也应该注重自身研发能力的培育。

3. 布局多元产业,媒体跨界经营初见成效

在报纸业务不断下降的今天,报业集团原本单一的产业模式很难带领报业走出寒冬,于是,很多报业集团在通过媒介融合战略提升自身原有业务水平的同时,依托自身优势积极涉足其他产业,通过媒体的跨界经营,形成了多元化支撑的产业布局。

在湖北省内,《湖北日报》在跨界经营方面做出了较多的尝试,且有不少的收获。

2018年9月28日,湖北日报集团旗下楚天都市报社与社交电商平台"全球时刻"签署战略合作协议,进军电商行业,此次合作基于楚天都市报社的媒体优势,全球时刻开放供应链资源,打造出"电商+媒体"的新运营模式。受众只需要在楚天都市报官方微信公众号中就可以购买全球时刻的商品,从相互协作中获得了互利共赢。

此外,湖北日报报业集团旗下的楚天房地产公司也是报业集团进军地产行业的一个标杆,近年来楚天地产开发了楚天都市佳园、朗园、诚园、沁园等多个房产项目,2017年楚天地产总销售额突破300亿元,上缴税收超过20亿元。在2019年初又出资3.6亿元拿下位于鄂城区文华路东侧、学府路南侧建筑面积为53492平方米的地块,拓展自己在省内二线城市的地产业务。

除了进军电商与地产,文化产业也是报业跨界经营的一个重大板块。2018年,《长江日报》就与青山区委宣传部在武汉市青山区共同打造了"青山绿水红钢城新时代展馆"项目,展馆通过"青山之根""时空隧道""美丽青山""青山新时代"四个部分展现了改革开放40年青山巨大变化和发

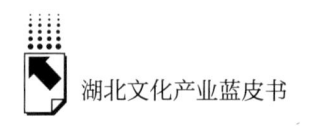

展成就，生动地诠释党的十九大精神，是武汉市首家群众家门口十九大精神宣传阵地。

在市级媒体中，《襄阳日报》除了运营自身汉江网、日报、晚报、"两微一端"外，还承接当地市直单位的20多个网站、微信、微博的运营与维护工作，发挥自身在媒体运营上的专业优势，覆盖粉丝达200万人，提高了当地机构的影响力，又获得了可观的收入。2017年实现产值1000万元，上缴利润100万元。

2018年，《十堰晚报》和秦楚网全媒体编辑部多元化经营中心则充分发挥本地资源优势，通过承办当地的"郁金香文化旅游节"，走出一条"媒体＋活动＋营销"的经营模式[①]，将当地的"菜园子"变成了市民的"后花园"，同时在线上配套媒体举办"郁金香花仙子"评选活动，历时一个月，"郁金香花仙子"海选共吸引了261位选手进行网络报名，《十堰晚报》微信访问量达579937人次，秦楚网微信访问量达32070人次，十堰头条客户端访问量达39268人次，累计网络投票达65万人次。另外，作为郁金香举办地的十堰市张湾区接待国内外游客262.4万人次，同比增长13.83%，实现旅游综合收入34.5亿元，同比增长33.72%。既带动了当地的发展，也保证了媒体自身的收益，实现了政府与媒体的双赢。

《荆州日报》跨界经营时间较早。早在2015年和2016年，荆州日报社就连续两年承办了大型文化活动"五国大马戏中国巡演"，创收300多万元，2016年3月又成立湖北广电桃花婚恋文化有限公司，开展婚恋服务类业务。凭借自身的媒体资源优势，2016年仅8个月，就创收140万元。为保障文化产业的良性发展，2018年荆州日报传媒集团承担并开发了"荆州大数据中心（文化荆州数字出版工程）"项目[②]，该项目以荆州古城数千年的荆楚人文资源、三国文化资源、荆州新闻库等为基础，运用现代科学技术，进行数据化加工处理，形成数字云文库。

[①] 雷勇、宁雷蕾：《"花为媒"探出"春之路"——十堰晚报秦楚网多元化经营的有效探索》，《中国地市报人》2018年第11期。
[②] 张珂：《发展创意出版产业助推荆州媒体转型升级》，《科技资讯》2018年第6期。

如今报业的跨界经营已经成为常态。但是，在跨界经营的进程中报业也要清楚自己的社会角色，不能只注重经济效益而忽视了报业的社会效益，要做到经济社会与社会效益的平衡。

（二）湖北报业发展的个性

1. 探索不同的融合路径

媒体融合是一个大议题，要想更好地进行融合发展，就需要各地媒体因地制宜地制定最适合自己的发展路径。

三峡日报社较早取得了信息网络传播视听节目许可证、广播电视节目制作经营许可证等资质，因此三峡日报社在拓展视听业务上有着得天独厚的优势，在融合方向上，三峡日报社组建影视公司，大力发展网络视听节目，开创日播新闻节目《微播大宜昌》、移动现场直播《三峡日报直播》、网络问政访谈《对话"一把手"》，同时，结合文明城市创建，摄制网剧《大威相亲记》，获得广泛好评。

此外，《三峡日报》还开创出一条"互联网+报纸+TV"的融合发展新路径，聚焦偏远农村地区发展，将报纸融入电视，打通互联网、报纸和电视的壁垒，为农民群体提供高效信息服务。同时在技术上根据各地农村特点，将农业信息汇入信息综合库，建立强大的信息服务平台。在内容呈现上推出农家版和社区版，农家版打造阅报、办事、农务信息、商务直供多功能平台；社区版则以社区为单位，提供便民服务。截至2018年4月，宜昌的兴山、猇亭、高新区已实现了100%覆盖率，使农民群体足不出户即可了解信息，解决了偏远地区的信息闭塞问题。

《黄冈日报》则在融合转型历程中充分认清自身情况，走出一条"借船出海"的融合发展道路。通过与"新华社现场云直播平台"合作，借助国家通讯社这个大平台，完成自身的顺利转型。2018年6月，《黄冈日报》旗下黄冈新闻网直播的《呆萌"小特警"解救人质频出戏》《炸弹、枪、机器人都用上了？这个反暴恐演习震撼了》被新华社在重点客户端集中推送，其阅读量过百万人次，进入新华社优秀视频十佳排行榜。

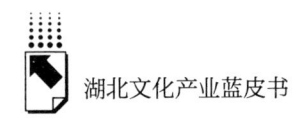

为防止报纸办新媒体只能相"加"不能相"融"问题的发生，《楚天都市报》在融合路径上选择了成立自己的全媒体指挥集成中心，使《楚天都市报》从一张简单的报纸成为一个全媒体资讯发布平台。集成中心统一调配，优化了新闻采编流程，加快了新闻生产速度，旗下新媒体平台发稿量较之前提升了五六倍。在"武汉大学校友资智回汉"的相关报道中，《楚天都市报》新媒体在平台一天抢发快讯21条、视频12条，多条报道达到"10万+"阅读量。

可以看出，在湖北省媒体融合发展的进程中，由于媒体所处环境以及自身资源的不同，各媒体都走出了一条富有特色的融合之路，在新媒体迅速发展的今天，不论是"借船出海"还是"造船出海"都是媒体转型发展的必然选择。

2. 实行不同的整合方式

精简、合并、重组是媒体转型的必由之路，通过整合减少冗余可以集中资金打造更为精华的媒介内容，更好地聚合受众关注度。但依据不同报业集团自身条件的限制，其进行的整合方式也是各有千秋。

省级报纸中，2017年湖北日报传媒集团对旗下《楚天今报》进行了休刊处理，其中的129名员工，通过竞争上岗形式留下29人，其余100人解除聘用合同。与湖北日报传媒集团做法不同的是长江日报报业集团在2018年3月对旗下《武汉晚报》进行了合并。

地市级报纸中，十堰日报传媒集团按照"集团式运作、多元化经营、全媒体发展"的思路进行整合，将旗下主要媒体划成两大考核板块，一是《十堰日报》和十堰政府网，二是《十堰晚报》和秦楚网。为挽救晚报业务不断下滑的趋势，《十堰晚报》最终与秦楚网全面合并。通过此次整合，十堰日报传媒集团在2017年利润超过2000万元，晚报、秦楚网"两微"2017年总阅读量超1.2亿人次，"10万+"的报道有近百篇。

荆州日报传媒集团在湖北省地市媒体阵列中率先转型进入融媒体时代，将原有的《荆州晚报》编辑部一分为二，与《荆州日报》编辑部，分别融入融媒体采访和出版两个大的部门，形成日报、晚报、新媒体一体化运营模式，加强了各部门之间的资源流动，形成了更为紧密的运行体系。

有些报业集团在新媒体平台创立之初，经验并不充足，创建出的新媒体产品冗余、同质化严重，未能达到应有的效果。

孝感日报传媒集团就侧重于对旗下新媒体平台的整合，在2018年6月开展"吐槽大会"，动员全体人员吐槽新媒体部门，提出意见，精减优化其新媒体产品，经过最终的意见汇总，孝感日报传媒集团在2018年7月暂时停办槐荫美食、槐荫汽车、槐荫旅游微信公众号，孝感网微博并入孝感日报微博，孝感小记者微信公众号并入孝感晚报微信公众号，电子竞技微信公众号并入孝感时讯微信公众号。原有的20个新媒体优化整合为14个。2018年10月17日，孝感晚报微信公众号迁移到孝感日报微信公众号。

四　湖北报业发展趋势

2018年，湖北报业发展更趋于精细化，内容和形式都朝着专、精、深的大方向挺进。报业发展将继续借助科技手段和"互联网＋"提供更精致的文化产品和文化服务。湖北报业也正从媒介融合的探索期走向媒介融合深水区。报业发展精品化、智能化、精细化是未来主要行业趋势。

（一）完善融媒体中心建设

在全媒体不断发展的今天，媒体的格局和传播方式发生了天翻地覆的变化，传统媒体的地位受到了空前的挑战。各家报业集团融媒体中心的建立是扭转颓势的关键所在。

融媒体中心建设的目的就是成为报业集团的"大脑"，针对旗下各种新、旧媒体产品进行统一调配，真正做到"一次采集，多种生成"。2018年湖北各家报业集团都相继建成了自己的融媒体中心，但就目前而言，有些中心还在初期运行阶段，部分融媒体中心的运作方式也并不完善，新、旧媒体

"两张皮",新媒体项目只能"相加"不能"相融"的问题亟待解决,在新形势下完善融媒体中心的建设已经迫在眉睫。

除了对报业集团内部的融媒体中心进行建设外,县级融媒体中心建设也已经被提上了议程,2019年1月15日中宣部、国家广播电视总局发布《县级融媒体中心建设规范》,从总体架构、功能要求、基础设施配套要求、关键指标要求等方面进行规范,明确县级融媒体中心应整合县级媒体资源,巩固壮大主流思想舆论,不断提高县级媒体传播力、引导力、影响力、公信力,重塑县级媒体在地方的舆论引领地位。"长江云"作为比较成熟的融媒体平台,现已成为湖北省县级融媒体中心建设的省级支撑平台,"长江云"的成功经验可以为各县级媒体单位输送方案,从而促使其建立完善的县级融媒体中心。

融媒体中心的建设对于重构传统媒体影响力意义非凡,湖北省内的各家媒体更应该抓住这次机会,通过媒体融合,顺应信息时代发展,把握媒体形态变革,重新走上舆论阵地的前沿。

(二)发展智能化媒体技术

在大数据、云计算、AI等技术的推动下,新闻媒体正从单一的信息发布平台向智能化媒体迈进。2018年10月"融合AI智能终端实验室"落户荆州,荆州日报传媒集团将依托智能终端实验室深化媒体融合,从智能写作机器人、智能视频化、智能终端产品化三方面着手,通过合资、合作等形式推动报社走向全渠道、智能化发展道路。

向智能化过渡是当今媒体的必然选择。智能化技术的运用将大大降低媒体的运营成本。例如,智能写作机器人可以减少采编人员的工资支出,并且其快速反应能力能更好地报道突发事件。智能视频可以更精准地向受众推送视频服务,并且在智能视频技术发展的同时,一个名为"云剪辑"的技术则能更优质、更快捷地实现视频的后期加工,降低了人工剪辑视频的成本。同时,智能化也能帮助媒体更好地了解受众,优化自身产品结构。在大数据技术的支撑下,受众在选择信息的同时被大数据记录,然后反馈至媒体中心,通过智能 AI 的分析，媒体在下次生产新闻时能更准确地把握受众偏好。

智能化媒体产品主要还是在一些新媒体平台中运用比较广泛。例如，"今日头条""抖音""腾讯新闻"等，在传统报业集团中运用并不多，主要还是缺乏相应的技术支撑。荆州"融合 AI 智能终端实验室"的建成将对湖北省内媒体的智能化变革产生深远的影响，通过大力发展智能化技术，传统媒体将重新占据传媒业的高地。

（三）打造精品化媒介内容

在互联网的冲击下，过去纸质报业销售"独霸市场"的情景已是明日黄花。在当今时代背景下，纸质报刊想要吸引人们的注意力和激发人们的购买欲已经不能再靠过去庞杂的信息和大跨度的版面了。当今报业为了求得生存顺应时代的大潮流，已然纷纷开始报业的改版和缩版。报纸的内容呈现不再只追求"量"而更追求"质"，报纸内容也由过去的粗放式发展转变为精细化发展。

《人民日报》于 2019 年元旦即开始"改版"，工作日和周末的版面都大大减少了，较之以前，这是《人民日报》罕见的一次改版和缩减内容。《广州日报》取消存活 12 年之久的"厚报"时代"封面导读"。一直秉承"办中国最好报纸"的《南方都市报》压缩版面的幅度已经达到了 2/3。

通过报纸的改版这一信号，我们感受到了报业正朝着质量精细化、内容精品化的方向发展。报纸的缩版只是一个表面现象，重要的是缩版之后的有限篇幅到底该呈现怎样的内容。不同的报刊皆依据自身的性质，选择一条适合自己、不同于其他报刊或是网络自媒体的"特色之路"。这体现在主要受众群体的精准化和内容的精品化。由此观之，版面改版映射的其实是报刊现在正走向分众化、个性化和特色化的发展之路。

当然，无论是什么性质的报刊，缩减后的有限版面必须变成有温度、有高度、高品质的读物，由此来提高读者的阅读体验。这一系列的变革体现了报业力图将自身与网络新闻拉开距离，立足自我纸质化的特点和读者长期以

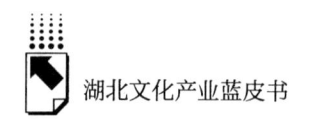

来形成的阅读习惯，力求形成具有纸质书刊风格的高品质高雅读物。形式上，与以往的粗线条相比，改版后的报业更注重审美上带给人的体验。内容上也更关注报道的深度和精度。

（四）重塑权威化舆论形象

在新媒体蓬勃发展的几年里，传统媒体在大型舆论事件中逐渐式微，而网络自媒体人一直充当着强势的意见领袖角色，由于缺乏专业的知识背景或是商业利益的驱使，这些自媒体人在进行舆论引导时，往往走向了主流价值观的背面，对社会发展造成了不良的影响。在网络时代下，舆论事件频发，且传播速度快，波及面广，这种情况下就更需要专业化的媒体进行正确的引导。

在国家现代化治理体系下，主流媒体的角色必不可少。但是，很多的传统媒体还未能充分适应网络时代带来的变化，将传统的思维照搬到网络环境中，造成了媒体对舆论事件回应不及时、问题分析不透彻、内容展现假大空的问题，丧失了自身的优势，难以把握舆论方向。湖北报业重塑权威化形象，需要对舆论事件进行更为专业的报道，深入事件本身，挖掘事件深层含义。既能充分表达民意，也能弘扬主流价值观。在引起广泛关注的社会热点问题上主动担当社会责任，对于不良现象严厉批评，对于谣言传播及时制止，快速澄清，营造良好的舆论环境，保障社会的公序良俗。

总的来说，网络时代缺少不了主流媒体的发声。塑造一个权威的、有引导力的媒体形象，是现代媒体共同努力的方向。

B.4
湖北出版产业发展报告（2018）

张琦　陈革*

摘　要： 本报告从政策环境和经济环境方面对湖北出版产业的发展环境进行了分析；从经济效益、社会效益、公共服务、融合发展、对外交流等方面对湖北出版产业的发展概况进行了总结；对湖北出版产业在原创出版、数字化转型、出版科研、"走出去"等方面存在的问题进行了探讨；针对湖北出版产业的发展提出了协调两个效益、依法依规管理、深化供给侧结构性改革、推动融合发展、加强智库建设、提高国际影响力等建议。

关键词： 数字化转型　智库建设　供给侧结构性改革

一　湖北出版产业发展环境

2018年，湖北出版产业以习近平新时代中国特色社会主义思想为指导，紧紧围绕宣传贯彻落实党的十九大精神，推进出版产业供给侧结构性改革，抓重点、促创新、补短板、强弱项。突出政治导向、问题导向、目标结果导向，牢牢掌握工作主动权。全面加强党的建设和从严治党，持续加强作风建设。在主题宣传出版、内容创作生产、事业产业发展、依法行政管理服务方面都取得了重要进展。

---

* 张琦，湖北大学文学院副教授，主要研究编辑学理论、出版文化产业发展；陈革，湖北人民出版社编审。

（一）政策环境

深入学习，明确方向。2018年8月21日至22日，全国宣传思想工作会议在北京召开。习近平总书记出席会议并发表重要讲话。湖北省新闻出版相关部门传达学习全国宣传思想工作会议精神，提出把学习贯彻习近平总书记系列重要讲话精神作为首要政治任务、第一要务、核心工作，持之以恒。抓学习、抓宣传、抓发展、抓管理、抓自身建设。根据湖北出版产业面临的新形势下出版工作的新特点，坚持以习近平新时代中国特色社会主义思想和党的十九大精神为指导，承担起"举旗帜、聚民心、育新人、兴文化、展形象"的使命任务，坚持正确政治方向，在基础性、战略性工作上下功夫，在关键处、要害处下功夫，在工作质量和水平上下功夫，使人民群众在理想信念、价值理念、道德观念上紧紧团结在一起，为服务党和国家事业全局做出更大贡献。

新闻出版机构改革。2018年3月，中共中央印发《深化党和国家机构改革方案》，中共中央宣传部统一管理新闻出版工作。原国家新闻出版广电总局的新闻出版管理职责划入中共中央宣传部。中共中央宣传部对外加挂国家新闻出版署（国家版权局）牌子。2018年11月21日，湖北省新闻出版局正式挂牌成立，由湖北省委宣传部统一管理全省新闻出版和电影工作。

出台与出版相关的管理办法。2018年5月，湖北省新闻出版广电局依照《湖北省社会信用信息管理条例》及有关法律、法规，根据行业实际情况，组织专家进行讨论研究，并广泛征求意见，按照规范性文件程序，重新出台了《湖北省新闻出版广电公共信用信息管理办法》。此办法的出台，将更加有力地促进行业信用体系建设的开展。

"扫黄打非"，净化网络环境。2018年，湖北省新闻出版单位会同省通信管理局等相关部门集中开展"净网2018"、打击网络侵权盗版等专项行动，不断净化网络文化环境。通过加强网站备案管理及时关闭和注销了数千家存在备案信息不实等问题的违规网站，全面实现了全省网站实名制工作目标；通过优化接入监测管理，建立外省协调机制，及时发现明显违规信息并立即进行处置，对发现的严重违规违法信息及时向有关部门举报；通过加大网站查处力度，落实企业考核制度。建立联动查处流程，依照相关法律法规及时处理违规网站，将企业开展"扫黄打非"工作情况作为专项列入"配合监管"考核内容。湖北省版权局、湖北省通信管理局、湖北省互联网信息办公室、湖北省公安厅四部门联合制定下发了《湖北省打击网络侵权盗版"剑网2018"专项行动实施方案》，在全省范围内开展为期4个月的打击网络侵权盗版"剑网2018"专项行动，保持高压严打态势，着力规范网络直播、知识分享、有声读物等平台版权传播秩序，通过集中整治和引导规范，有效整治互联网领域侵权盗版乱象，加强版权保护，加快推进湖北版权创新发展。

持续推进"护苗"专项行动，深入净化校园周边环境。2018年，为给未成年人营造健康成长环境，湖北省各地多形式继续深入推进"护苗"专项行动，切实加强出版物市场监管，净化校园周边出版物市场环境。全省各地区"扫黄"办对辖区内中小学校周边出版物市场组织开展了拉网式排查清查行动，重点清查校园周边销售出版物的图书门店、文具店等各类经营单位，现场查处发现不适宜青少年阅读的少儿读物。组织专家评选发布"2018年第五届楚天少儿悦读季绿书签分级阅读推荐书目"及配套"绿书签"，并组织少儿作家、知名编辑赴全省，集中组织开展"书香润泽童心·生命绽放光彩"主题巡讲、读书分享会等，在全省少年儿童中营造浓厚的"读书好、读好书、好读书"的氛围。

（二）经济环境

2018年，全国规模以上文化及相关产业6万家企业实现营业收入89257亿元，比2017年增长8.2%。分区域看，东部地区规模以上文化及相关产

业企业实现营业收入68688亿元，占全国比重为77.0%；中部、西部和东北地区分别为12008亿元、7618亿元和943亿元，占全国比重分别为13.5%、8.5%和1.1%，中部地区占据了重要位置。

2018年湖北省常住人口为5917万人，城镇化率达到60.3%。居民收入稳定增长，湖北城镇常住居民人均可支配收入为34455元，同比增长8.0%；湖北农村常住居民人均可支配收入为14978元，同比增长8.4%。[1]

从湖北省主要出版传媒企业经营情况看，2018年湖北长江出版传媒集团实现营业收入近230亿元，同比增长1%，实现净利润超过7亿元，同比增长24%，收入和利润结构实现显著改善和优化。长江出版传媒集团旗下4家出版社营业收入突破1亿元，数量创历史新高，2017年、2018年连续2年进入全国"文化企业30强"名单，长江传媒综合实力在全国上市出版企业中居第6位，前进2位。2018年全年新建成实体书店41家，改造、新建面积达4.4万平方米，17家中心门店和10家校园店正在加快建设中。仙桃书城、倍阅华师校园店等一大批实体书店获得"最美书店"称号。

二 湖北出版产业发展概况

（一）强化主业调整结构，经济效益稳步提升

在外部环境出现一定困难、整个行业发展缓慢的情况下，湖北出版产业进一步加大产业结构调整力度，推动出版主业发展，降低经营风险。湖北长江出版传媒集团通过强化出版主业、减少大宗贸易等其他业务来调整产业结构取得较好效果，2018年营业收入同比增长1%，

---

[1] 湖北省统计局：《湖北省2018年国民经济和社会发展统计公报》，湖北省统计局网，http://tjj.hubei.gov.cn/tjsj/tjgb/ndtjgb/201910/t20191025_21391.shtml。

保持平衡增长，净利润同比增长24%，其中主营业务占比超过50%，收入和利润结构得到显著改善，在强化主业的同时控制了其他业务的经营风险。

2018年，湖北出版产业通过加大供给侧结构性改革力度，加强选题管理，不断优化内容质量。湖北长江出版传媒集团根据市场需求调整出书品种、优化产品结构，选题总量同比下降921种，其中教辅选题降幅明显，自主策划选题占比大幅提高，单品效益明显提高。与此同时，加大了产品线建设力度，旗下出版社根据自身特点深化产品线建设，在产品线规模上和质量上都有较大提高。

（二）社会效益成效显著，文化影响力不断增强

湖北出版产业在大力推进改革、推动行业快速发展的同时，注重把握好出版产业的意识形态属性和产业属性、社会效益和经济效益的关系，始终坚持社会主义先进文化前进方向，始终把社会效益放在首位，坚持正确的政治方向、舆论导向和价值取向，取得了较好的社会效益。

2018年，湖北省共有12家出版单位的26个项目入选2018年度国家出版基金资助项目名单，入选总量创历史新高，与2017年相比实现了85.7%的增长。湖北长江出版传媒集团12个选题入选国家出版基金资助项目，10个选题入选国家"十三五"出版规划增补项目，3种图书获国家出版基金主题出版项目资助。以上入选的选题和图书数量均创集团的历史新高。另外，《中国教育改革大系》获第四届"中国出版政府奖"，《沙漏》获鲁迅文学奖。

2018年5月9日，湖北省重大文化工程"荆楚文库"首批89种116册图书面世，"荆楚文库"工作委员会通过全方位搜集、整理湖北历代文献，建立完整的研究湖北的资料系统，促进湖北的文化繁荣发展。该文库计划收录历代文献和今人研究专著1372种，约1600册。首批面世的图书包括《楚地出土战国简册》等56种文献、《湖北通志检存稿湖北通志未成稿》等8种方志、《楚史》等25种今人研究专著。

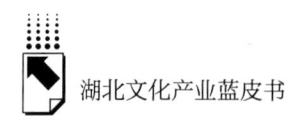

（三）公共服务能力提升，全民阅读不断深化

2018年，湖北省通过大力推动阅读公共设施建设，全力推进《湖北省全民阅读三年行动计划》落地。各类公共图书馆兴建、改造计划启动，藏书量等各项指标基本达到国家标准，完善总分馆制，实现公共检索、通借通换；农家书屋、职工书屋等各类书屋覆盖率达到100%；自助图书馆、阅报亭等便民公共阅读设施覆盖率同比提高60%；实体书店持续升级改造，经营状况得到改善，年内新增24小时书店等特色书店30家、校园书店50家。

"书香荆楚·文化湖北"活动不断开展。2018年10月27日上午，第十七届华中图书交易会暨第二届荆楚书香节在武汉开幕，其主题是"新时代 新阅读 新发展"。华中图书交易会是继全国图书交易博览会、北京图书订货会之后全国知名的出版展会品牌，自2002年创办以来，其社会影响力和品牌影响力不断扩大，成为华中地区乃至全国出版发行界交流与合作的重要平台，是"书香荆楚·文化湖北"全民阅读的知名品牌。荆楚书香节始创于2017年，是湖北省举行的大型综合性惠民文化活动，是湖北出版产业履行国有文化企业社会责任，为群众提供更多更好的精神文化产品而进行的积极探索，通过全面宣传十八大以来的出版成果，大力营造良好的理论氛围、文化氛围和社会氛围，推动全民阅读深入开展。

2018年4月23日，在第23个世界读书日到来之际，2018年湖北省"书香荆楚·文化湖北"全民读书月活动启动仪式在华中师范大学举行。2018年全民读书月的主题为"阅读新时代 青春正精彩"。9月28日，"光辉历程·书香筑梦"2018年湖北省全民阅读活动周启动，其间，举行了"十进一创"系列读书活动、丰富多彩的主题读书活动、公益性大众读书活动、优秀图书惠民展销活动等。这些丰富多彩的活动不断推进全民阅读持续化、深入化。

（四）融合发展逐渐深化，出版转型持续推进

2018年，湖北省出版产业深入落实省委、省政府《关于推动湖北省传统出版和新兴出版融合发展的实施意见》精神，持续推动出版业融合发展。2018年3月4日，由国家新闻出版广电总局出版融合发展（武汉）重点实验室、武汉·国家出版融合数据共享研发基地共同主办，DCG数传集团协办的"2018出版融合创新研讨会"在湖北武汉召开，165家全国知名出版社参会研讨交流出版融合发展现状与趋势。2014年诞生于湖北武汉本土的数传集团一直致力于出版业互联网转型，其研发的国内一流媒体融合整体解决方案——RAYS系统与全国200多家知名出版社实现战略合作，入选2018胡润中国最具投资价值新星企业百强榜，2018年7月24日正式发布RAYS 5.0，展现"现代纸书"新生态，推动行业优化升级，促进了新闻出版融合发展。

2018年，湖北省15个项目入选国家新闻出版广电总局2018年度改革发展项目库，其中湖北科学技术出版社"新昆虫记：基于AR技术的青少年科普融媒体出版项目"通过以"互联网+"的方式融合AR技术，通过系列融媒体出版物、App、自媒体渠道让人们更清晰、直观地认识自然，保护环境。湖北长江出版传媒集团不断加大出版转型力度，积极推进"微课大赛"、数字化全民阅读等项目的落地，选取"百年百部"、特色教辅等优质内容资源，开发知识服务产品，"智慧学习"公众号粉丝超过90万人，"崇文慧学堂"公众号粉丝达到60万人，数字化全民阅读销售收入同比增长80%。华中科技大学出版社中标国家数字复合出版系统工程应用示范单位（出版数字化流程创新方向），是图书出版类中唯一入选的大学出版社，获资助资金也在单体出版社中排名第一。湖北省有4个项目入选"2018年'原动力'中国原创动漫出版扶持计划"，创造湖北省在该项目评选中最高入围率纪录。

（五）对外交流不断拓展，"走出去"提档升级

2018年7月11日至16日，"2018非洲湖北传媒周"在埃及和南非举

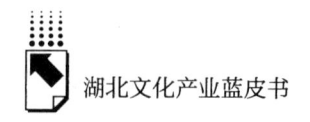

办，传媒周活动签署国际合作协议13个，其中图书版权类交易15项，举办各类活动40多场次，展出图书品种近2000种，包括书法作品、动漫周边产品、影视剧、电子产品等展品1万多件，并开展了"湖北传媒展""湖北影视展映周""媒体融合发展与国际合作交流大会""书法讲座"等大型活动。同时，《湖北从长江走向世界》等专题片向埃及和南非人民进行了推介。由湖北教育出版社与埃及希克迈特文化投资公司共同筹建的"长江传媒中埃编辑部"在湖北传媒周上正式揭牌运营，它重点围绕教育、中华优秀传统文化等内容，研发、翻译、制作适合埃及及其他阿拉伯国家的图书。过去，版权输出是湖北出版"走出去"的主要内容，但单纯的传统的文化产品输出，并不能满足日渐丰富的国际版权合作新形势。湖北科学技术出版社在肯尼亚设立的非洲出版中心，是国内出版社第一家在非洲设立的出版机构。依托湖北的科教资源优势，非洲出版中心已策划"肯尼亚植物志""非洲地理与自然资源研究""非洲流行病学研究丛书"等多个图书项目。从版权输出到资本输出，出版鄂军"走出去"提档升级，进入了新阶段。

2018年8月18日上午，在台北世贸展览中心举行的第十四届海峡两岸图书交易会上，湖北省的《世纪楚学》《中国古籍版本学》《戏剧概要》等10种图书获两岸优秀版权图书奖。湖北教育出版社与台湾万卷楼图书股份有限公司签署"遇见湖北：湖北文库项目"合作协议。双方通过战略合作，遴选湖北人文、历史、文化等方面的精品图书，将其转换成繁体中文版，在台湾出版发行，形成"湖北文库"丛书与台湾读者见面。

2018年，湖北长江出版传媒集团全年实现版权输出121种、引进91种，较2017年版权输出同比增长17%，2个品种入选2018年丝路书香工程重点翻译资助项目，《我的铁路我的梦》（英文版、法文版）入选中宣部2018年对外出版项目。

三 湖北出版产业发展面临的问题与挑战

2018年湖北出版产业稳步前进，在诸多方面取得了不俗的成绩，但与国内领先的省份相比，尚存在一定差距，发展过程中也存在一些亟待解决的问题，主要包括以下几个方面。

（一）原创精品图书较少，市场影响力不大

根据开卷发布的《2018全球背景下的中国图书零售市场》的报告，2018年整体图书零售市场动销194万种，新书品种数达20.3万种，新书品种继续小幅收缩，新书对整体市场的贡献率在不断下降，从畅销书排行榜上也能看出，新书的影响力在不断减弱，销售排名靠前的新书越来越少，2018年虚构榜中没有新书进入前10名，非虚构榜中也只有2本，一本是《梁家河》，另一本是大冰的《你坏》，少儿类仅有1本，而从新进入榜单的图书来看，要么是主题出版物，要么是畅销作者或畅销系列的新作。2018年开卷综合零售虚构图书、非虚构图书、少儿图书三大排行榜前10名图书中均没有湖北地区出版社出版的图书，湖北地区的原创精品图书较少，缺乏具有全国市场影响力的市场图书品牌。

湖北的出版产业与中部地区临近的出版省份相比也还存在一定差距。中部地区的湖南中南出版传媒集团、江西出版集团历年来都入选"全国文化企业30强"，安徽出版集团、安徽新华发行集团、河南的中原出版传媒集团入选次数也远多于湖北省。

湖南、江西、安徽的出版综合实力处于全国领先地位，湖南中南出版传媒集团经济效应长期位居全国前列，居2018年一般图书市场占有率全国第二位，位列地方出版集团榜首，在市场作文、科普、艺术综合、文学等多个板块排名第一，具有广泛的全国影响力。整体来看，湖北出版企业在全国的知名度相对不高，缺乏具有持续影响力的图书品牌，在品牌影响力的拓展方面尚有待加强。

（二）数字化转型尚需深入，数字产品研发能力不足

融合发展作为"十三五"期间新闻出版业发展的重要方向近年来不断深化，国家数字出版创新促进工程、出版融合发展示范引导工程等国家重

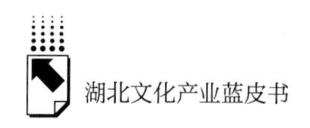

要项目持续推进，与此同时，数字内容消费日益旺盛，数字阅读量持续提升，手机阅读、有声阅读已成为国民阅读新的增长点，网络文学IP运营日趋成熟，知识服务成为新的热点。在这样的发展背景下，出版产业对融合发展的要求越来越迫切。湖北出版企业在数字化转型方面力度不够，仍以传统出版方式为主，依托国家发展方向构建大型出版专业知识库方面能力不足；数字阅读产品研发能力、市场推广能力不够，数字产品的市场供给能力不足；网络文学IP原创产品欠缺，IP运营产业链构建与延伸能力不足；知识付费领域的政策监管、知识产权保护、盈利模式探索等方面都还有待提高。

（三）出版科研的应用性研究不够，市场转化能力不足

湖北是全国高等教育及科研实力较强的省份，根据有关资料统计，截至2018年，湖北有普通高校129所，在校大学生人数140余万人，数量在全国处于领先地位。湖北拥有世界一流大学建设高校2所，世界一流学科建设高校5所。湖北的科教文化实力位居全国前列，国家科技奖获奖项目数量曾连续7年位居全国前4。相对于强大的科教能力，湖北出版科研的应用性不够，研究的理论性过强，出版智库建设方面滞后，缺乏具有全国影响力的出版智库，出版科研成果的市场转化能力不足。出版科研应用性不强、市场转化能力不够、出版高端人才缺乏是制约湖北出版企业进一步发展的重要因素。

（四）出版"走出去"尚待深入，模式创新还需加强

在出版"走出去"方面，湖北的出版企业做了一定的尝试，取得了一定的成效，但总体来看，相关工作还有待进一步深化。首先，本土化战略不够扎实，反映湖北历史文化、社会生活的图书较少，本土化优势是"走进去"的重要保证之一。湖北出版企业充分了解不同市场对湖北话题的兴趣点，提高选题策划质量，是未来一项重要的工作。其次，在融通中外的话语体系上有待突破。湖北出版企业在实现中外团队共同策划、共同写作、共同

翻译及海外出版方面缺乏创新与实践，在话语环节如何尽可能地实现真正的跨文化合作、达到融通中外方面探索不够。最后，针对性不强，在面向核心受众发力方面研究不够。海外中国图书的需求对象是比较固定的，比如海外的中国问题研究机构、海外孔子课堂、主要高校和图书馆等。湖北出版企业只有加强与相关群体的合作，广泛征求这些群体的意见，才能生产更多适销对路的图书产品。

四　湖北出版产业发展的对策与建议

（一）建立健全社会效益放在首位，实现两个效益协调发展的体制机制

2018年湖北省进行了机构改革，设立了湖北省新闻出版局，由中共湖北省委宣传部统一管理新闻出版工作。机构改革有利于进一步推动把社会效益放在首位，实现两个效益协调发展。

1. 建立健全体制机制，强化落实

湖北出版管理机构及相关企业应根据《图书出版单位社会效益评价考核试行办法》，制定具体的实施细则，进一步推动湖北省图书出版单位自觉承担"举旗帜、聚民心、育新人、兴文化、展形象"的使命任务，建立健全确保把社会效益放在首位、社会效益和经济效益相统一的体制机制。要因地制宜，根据各自不同特点，制定相应的社会效益考核办法细则，在考核指标设置上可以从坚持正确的导向、公共文化服务和社会责任、科技创新与管理、人才队伍培养、出版"走出去"、图书出版结构、获奖率等多个维度考核。切实推动湖北出版企业坚持正确政治方向、出版导向、价值取向，聚焦内容生产，鼓励多出精品，提高出版质量；坚持定性评价和定量考核结合，做到客观公平公正；统筹当前利益和长远利益，使湖北图书出版产业持续健康发展。

2. 推动主题出版、学术出版不断繁荣

大力引导、积极推动主题出版快速发展，由政府主导转变为政府引

导、企业主动策划的方式。要结合湖北地区悠久的历史文化和优良的革命传统，以习近平新时代中国特色社会主义思想为指引，推动中国特色社会主义、中国梦、"五位一体"总体布局、"四个全面"战略布局、新发展理论、社会主义核心价值观、中华优秀传统文化等主题出版进一步繁荣。

中国已成为学术论文、学术图书的第二大生产国，学术出版作为专业出版的一个重要门类近年来也得到迅速发展。湖北是全国科教大省，拥有非常强大的科研、教育资源，湖北省出版产业要依托湖北的科教优势，推动湖北学术出版的发展，加强大专院校、科研机构与出版单位的密切合作，充分利用湖北科教方面的作者优势、资源优势，打造具有较高水平的学术出版品牌，体现湖北特色。

3. 制定重大出版工程、重大出版项目的规划

加强重大出版工程、重大出版项目的顶层设计，以重大出版工程、重大出版项目为抓手推动湖北出版产业进一步发展。继续推进"荆楚文库"等湖北省重大出版工程建设，持续策划具有地方特色的重大出版项目，制定中长期规划及年度规划，稳步扎实推进。实现重大工程与重点品种、学术专业与大众普及相结合，推动湖北出版产业的整体发展。

（二）依法依规加强市场管理，提升公共服务水平

1. "扫黄打非"、版权保护常抓不懈

进一步推进"净网"等专项治理行动，针对重点领域重点环节，开展中小学寒假和春节期间网络有害信息专项整治、网络文学专项整治、网上购销非法有害出版物专项整治等工作，为湖北出版产业的顺利发展营造一个良好的环境。同时，要加大对图书版权特别是数字出版版权的保护力度，只有版权得到有效保护，才能激励更多的优质原创内容的产出，要加大对侵权行为的打击力度，推动涵盖纸质出版、数字出版、游戏动漫的全版权运营的发展。

2. 全民阅读深入化

深入推进实施《湖北省全民阅读三年行动计划》，在全省范围内创新活动载体、丰富活动形式、充实活动内容、突出中华优秀传统文化和荆楚文化特色。首先，可以积极开展各类主题性阅读活动，如在每年4月23日世界读书日开展全民读书会、举办"诵读国学经典　践行社会主义核心价值观"全民阅读活动周、举办中华人民共和国成立70周年读书日、举办澳门回归20周年读书日等主题活动；其次，举办经常性阅读活动，坚持开展湖北省中小学"朝读经典""起点阅读"的"两读"活动；最后，开展专题性阅读活动，扩大"长江读书节"的影响范围，开展"文化扶贫"、"书香门第　耕读人家"、湖北省中小学生诵读经典大赛，开展湖北省青少年爱国主义读书教育活动，加强"书香校园"建设。在广泛开展阅读活动的同时，主管部门还要大力推进阅读公共设施建设，加强公共图书馆的建设与改造，丰富阅读内容，满足不同群体多样化阅读的需求。

3. 农家书屋建设长效化、数字化

深入推动湖北省农家书屋"书香门第　耕读人家"主题活动，使农家书屋的建设长效化、数字化。第一，整合全民阅读、文明创建、科学普及、文化下乡等多项文化惠民工程资源，不断丰富活动内容，开展农村文化品牌创建；第二，加大经费投入，为农家书屋建设提供稳定的资金保障，同时加强和其他社会组织、社会团体、企事业单位的合作，多渠道解决资金来源；第三，创新内容，由专家选书到农民选书，把选书权逐步下放，尊重农民读书的选择权，为广大农民提供喜闻乐见的图书；第四，网点布局广泛化，可以与农资超市、通信网点、邮政储蓄网点等相结合，促进农家书屋建设；第五，要加快数字农家书屋建设，加强农家书屋与数字技术的融合，建立统一的数字农家书屋阅读平台。

（三）深化供给侧结构性改革，满足读者的不同需求

与全国许多其他地区类似，湖北出版产业也面临着"供需不匹配"

"内容严重同质化""库存过剩"等问题,这些问题是由新形势下出版企业策划能力不足、创新意识不强、发行渠道单一和服务手段落后所致。因此,从选题策划入手,优化要素配置,调整出版物内容、载体、传播渠道,激发出版创新活力已成当务之急。在书号缩减的大背景下,改革出版结构,实现高效出版、精准出版是湖北出版产业供给侧结构性改革的重点。

1. 加大原创精品图书的出版力度

要加大原创精品图书出版的扶持力度,对于原创图书,特别是文学类、少儿类原创图书要给予政策上、资金上的扶持。近年来,湖北的文艺类图书发展迅速,长江文艺出版社在全国文艺类出版社中具有一定的知名度,但总体来看,湖北省缺乏具有全国影响力的文艺类、少儿类图书畅销品牌。湖北出版产业要在资金上加大投入,推动湖北"草根作家培训计划"实施,整合线上线下草根作家,对草根作家予以奖励、扶持和指导,对草根作品进行重点孵化、推广。择取优质内容出版纸质书并延伸开拓影视、动漫、游戏等相关产品,进行全版权运作。同时,在政策上,对于出版企业、作者、策划者予以扶持,鼓励其进行大胆探索,以全方位推动湖北原创精品图书的出版。

2. 调整出版结构,逐步改变单纯依赖教材教辅的单一局面

长期以来,湖北出版产业高度依赖教材教辅的格局没有大的改变,教材教辅在出版主业中的占比一直偏高,随着国家进一步深化招生考试制度和教育教学的改革,教材教辅图书的出版将面临重大变革。湖北出版产业应该加快产业结构的调整,逐步改变过度依赖教材教辅的局面,借助全民阅读热潮,把握商机,将出版产品融入公共文化服务体系,不断丰富图书产品,调整结构;借助数字化浪潮,利用大数据分析,大力推进数字阅读、有声阅读、知识付费等新兴出版产品发展,降低经营风险,强化核心竞争力,逐步形成可持续发展的能力。

3. 精准出版满足个性化需求

重复出版、盲目跟风是出版产业的顽疾,它是造成出版产品滞销、图书库存多的重要原因，出版企业缺乏内容创新、对消费者需求了解不足、对消费者的阅读习惯培养不足导致出版业供求失衡。湖北出版产业深化供给侧结构性改革的路径之一就在于加强按需出版、精准出版满足读者的个性化要求。通过大数据研究，出版企业要根据读者的个性化需求，依托读者的"用户画像"，针对读者的阅读偏好，开发出读者喜爱的图书，在精准定位的基础上进行精准策划和精准营销。通过可量化的精确的市场定位技术，对读者市场进行准确细分，然后借助先进的网络信息技术、数据库技术、现代物流技术等，与读者进行持续的个性化沟通，从而使图书策划和营销更加精准，保证图书策划和营销的准确性和有效性。在条件成熟的情况下，湖北出版企业可以尝试建立统一的图书精准策划、精准营销的大数据平台，各出版企业密切配合，实现数据、资源共享，充分利用大数据进行策划和营销，实现精准出版，满足读者的个性化需求。

（四）顺应时代发展，全力推动出版产业融合发展

1. 加大湖北出版产业转型升级力度

《新闻出版广播影视"十三五"时期发展规划》将深化转型、融合发展作为"十三五"时期新闻出版业发展的重要任务，国家不断加大出版业融合发展的政策扶持和资金支持力度，相继推出了新闻出版业关键技术研发与应用工程、国家数字出版创新促进工程、国家知识资源数据库工程、国家出版发行大数据工程、数字出版产业化应用服务示范工程、出版融合发展示范引导工程等。湖北省科教实力突出，在出版业融合发展方面具有一定的优势，华中师范大学、武汉理工大学是出版融合发展重点实验室所在地，而华中科技大学出版社则是国家数字复合出版系统工程三家试点单位之一。湖北出版产业要充分依托国家大型复合出版工程，充分利用湖北科教实力雄厚的优势，加快传统出版企业的产业转型，持续优化图书数字化生产流程，构建图书数字化生产平台，逐步实现编辑认可、流程走通、支撑匹配、机制建立、出版数字化持续创新。加大资金投入建设复合出版工程与 ERP 集成

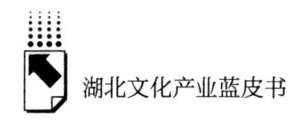

项目，搭建基于网络、高效协同的出版数字化生产与管理平台，实现生产数字化与管理信息化的深度融合，不断推动湖北传统出版产业的转型升级。

2. 加强新技术在传统出版中的应用

人工智能、VR/AR、大数据、5G等新兴技术在传统出版中的创新应用，将极大提升出版产品的运营效能，提升出版企业的竞争力，在出版业转型进程中发挥重要作用。在传统出版流程中，如选题策划、图书编辑、营销决策和用户需求等方面应用人工智能技术能极大提升效率，实现精准策划、精准营销，有利于解决重复出版、无效出版等传统出版存在的顽疾，人工智能技术还能监控整个社会的信息生产、流通与消费态势，为整个出版产业管理、意识形态监控提供服务。在5G时代来临之际，加大AR/VR技术在出版，特别是教育出版和少儿出版中的应用刻不容缓，AR/VR技术在教育出版中可以优化教学内容，让教学资源更加可视化、形象化，打破时空限制，提高教学效率，同时VR能够创设虚拟人物或场景，给学生带来沉浸式体验和自然亲切的氛围，提升学习者的存在感和专注度，有助于传统教学模式和学习方式的变革，为重构教学提供了可能。"AR/VR+教学"存在先天优势，使既与儿童结合又与知识相连的教育出版、少儿出版在与AR/VR结合时具有广阔的前景。

对于新兴技术在出版业中的应用，政府相关部门在政策上要加大扶持力度，鼓励出版企业创新应用新兴技术，并给予奖励；在资金上加大投入，通过设立专项资金、奖励资金等模式推动、激励出版企业加速新兴技术的应用。湖北出版企业要充分利用湖北科教大省的资源优势，加强与新兴技术相关企业的合作，加大研发资金投入和专业人才的引进力度，不断深化新兴技术与传统出版的融合。

3. 大力提升出版产业知识服务能力

中国新闻出版研究院2018年4月发布的调查数据显示，2018年的图书市场呈现传统纸书与图书数据库、电子书、有声书、AR/VR图书、多媒体电子书、现代纸书并存态势。听书已经成为各种阅读方式中增长最快的阅读方式之一。2018年，知识付费用户群体达3亿人，知识付费的模式也逐步形成；智能出版正在出版界兴起。知识服务已成为未来出版产业重要的发展方向。中华书局的"中华经典古籍库"所收图书涵盖了经、史、子、集各部，收录中华书局出版的整理本古籍图书，已累计收集2694种书、12.5亿字；商务印书馆上线"新华字典"App，除传统的查词功能外，还提供央视播音员播读、汉字规范笔顺动画等增值服务；岳麓书社开发的名家演播"四大名著"也契合了听书及微视频服务的潮流。

湖北出版产业要积极融入国家知识资源数据库的建设。国家知识资源数据库是国家的一项重要工程，2018年国家知识资源服务工程已经纳入出版行业大数据工程范围内，将启动知识加工领域的关键技术研发，包括知识提取、知识交易、人工智能等六个领域的工作。湖北的科研单位和出版企业要积极参与知识服务标准规范的研制，根据湖北地区多年积累的出版资源，构建专业领域知识体系，建设知识资源数据库，开发多层次、多维度、多形态知识服务产品，创新知识服务模式，实现准确的知识服务供应，深入研究、探索知识服务在专业出版、教育出版方面的应用，逐步实现由传统出版商向现代知识服务商的转变。

（五）促进产学研结合，推动湖北出版产业新型智库建设

1. 科教产业结合，发挥人才优势

湖北出版企业要加强与大专院校、科研院所的合作，充分利用湖北地区的科教优势在融合发展时代占得先机。第一，高校和科研机构可加大市场化方向的研究力度，接受出版企业委托的定向研究，并与企业展开联合研究，特别是针对出版业融合发展中出现的新机遇新情况，加大研究和科研转化的力度，为出版企业服务；第二，湖北高校要加强服务本地企业的人才培养，为湖北出版企业持续提供高素质的毕业生；第三，高校要加强出版企业的职业培训，积极为出版企业开展多层次的人才培训，特别是高层次领军人才的培养，不断充实湖北出版企业的人才队伍；第四，高校和出版企

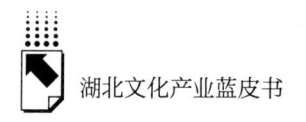

业可以建立人才共享机制,鼓励高校相关专业的人员到出版企业挂职,同时引进出版企业高管和专业人才到学校教学,将丰富的实践经验融入教学科研中,加强互动。通过产学研结合及人才培养提升湖北出版企业的核心竞争力。

2. 加强智库建设,加快成果转化

2018年3月,《关于加快新闻出版行业智库建设的指导意见》明确指出,要统筹推进新闻出版行业智库协调发展,努力构建布局科学、结构合理、规模适度、定位清晰的行业特色新型智库体系,重点建设一批具有较高知名度的行业智库,形成具有咨政影响力的智库集群,生产一批服务行业的高质量、标志性智库产品,培养壮大一支坚持正确政治方向、具有较高理论水平、富有创新精神、结构合理的公共政策研究和行业问题咨询专家队伍。

湖北是全国重要的出版教学、科研强省,有着全国领先的出版教学及研究机构。武汉大学的编辑出版学的前身是1983年武汉大学与新华书店总店合作建立的我国第一个图书发行学专业,在国内的编辑出版学专业中具有重要的影响力。湖北地区出版教学和科研实力居于全国前列,具备建设出版行业智库的优越条件。

首先,湖北的高校要发挥人才优势,加强高端智库的建设,重点打造一批专业出版实验室、研究院、研究基地等,促进研究手段和方法创新,向精、深、特方向开展专业研究。积极开展政策研究、决策评估、政策解读等活动,对相关政策提出意见和建议,促进行业与经济社会发展深度融合。其次,出版企业也可以根据自身情况建设媒体型智库,并与社会组织合作兴办社会行业智库。通过创新智库组织形式,推动产学研用紧密结合,重点围绕行业技术发展趋势、产业优化升级、新兴出版与传统出版融合发展等,组织开展针对关键问题、共性问题及核心技术的探索研发和应用研究。推动媒体融合发展,加快AR/VR、人工智能等高新技术在行业的深度应用,开展前沿项目研究,助力业务创新,引领行业发展。最后,要积极推动智库成果及时转化应用,构建行业智库成果转化机制,推动建设智库成果推介平台、成果转化平台、成果奖励平台等，加大知识成果转化力度，积极推动做好智库成果在政府、市场、社会间的有效传播和应用。

（六）提高湖北出版产业国际影响力，"走出去"提质增效落到实处

近年来，湖北出版业"走出去"方兴未艾，多家出版社全面发力，从版权合作，到联合策划、联袂开发的合作出版，发展到与国外出版机构的深度合作，共同设立合作公司、海外并购联营等，湖北出版已经形成了版权、实物、资本，包括文化交流的立体国际合作形态，并开始自己的国际出版平台、渠道和品牌的建设，探索海外营销、发行、传播新模式。从未来看，湖北出版可以进一步加大国际影响力，把提质增效落到实处。

1. 发挥自身优势，讲好"湖北故事"

以荆楚文化为主要出版内容，向世界讲述"湖北故事""中国故事"，通过国外读者广泛感兴趣的中国传统艺术、园林艺术、历史文化遗产、地方旅游、地方美食等内容，向世界展示中国文化的博大精深，形成具有湖北地方特色的出版风格和出版品牌。

2. 加大资本"走出去"力度，尝试国际化运营新模式

加大资本"走出去"力度，通过在海外投资建立分社、设立书店等方式，深入了解国外的市场需求、读者阅读习惯、出版经营管理方式、出版业务流程、国际出版动态等，充分吸收国际成熟出版市场的经验，加速湖北出版产品的国际化进展，通过在发达国家设立出版分支机构可以了解世界出版发展潮流，不断提升出版水平，塑造出版品牌，逐步实现"中国文化，国际表达"的出版模式。

积极探索国际合作的新模式。通过与国际知名出版机构共建编辑部等模式进行深度合作，从合作国读者需求出发开发策划选题，依托合作方的海外专业编辑团队和营销团队推动中国内容走向国际，并向纵深传播。同时，通

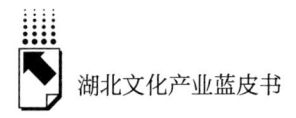

过共建国际编辑部，借助海外编辑设计能力和国际渠道实现资源共享。国际编辑部以项目的形式运作，有利于双方更有针对性地开展合作，同时国际编辑部的模式的风险相对可控，成本也相对较低。

3. 加强线上线下平台建设，积极拓展海外渠道

海外渠道建设是中国出版"走出去"过程中的重要一环，在我国文化领域"一带一路"倡议发展中占据重要的位置。随着国家文化影响力的增强和出版市场财富的积累，湖北出版企业在海外渠道建设方面的需求也逐渐增强。湖北出版企业要进一步加强线上线下平台建设，通过积极拓展海外渠道，有效解决海外用户购买国内图书的各种不便，积极推进中国出版及相关文化产品"走出去"，从文化层面上有力支持"一带一路"倡议。

B.5 湖北省广播电视产业发展报告（2018）*

路俊卫 彭娅**

摘　要： 2018年是湖北广电产业全方位升级转型之年，随着媒体融合向纵深发展，广播电视公共服务质量水平得到提升，产业发展稳步推进，政策法规为广电产业发展提供新机遇。湖北广电呈现一体化平台建设整体推进、技术赋能驱动媒体融合、媒体融合推动内容生产等特点。针对新的发展机遇，本报告提出推动网络视听产业发展、提升创作质量、探索流量变现模式、加快人工智能技术升级等发展策略。

关键词： 广播电视产业　媒体融合　内容创新　技术赋能

2018年是贯彻党的十九大精神的开局之年，是改革开放40周年，是决胜全面建成小康社会、实施"十三五"规划承上启下的关键一年。2018年也是湖北广电产业全方位升级转型的一年，在这一年，湖北省级广电机构改革实现突破，湖北省广播电视局正式挂牌，并顺利完成人员转隶、"三定"方案制定等工作。湖北广电融媒体建设提速，媒体融合一体化平台建设如火如荼，形成"长江云"融媒体集群；以人工智能为代表的智媒技术重塑产业形态，为湖北广电发展提供新的驱动力；全媒体生态布局初具规模，立体

---

* 本报告没有标记出处的数据均来自湖北省广播电视局官方网站及湖北广电新媒体"长江云"官网发布的新闻，在此表示感谢。
** 路俊卫，博士，湖北大学新闻传播学院副教授、硕士生导师，主要研究领域为广播电视与视听新媒体；彭娅，湖北大学新闻传播学院硕士研究生。

化传播的态势已经形成；县级融媒体中心探索与实践取得一定成果。全省广电以主题宣传出版、内容创作生产、事业产业发展、依法行政管理服务为四大引擎，四力驱动，向"广电强省"迈出了坚实的一步。

一 湖北广播电视产业发展概况

湖北广电系统以习近平新时代中国特色社会主义思想为指导，牢牢把握"广电强省"建设的新目标、新要求，着眼新时代现代化强省建设大局，增强广电实力和竞争力。2018年，湖北广电产业在精品内容生产、基础设施建设、公共服务质量提升、广电机构改革、媒体深度融合、加强依法治理等方面取得显著成效。

（一）湖北广电公共服务质量提升

2018年，湖北广电着眼"完善公共文化服务体系，深入实施文化惠民工程，丰富群众性文化活动"目标，深化拓展重点惠民工程，提升公共文化服务质量水平。

全省深入推进"户户通"、"村村响"、无线数字化覆盖工程等公共项目。全省"户户通"建设任务145万户，已开通142万余户，开通率为98.02%。全省"村村响"已建成91个县级平台、25663个村级广播室，安装音柱和喇叭279979个。湖北对全省"户户通""村村响"进行绩效评估和检查验收，推动系统升级改造和长效机制建设。组织农村公益电影进社区、进校园、进工地、进企业、进广场，不断丰富和创新"五进"活动形式及内容。截至2018年12月10日，农村公益电影共放映318138场，完成全年任务的103.8%。订购放映商业影片131186场，占全年放映场次的42%。[1]

组织各类公益活动，发挥社会教育功能。举办"湖北省2018年'书香门

---

[1] 数据来源于湖北省广播电视局在2019年2月21日召开的湖北省广播电视会议上所作的《2018年湖北省广播电视工作会议报告》。

第'耕读人家'农家书屋读书用书赶集活动暨湖北省第四届农民读书节"。开展"三进"活动,将书籍送入军营,送入学校,送入农家书屋。开展 2018 年"我的书屋·我的梦"农村少年儿童阅读实践活动,丰富农村中小学生文化生活。《湖北省全民阅读条例》纳入省人大五年立法计划。开展"书香湘鄂赣·寻找最美诵读者"活动,采用全媒体模式进行宣传,联合微信公众号和其他新媒体开展线上网络和线下读书活动,评选出十位"最美诵读者"。组织开展"4·23 世界读书日"全民读书月活动,省委书记蒋超良向全民推荐好书。在"9·28 孔子诞辰日"期间开展全民阅读活动周,以"光辉历程·书香筑梦"为主题,展现"书香荆楚·文化湖北"建设取得的成果,为"光辉历程·书香筑梦"纪念改革开放有奖征文大赛获奖者颁奖。

为精准扶贫助力。湖北广播电视一直致力于发挥主流媒体的影响力,帮助贫困地区人民群众脱离贫困。2018 年,湖北广电利用一系列新闻栏目,做好扶贫宣传报道工作;在观众喜爱听、看的品牌栏目中设置了扶贫板块;通过制作扶贫广播剧及宣传片、举办大型活动等多种方式,积极开展扶贫宣传工作;将"长江云""云上"系列客户以及湖北省广播电视台旗下的新媒体矩阵联合,推出扶贫专区;将贫困地区土特产与电子商务销售平台全方位对接,实现扶贫产品有效宣传与推广。2018 年,湖北广电"长江云"开启"百天千万广告扶贫行动",创新性构建"内容社交+电商扶贫"的新样态,利用湖北广电融媒体资源,采用直播的形式,帮助贫困地区推广土特产。2018 年,全省 35 个贫困县的 88 项特产参与网络投票,湖北广电"长江云"为投票前 10 名的产品提供直播机会。截至 2018 年 12 月 31 日,"百天千万广告扶贫行动"直播活动获得超 5000 万次点击,超 1000 万元的销售额。其中,"红安苕"专场直播创下 2 小时内 52 万的销售纪录,在精准扶贫、增加村民收入、融合传播等方面取得突破。

(二)广播电视产业发展稳步推进

1. 有线电视用户呈现增长趋势

在全国有线电视用户流失的趋势之下,2018 年湖北广电有线电视用户

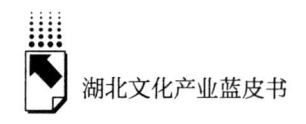

数却呈现小幅度增长的趋势。截至2018年末，全省有线电视实际用户数为1119.64万户，较2017年上半年增加74.71万户；其中数字用户为1086.12万户，较2017年上半年增加53.46万户。①

这些成果得益于湖北广电网络的智慧广电战略。2015～2016年，湖北广电处于用户逐渐流失的困境，为了布局全新的业务形态和推进广电网络供给侧结构性改革，湖北广电主动补齐短板，提高基础承载能力，加强网络基础设施建设。2017～2019年，湖北广电网络将累计投入60亿元大力推进基础设施建设，在连续2年积极探索和实践之后，湖北广电基础设施建设和广电网络转型初见成效。湖北广电有线电视用户数增长，广播电视也基本实现全覆盖，截至2018年末，湖北省广播人口综合覆盖率为99.68%，电视人口综合覆盖率为99.58%。有线数字电视的转化率高达97%，助推网络双向化、智能化改造和互联网宽带增值业务开发。②

2. 精品创作、主题宣传成效显著

2018年，湖北广电大力推进电影电视剧精品工程、广播电视节目、纪录片（动画片）、网络视听节目、新闻等精品创作生产，内容创优取得一定成效。在电影电视剧方面，湖北广电编制2018～2022年影视创作生产计划，重点抓好《又见红叶》《西柏坡的警钟》《你和我的倾城时光》等创作生产。其中《百步亭的春天》剧本获总局重点扶持，《新万家灯火》等剧本获曹禺杯特别贡献奖。在纪录片（动画片）方面，动画片《木奇灵之绿影战灵》在央视少儿频道黄金时段播出；动画片《童子国学馆》入围总局"纪念改革开放40周年"少儿节目扶持项目；纪录片《创业红娘》成功入选"双百计划"扶持项目。在网络视听节目方面，《我的环卫姐》《青春创业手册》等7部优秀网络视听作品（剧本）获总局扶持；组织开展主旋律电影周，开展了湖北电影展映周活动，展映了《我的渡口》等一系列优质鄂产

---

① 数据来源于湖北省广播电视局2019年2月21日召开的湖北省广播电视会议上所作的《2018年湖北省广播电视工作会议报告》。
② 数据来源于湖北省广播电视局2019年2月21日召开的湖北省广播电视会议上所作的《2018年湖北省广播电视工作会议报告》。

影片；举办"湖北网络视听盛典"活动，展播 2017 年度优秀网络视听节目，扶持 26 部优秀作品及剧本 60 余万元；《走出大山》《重逢》《我的环卫姐》等 5 部作品，成功入围总局 2018 年原创网络视听节目征集推选和展播活动展播，并获扶持。其中，剧情类优秀作品数量和其他两省并列第一，湖北剧情类优秀作品数量连续 4 年保持位居前列的好成绩。在新闻方面，第二十八届中国新闻奖共有 9 件湖北作品获奖。在广播电视节目方面，湖北卫视打造的大型戏曲文化电视栏目《戏码头》，利用文化项目矩阵吸引了不同的受众群体，在省级卫视人文类节目中，该节目网络播放总量位居第一；湖北广播电视台垄上频道《垄上行》以对农服务为本，连续 3 年获得行业表彰，《垄上行》获得 TV 地标 2018 年度省级地面频道优秀节目。2018 年，湖北广电以湖北卫视为龙头，湖北经视、湖北公共新闻、湖北生活、湖北垄上、湖北综合等专业频道并驾齐驱，尽显风采。

主题宣传取得新成效。湖北广电通过加强舆论引导和正面宣传，实现线上线下同频共振。引导全省各级媒体做好全国、全省两会，马克思诞辰 200 周年、纪念改革开放 40 周年等重大活动的宣传报道。组织开展"学习宣传党的十九大精神·荆楚行"记者走基层红色小分队活动，全省各媒体共发表文字、图片、视频报道 500 多篇。全省各地深入开展"新时代新气象新作为——改革开放四十周年·荆楚行"大型新闻采访活动，全省党报共刊发文字报道、图片报道 945 篇，全省广播电视播出机构共开设专栏 385 个，播发消息 7108 条、系列报道 1670 个。2018 年，在湖北省级广播电视媒体制作的新闻稿件中，被中央广播电视台采纳的新闻稿达 1800 多条。湖北电视新闻在央视发稿 1400 多条，其中上《新闻联播》的有 204 条；湖北广播新闻在央广发稿 420 条，其中上《新闻和报纸摘要》的有 35 条。

湖北广电行业在政府的大力扶持下，坚持守正创新，涌现了大量具有本土特色的精品，其中部分作品甚至引发全国范围的关注。2018 年湖北广电精品创作生产成效显著，湖北广电行业的吸引力和传播力正稳步提高。

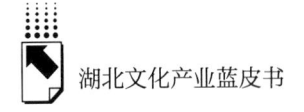

随着媒体融合的纵深推进，省级广电的危机和机遇并存，是否能找准出路、突出重围，将决定广电媒体融合转型的成败。媒体深度融合和移动互联转型没有唯一答案，广电媒体只能在不断摸索和实践中找准出路。2019年，湖北广电只有主动适应和把握互联网与人工智能发展大势，抓住新的发展机遇积极探索，创新媒介经营管理模式，才能顺利完成媒介升级转型。

（三）政策法规为产业发展提供新机遇

为适应新的时代背景和广播电视行业的新变化，湖北广电主动深化改革，促进产业发展，出台相关政策法规为行业发展提供政策红利，加强依法管理，净化行业环境。

1. 广电机构改革实现突破

2018年是全国广电机构改革的起点。为了推动广电媒体深度融合，广电机构改革致力于调整职能、整合资源、提高传播力。通过改革突破原有的体制机制的局限，为广电业务松绑，促进广电行业转型升级。2018年2月28日出台的《深化党和国家机构改革方案》要求，整合中央电视台、中央人民广播电台、中国国际广播电台，组建中央广播电视总台。在国家广播电视总局和中央广播电视总台的重组工作完成后，地方广播电视机构的改革工作陆续展开。

2018年11月，湖北省广播电视局正式挂牌成立。省局广电机构改革稳步推进，按照湖北省委要求的时间节点，顺利完成人员转隶、"三定"方案制定等工作，确保工作延续性、稳定性。在湖北省深化"互联网+放管服"改革领导小组发布的通报中，湖北广电"网上办事开展情况排名"和"事项梳理及标准化工作情况排名"在省直分列第4名和第12名，两项排名均在省直部门第一方阵。2019年是新的起点，也是湖北省省级以下地方广电机构改革实施的关键期，湖北广电只有抓住机构改革的契机，深入推进媒体融合，才能进一步加快湖北省广电产业转型升级。

2. 完善创新创优机制

2018年，湖北广电进一步完善了电影精品资金、国家出版基金等资金扶持机制。2018年支出10782万元，由湖北省国家电影专项资金管理委员会管理，主要用于国产影片电影专项资金补贴、新建影院"先征后返"、县级影院建设补贴、乡镇影院建设等。进一步完善了节目自主创新机制，以原创贯穿经济、科教、文化、少儿、综艺、真人秀等节目。2018年，出台了《湖北省广播电视节目创新创优项目扶持暂行办法》，组织开展了2018年全省广播电视节目（栏目）创新创优扶持项目等活动。完善优秀电视剧剧本扶持引导计划，开展2018年30部优秀主题原创网络视听节目（剧本）扶持工作等活动。大力推进"双百工程"，出台了《湖北省新闻出版广电局关于进一步推进新闻出版广电产业"双百工程"建设的意见（试行）》。开创全省县级广播电视台发展"310"工程，评出事业产业综合实力优胜单位6家、改革发展成效突出单位8家、优秀栏目（活动）8个。除此之外，2018年湖北广电还进一步建设湖北影视资源共享平台，做好主题影片创作生产和发行放映；进一步做大做强湖北电影市场，积极推进电影票房"百千万计划"；进一步完善政策措施，加强对重大革命题材电视剧、历史题材电视剧的扶持与引导。

二　2018年湖北广播电视产业发展特点

近年来，国家各级融媒体中心建设已初见成效，各省媒体逐步探索和建立起不同形式、不同规模的融媒体中心。湖北省广电媒体融合先发优势明显，新媒体平台"长江云"从无到有，并成为具有全国示范效应的媒体融合"样板"。2018年，湖北广电在平台、技术、内容等方面持续发力，广电媒体融合进入纵深发展阶段，主要呈现以下几个特点。

（一）一体化平台建设如火如荼

2018年，湖北广电产业通过数字技术升级，进一步完善一体化平台——"长江云",建立广电系统的专业优势集群,实现跨行业、跨媒体、跨区域的媒体融合。2018年湖北广电产业跨区域、跨媒体、跨城乡的媒体深度融合被全盘激活。

1. 省级融媒体中心完善升级

湖北广电省级融媒体中心已步入完善和升级阶段,并投入常态化运营。2018年广电融媒体建设提速,"长江云"致力于打造融媒体集群,构建省市县三级信息资源共享、互联互通的全媒体融合生产系统。"长江云"作为省级广电打造的"中央厨房",已发展为具有全国示范效应的全媒体信息处理平台,现已基本实行了扁平化的管理、构建了集成化的功能、打造了全媒体化的产品。自"长江云"项目于2015年9月启动以来,经过发展,现已全面覆盖了湖北地区省市县三级,初步建设了以市县融媒体中心为基础,以各级党政部门为支撑的省市县三级共享的综合性融媒体平台,不同媒体之间实现了互联互通、共同发展,形成党的声音全覆盖、信息传播全媒体、新闻政务全汇聚、网络舆情全管控的一体化格局。

在短短的几年时间里,"长江云"已由单纯的叠加转变为完全的整合,拓展为一个"云上"系列的App集群,成长为一个集所有传统媒体和新兴媒体于一体的区域性生态级智能媒体融合平台。打破湖北广电内部频道壁垒,创新信息共享机制:打造"长江云"技术平台,汇聚海量信息,每天来自全省300多家媒体、2220家党政部门、8611万个用户的2000条信息汇集在"中央厨房",这些信息经过"中央厨房"编辑后,进入"云稿库",实现海量信息共享。打破行业壁垒,创新"新闻+政务+服务"的新模式:"长江云"突破媒体之间融合的常规模式,与政务资源和社会资源融合,建设湖北全省的线上政务大厅和生活服务大厅,使"长江云"成为网民"口袋里的办事窗口"。扫除媒体之间障碍,创新融合传播大格局:纵贯省市县三级媒体,与117家地方党报党台联合,成立"长江云"平台运营合作体,横向促进央媒和海外媒体等建立密切的合作关系,向160个国家讲述湖北故事。构建舆论监督模式,创新舆论把控手段:创新"后台打通、快速复制、一键部署"三大功能，实现了多个产品共享一个后台，能够对重大稿件一键推送。

2. 县级融媒体中心迈开新步伐

伴随着全国县级融媒体中心建设全面展开，湖北广电县级融媒体建设积极跟进，已取得初步成效。2018年，湖北广电旗下的"长江云"平台进一步拓展，与湖北地区多个县级媒体和政务资源对接，推出了119个"云上"系列App，生产了8112个各具特色的新媒体产品。湖北省开启"宜都市融媒体中心""赤壁市融媒体中心"等县级融媒体中心试点工作，形成"云上宜都""云上赤壁"等官方客户端。经过近半年的试点，湖北省赤壁市融媒体已经取得了一定的成效，赤壁市融媒体中心建设处于全国领先地位。

2018年7月，湖北地区首个县级融媒体试点工作在赤壁市正式展开。赤壁市整合赤壁电视台、赤壁广播台、赤壁网等八个媒体平台，成立了赤壁市融媒体中心，构建起"一支队伍采写、一个专班编辑、一个平台传输、多个媒体刊播"的运行模式，打造多媒介资源、全生产要素有效整合的综合平台——"云上赤壁"。赤壁市媒体转型取得显著成果。赤壁市融媒体中心在2018年共推出28个重大活动主题策划方案，不但广受群众好评，还被中央和省级媒体转载。在"长江云"的运营周报通报中，"云上赤壁"的用户点击量、用户参与度、用户增长量、直播活动以及新闻宣传在全省103个县市（区）云上客户端中长期位居第一。赤壁市融媒体中心作为湖北地区县级融媒体的先行者，率先入驻全国县级融媒体智慧平台，被中宣部确定为重点示范点，参与两个"国家标准"的起草工作。赤壁市融媒体中心起步较早，发展快，为全国县级媒体融合提供了"赤壁样本"，带领湖北省县级融媒体建设向纵深发展。

（二）技术赋能驱动媒体融合发展

伴随着广电媒体深度融合及移动互联转型的展开，数字技术已经成为推

动广电媒体融合的核心力量。媒介技术的发展重塑了新闻生产流程，驱动广电媒体融合向纵深发展。2018年，湖北广电通过持续的技术升级为技术赋能，打造多元化、个性化的技术产品，为湖北广电深度融合和移动转型提供了有力的技术支撑。

一方面，湖北广电不断优化自身技术，助推媒体深度融合。湖北广电极具前瞻性，在移动新媒体平台"长江云"建设时，大力培养自身的技术团队，占据技术风口。湖北广电牢牢把握技术的主动权，加强自身技术力量建设，减少对外部技术的依赖。经过近几年的发展，湖北广电已拥有一支强大而专业的技术团队。"长江云"技术团队通过技术创新打通后台，可支撑万级产品，连接亿级用户。"长江云"保持技术持续不断升级，在三年的时间里进行了434次产品迭代，"云上"系列客户端同步升级。截至2018年12月31日，"长江云"建成了119个官方客户端，囊括了湖北多个地区，综合用户数量高达8192万个。"长江云"的技术发展取得了显著的成效，现已成为具有全国示范效应的"湖北样本"。2018年，为了更好地实现技术升级，为媒体融合发展提供驱动力，湖北广电首次举办"长江云"共享大会，并组建"长江云"平台运营合作体，试行舆情产品加盟制、直播积分制、广告联合招商代理制等，将"长江云"平台从2.0平台型向3.0生态型推进。

另一方面，湖北广电积极寻求对外合作，通过各类合作活动的开展为湖北广电技术赋能，实现技术升级与转型。2018年2月初，湖北广电牵手诚毅软件成立"TV+创享实验室"，在客户大数据聚合和利用、集客业务支撑软件开发服务等重点领域展开合作。2018年5月初，湖北广电网络与启迪云计算有限公司在武汉签署战略合作框架协议，在人工智能、物联网、大数据等领域展开深入合作。2018年，湖北广电与广播电视规划院、360集团达成网络安全技术研究战略合作，三方依托"广播电视行业网络安全技术研究实验室"、共同组建"广电360网络安全技术有限公司"，开展安全领域的产品设计、研发、生态系统建设、市场营销与拓展、内容营销等，为智慧广电建设与发展保驾护航。

（三）媒体融合推动内容创新创优

持续不断的技术升级和媒体融合的深入，为内容提供了创新创优空间。一方面，技术升级带来了个性化、多元化的产品形态，为内容创新提供了技术保障，短视频、移动直播、人工智能等技术的出现丰富了新闻报道的形态；另一方面，为了占领互联网高地，传统媒体通过融媒体中心建设，创优创新内容，提供新媒体用户喜好的产品。

1. "快"——重塑新闻生产流程

湖北广电通过"长江云"的技术平台，完成新闻报道生产与传播的全流程再造，大大提高了新闻传播活动效率。依托"长江云"平台融媒体指挥调度中心，通过"云稿库"和省级"中央厨房"，重塑新闻生产流程，实现一次采集，多样编辑，多种产品，多端分发。

流程再造加快新闻报道速度。主流媒体逐渐打通了新闻策划、采集、写作、编辑、分发等流程，优化新闻活动中指挥、采编、协调、沟通等工作流程，加快了新闻采编速度。在2018年两会报道中，鄂全国人大代表抵达北京西站的报道在抵达后的43分钟，在新媒体平台上发出。而2018年11月9日，湖北省自然资源厅正式挂牌，仅7分钟后，新媒体便发出推送，实现全网首发。2018年，湖北广电借助"长江云"移动采编系统进行实时调度和指挥，极大程度上加快了新闻采编播的速度，采编时长从42分钟缩减至7分钟，有效提升了湖北新闻宣传的传播力和影响力。

在媒介融合之前，记者与新媒体各自为战，电视端发布后再由新媒体编辑改造，新媒体几乎没有自主生产的独立内容。媒介融合初期，记者向融媒体记者转变，稿件同时供电视和新媒体使用，新媒体摆脱"先台后网"局面，内容具有可选择性。媒介融合走向纵深之后，媒介资源实现整合，记者在前方采写的内容优先从新媒体端发布，形成动态、持续的报道。2018年中国中部国际产能合作论坛暨企业对接洽谈会期间，湖北"长江云"平均每组外拍记者新媒体日均出稿量接近5条，实现活动现场回稿。从预热到活动结束，新媒体发稿97条。

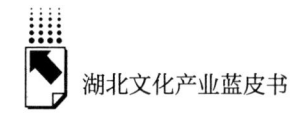

2."新"——提升用户体验

近年来,伴随着移动短视频、移动直播、H5、VR等技术的发展,湖北广电开始将新闻报道内容与媒体技术融合,在新闻报道中运用H5、短视频、VR、数据可视化、小游戏、沙画等多种表现形式,制作出了一系列受众喜爱的融媒体产品。在移动直播方面,近两年"长江云"共开展了539场移动直播,主要包括《花开荆楚》、"点赞新荆楚 我要上直播"、"喜迎十九大·文脉颂中华"等直播活动。在H5方面,2018年,"长江云"推出H5作品《听,长江说!》,该作品独具特色的创意表达引发了社会各界对于长江生态保护的广泛关注,形成现象级传播,产生了良好的社会效果。在网络专题方面,"长江云"推出的新媒体作品《大国赤子 深潜人生——中国核潜艇之父黄旭华》荣获第二十八届中国新闻奖,该作品经过精心策划,做到了构思巧妙、内容创新、制作精良,创新性运用多种表达手段,全面展示了黄旭华的一生,弘扬了正能量。湖北"长江云"团队自从创立以来,特别重视新闻的表达创新,团队成员尝试各种方法让新闻"活"起来,实现碎片化、轻量化、移动化、可视化,提升用户体验。

3."优"——打造优质内容

媒介融合的核心目标是优化内容生产。[1]"长江云"以移动优先为原则,坚持对新闻报道进行创新,让新闻动起来、亮起来、炫起来,打造了大量优质的融媒体新闻作品。"长江云"制作的融媒体作品在过去几年中,共获得4个中国新闻奖和20多项全国大奖。2016年,《"不忘初心 砥柱中流" 2016湖北抗洪救灾实录》运用沙画的形式,呈现抗洪场景,致敬抗洪人员,弘扬了社会正能量。该作品阅读量超2亿人次,入选了"砥砺奋进的五年"国家大型成就展,荣获第二十七届中国新闻奖三等奖。2017年,"长江云"制作的融媒体界面《VR|3D全景"新时代湖北讲习所"》、H5作品《听,长江说!》以及网络专题《大国赤子 深潜人生——中国核潜艇之父黄旭

---

[1] 童兵:《对当今媒介融合目标和路径的思考》,《新闻与写作》2017年第7期。

华》等三件作品荣获第二十八届中国新闻奖三等奖。此外，在2018年全国两会报道中，"长江云"团队制作的H5作品《老乡喊你吃饭啦》通过一道道特色菜肴，展现人民群众逐渐改善的生活面貌，该作品制作精良、构思巧妙，被写入中宣部新闻阅评。"长江云"打造的系列网络访谈节目《两会V访谈》，荣获全国人大好新闻一等奖。2018年4月，湖北新闻头条号《大冶湖的"破镜重圆"》成为今日头条"金秒奖"2018年第一季度入围作品。

4. "全"——立体化传播态势

"掌上武汉""见微""黄鹤云""长江云"等全媒体平台立足本地，辐射全国，新媒体矩阵初具规模，立体化传播态势已经形成，舆论引导力进一步提升。

现象级传播成为亮点，见证湖北广电媒体传播力和影响力稳步提升。湖北广电融媒体新闻中心在"长江云"App、今日头条、抖音等网络平台同步推广庆祝改革开放40周年特别策划《沿江看改革》，在湖北全省掀起观看传播热潮，一星期阅读量突破500万人次，抖音点击量破百万次。由湖北广电融媒体新闻中心采访制作的《纠"四风"进行时　问政现场：书记递上小纸条》新闻，在湖北卫视栏目《湖北新闻》首发，湖北新闻公众号制作推送后，登上微博热搜榜，阅读量达到3635万人次，被人民日报、凤凰网、环球网、长安街知事、北京晚报等媒体转发，引发千万次点击量级的传播。截至2018年12月31日，长江新闻号头条号粉丝数接近100万人，视频点击量接近7亿次，累计播放时长接近10亿分钟。湖北新闻公众号推送微信文章近2000篇，累计关注人数增长10207人，图文阅读量为360多万人次，湖北广电的全媒体生态格局逐渐形成。

（四）对外交流合作迈出新步伐

由湖北省委、省政府，中国驻埃及大使馆共同支持，湖北省委宣传部、湖北省新闻出版广电局主办的"2018非洲湖北传媒周"于2018年7月11日~7月16日在埃及和南非成功举办。此次传媒周活动成功签署国际合作协议13个，其中图书版权类交易15项，举办各类活动40多项，并成功开

展了"湖北传媒展"、"湖北影视展映周"、"媒体融合发展与国际合作交流大会"、书法讲座等40余项大型活动。专题片《湖北从长江走向世界》向埃及和南非人民展示了优秀的荆楚文化和湖北传媒业融合发展成果。

通过举办展览展销、版权贸易、电影展映、文化互动、招商引资等多种形式的活动，湖北进一步加强与非洲知名电影机构的交流合作，将更多优秀影视作品推向非洲，架起文化交流的坚实桥梁，也标志着湖北广电"走出去"迈出了坚实的一步。

三 湖北广播电视产业发展应对策略及趋势

（一）推动网络视听产业发展

2019年，湖北省将深化广电产业发展工程。湖北省正在汇集省内影视基地资源，以推进"湖北影视拍摄基地联盟"的建立，盘活资源、统一谋划、集约经营、抱团发展，以一流的服务标准、一流的营商环境，主动承接影视创作生产力转移，吸引更多优秀创作团队和重点项目落户湖北省。与此同时，湖北广电将推动网络视听产业的发展，积极规划网络视听内容生产园区建设：线下，在创作主体相对集中的地区，培养和开发一批具有潜力、活力和创新的网络视听节目制作企业；线上，打造互联网园区平台，吸引全省乃至全国创作主体入驻。通过政府引导和市场运作，实现线上线下互动、共享政策资源，引导优秀人才、社会资本、内容产品汇聚到网络视听产业，为湖北广播电视产业发展赋能。[1]

（二）守正创新提升创作质量

融到深处，回归内容。在主流媒体推进媒体融合的重要关口，只有坚持

---

[1] 骆璟：《湖北省出台影视创作生产五年计划》，湖北网络广播电视台网，http：//news. hbtv. com. cn/p/1676632. html，2019－2－22/2019－4－23。

守正创新，发挥自身优势，提高创作质量，才能抢占新媒体阵地，进一步提高媒体传播力、影响力和公信力。

2019 年湖北广电继续抓好精品创作生产。湖北广电已编制 2018 年至 2022 年影视创作生产计划，2019 年湖北广电重点做好《长江大桥》《赢家》《伟大母亲》《关山飞渡》等剧目；积极支持《戏码头》《汉字解密》《跟着习爷爷讲故事》等优秀节目；规划纪录片创作生产，做好"走进江河湖"大型纪实类电视节目策划组织工作；推进中华经典民间故事动画片，包括网络动画片的创作生产，推动中国优秀传统文化创造性转化、创新性发展，打造一批主旋律、正能量、富有荆楚特色、网民喜闻乐见的精品网络视听文艺节目。①

（三）探索流量变现营收模式

2019 年，湖北广电凭借主流媒体的内容优势、渠道传播优势、平台优势为品牌提供营销服务，实现"用户流量"变现。作为全国广电第一云，"长江云"一边连着用户，一边连着客户。为了在需求方和供给方之间建立优质服务价值链，湖北广播电视台启动"湖北广电 2019 荆楚品牌计划"。"湖北广电 2019 荆楚品牌计划"是湖北广电为湖北省知名企业推出广播、电视、新媒体等顶级资源的媒体策划。湖北广播电视台将为选定的公司提供丰富的宣传资源，扩大其影响力。以主流媒体价值内容的高姿态、全媒体营销，精准触达市场目标人群的营销业态，建构湖北主流媒体的品牌价值。

（四）加快人工智能技术升级

伴随着媒介融合和移动互联转型的展开，技术愈发成为影响媒介融合的关键力量。当前，智能化技术已经在新闻业中得到一定程度的运用，机

---

① 骆璟：《湖北省出台影视创作生产五年计划》，湖北网络广播电视台网，http：//news.hbtv.com.cn/p/1676632.html，2019-2-22/2019-4-23。

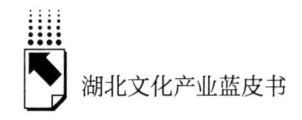

器人写作、智能化分发、人机互动等融媒体产品出现，为新闻行业发展带来了新的机遇。2015年，湖北广电及时部署战略，发展新媒体技术，致力于打造湖北新媒体平台。2019年，湖北广电应抓住新的机遇，加快研发人工智能技术，为媒介融合和创新发展提升驱动力，抢占媒介融合和创新发展的风口。

2019年，湖北广电媒体融合迎来下半场，湖北县级融媒体中心建设全面展开；湖北省地方广电机构改革在2019年落地实施；湖北广电将与企业共同合作研发数字技术，为媒介融合提升驱动力；湖北广电推出品牌计划，尝试流量变现。湖北广电媒介融合走向纵深，将推动湖北广电产业发展达到新高度，实现多元发展。但与此同时，广播电视也面临着经营艰难、有线电视用户流失等问题。总的来说，2019年湖北广电机遇与危机共存，唯有抓住机遇，在技术、内容、平台、管理等方面进行全面升级，才能增强湖北广播电视产业的实力，顺利完成湖北广播电视的升级转型。

参考文献

李岚：《县级电视台媒体融合发展：要补血，更要造血》，《电视研究》2018年第12期。

霍婕、陈昌凤：《人工智能与媒体融合：技术驱动新闻创新》，《中国记者》2018年第7期。

翁旭东、曾祥敏：《脉络贯通　技术融通　心心相通——2018广电媒体融合创新发展概况》，《新闻战线》2019年第1期。

黄楚新、刁金星：《盘点2018年中国媒体融合多元发展》，《新闻论坛》2019年第1期。

曹海清、董志强：《深度融合背景下省级广电媒体的运营策略》，《数字传媒研究》2018年第7期。

童兵：《对当今媒介融合目标和路径的思考》，《新闻与写作》2017年第7期。

B.6
湖北电影产业发展报告（2018）

刘 丽*

摘 要： 2018年，在产业格局和大环境的调整中，湖北电影产业积极重建商业规则和市场规范，继续保持增长态势。本土电影品质提高，动画电影有重大突破，农村电影放映模式创新升级，电影主业与相关产业协调发展，"走出去"工程继续深化。为实现从电影消费大省向电影生产强省转变的目标，还需在项目培育、人才储备、技术引进、资本运作、管理理念等方面持续发力，以增强湖北电影产业发展的活力、信心和动力。

关键词： 湖北电影产业　电影产业链　提质增效

2018年，受整体经济下行和行业管理政策收紧的影响，中国电影产业增速放缓，全国电影总票房为609.76亿元，同比增长9.06%，其中国产片票房市场占比为62.15%，比2017年提高了8.31个百分点，市场主体地位更加稳固。全年票房过亿元影片有82部，其中国产电影有44部，国产电影总票房为378.97亿元，同比增长25.89%。全年共生产影片1082部，其中电影故事片有902部，动画电影有51部，科教电影有61部，纪录电影有57部，特种电影有11部。全国银幕总数达60079块，其中2018年新增9303块（见表1）。伴随着产业规模的进一步扩大，国产电影创作质量也有显著提升，不论是现实主义电影、艺术电影，还是类型化的工业电影，都令观众

---

* 刘丽，湖北大学新闻传播学院讲师，主要研究影视艺术与视听新媒体传播。

耳目一新。《红海行动》《我不是药神》《无问西东》《无名之辈》《厉害了，我的国》《春天的马拉松》等一批思想性、艺术性、观赏性兼具的作品获得口碑、票房和发行全面丰收。中国电影10多年的结构性调整初见成效，逐步形成稳定、有质量保障的生产体系，实现了电影产业的内生性增长，中国正在迈入从电影大国到电影强国的黄金发展时代。

表1　2014~2018年中国电影市场发展

年份	观影人次（亿人次）	影院数（家）	银幕数（块）	故事片数（部）	票房（亿元）
2014	8.30	5598	23592	618	296.39
2015	12.60	6148	31627	686	440.69
2016	13.72	8410	41179	772	457.10
2017	16.20	9340	50776	798	559.11
2018	17.17	10233	60079	902	609.76

资料来源：根据国家新闻出版广电总局数据整理。

一　湖北电影产业发展环境

湖北省广播电视局发布的数据显示：2018年，湖北省内共有院线23条，新增影院15座，新增银幕144块，新增座位1.55万个。全省影院数为378座，银幕数为2256块，座位数为32.03万个。产生电影票房27.91亿元，同比增长5.76%，位居中部第1、全国第7；观影人数达到8293.98万人次，同比增长2.91%，放映场次为455.33万场，同比增长16.08%。在中国电影产业整体大繁荣的态势下，湖北省电影产业和电影市场也得到了快速良好的发展：电影票房收入稳步增长，电影市场规模逐步扩大，城乡电影市场结构逐步合理，县级数字影院建设（改造）全面完成，电影产业的市场竞争力逐步提升。

（一）政策环境：政策落地为国产电影健康发展保驾护航

"十三五"规划指出，到2020年文化产业将成为国民经济支柱性产业，影视产业的重要性不言而喻。自2010年1月，国务院办公厅印发《关于促进电影产业繁荣发展的指导意见》以来，国家先后出台了《电影产业促进法》《关于支持中西部县城数字影院建设发展的通知》《关于奖励放映国产影片成绩突出影院的通知》等一批政策法规，从电影创作、电影放映、影院建设等方面推动电影行业全面发展。2018年3月，国务院机构改革，将国家新闻出版广电总局的电影管理职责划入中央宣传部，成立国家电影局。这是继2017年颁布《电影产业促进法》后，国家关于推动和维护电影事业繁荣的又一重大举措。

2018年12月，新组建的国家电影局出台了《关于加快电影院建设 促进电影市场繁荣发展的意见》，针对我国电影市场长期存在的院线过多、无序竞争、同质化发展的问题，首次引入"院线牌照"概念，明确提出：第一，加大影院投资建设力度，到2020年全国银幕数量超8万块；第二，通过财政补贴提升放映技术和改造设施，加大县级影院、中西部影院建设改造力度；第三，深化院线改革，重视资产联结型院线，鼓励新建和并购重组，实施院线市场化进入和退出机制。此次意见出台，体现了党中央、国务院对中国电影产业规模化、集约化发展的构思，意在打造一批主业突出、具有较强核心竞争力和品牌影响力、市场主导作用明显的领军企业。

（二）经济环境：经济发展平稳，文化消费蔚然成风

湖北省统计局和国家统计局湖北调查总队联合公布的数据显示，2018年湖北省实现生产总值（GDP）39366.55亿元，增速高于全国平均水平1.2个百分点。其中，第三产业完成增加值18730.09亿元，增长9.9%，三次产业结构占比调整为9.0∶43.4∶47.6，第三产业占比增加。2018年湖北省城镇化率达到60.3%，比2017年增加1个百分点，高于全国平均水平，继续保持中部第1。全省城镇常住居民人均可支配收入为34455元，同比增长8.0%；全省农村常住居民人均可支配收入为14978元，同比增长8.4%。全省居民消费价格上涨1.9%，涨幅比2017年提高0.4个百分点。其中，城市上涨2.0%，农村上涨1.8%。分类别看，教育文化和娱乐价格上涨1.5%。文化产业经济发展迅速，电影放映管理机构有96个，放映单位有

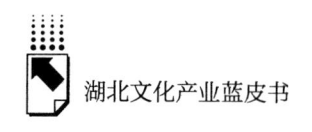

1663个。

2018年，湖北省经济呈现稳中有进、质效提升的发展态势，稳的基础继续巩固，进的力度持续加大，新的动能加快培育，好的因素不断积累，这些都为电影产业市场的持续繁荣奠定了基础。

（三）技术环境：技术融合推动产业结构升级

随着互联网技术的飞速发展，中国电影产业数字化程度正不断加深，5G技术、未来影像、高精尖虚拟现实制作、互联网售票、宣传营销以及电影衍生品市场开发等都在逐步完善，电影工业化体系初见端倪。尤其是互联网产业与电影产业的深度融合，横跨技术和资本，引发电影产业生态的结构性重组。

以猫眼为例，作为电影产业下游购票平台，猫眼与国内近9000家影院合作，不断推出在线选座购票及退票改签服务、卖品购买服务、影院联名卡服务，通过优化线上线下一体化（OMO）的消费体验，协助影院增加观众购票频次，拓展电影市场的成长空间。同时，猫眼借助天然的观众资源优势，通过影片试映会、预告片测试、物料及渠道效果评估等专业服务，帮助片方、发行方完成作品测试与改进；通过大数据和观众用户画像分析，为片方、宣发方提供有效、精准的数据参考和决策依据，并结合微信社交媒体生态及美团O2O服务场景构筑起的大宣发平台，帮助影片实现海量曝光，最终实现全产业链的数字化电影营销。

中国电影数字化程度全球领先，互联网电影平台80%的线上购票率远超过好莱坞。类似猫眼这样的互联网企业早已不是单纯的在线票务平台，而是连接影片生产、影院、观众的"互联网+电影平台"。在以2/3市场份额获得了票务市场绝对领先优势之后，猫眼已经通过上下游业务延伸，培养出全产业链服务能力，并通过持续的"技术赋能、数据赋能、营销赋能"，推动电影产业能力全面升级，加速中国电影市场发展方式转型。

（四）社会环境：电影市场下沉，票房增长的人口红利消失

随着我国社会主要矛盾发生新变化，城乡居民人均可支配收入不断增

长，人民群众对美好生活的向往更加强烈，精神文化生活需求更加旺盛，文化产品消费需要不断增长，看电影已成为深受人民群众喜爱的文化娱乐方式，正从年轻人的时尚消费行为变成全民消费行为。电影在人们文化娱乐生活中占据重要位置，近年来总观影人次和人均观影人次均保持增长状态。2010年到2018年，消费者逐步养成观影意识和观影习惯，总观影人次从2.06亿人次涨至17.2亿人次，年人均观影频次也从0.3次涨至1.2次。但中国作为世界第二大票房国家，人均观影频次低于排名前10个国家/地区中的其他9个国家/地区，观影频次还有较大增长空间（见表2）。

表3 2018年全球前10票房国家/地区人均观影频次

单位：次

国家/地区	韩国	北美	澳大利亚	法国	英国	印度	俄罗斯	日本	德国	中国	9国/地区均值（不含中国）
频次	4.3	3.4	3.4	3.1	2.6	2.2	1.5	1.4	1.4	1.2	2.6

资料来源：根据国家电影局、猫眼数据整理。

同时我们看到，2018年一、二、三线城市票房占比下降，四线城市票房占比继续上升，但增速放缓。这说明票房增长的人口红利因素慢慢消退，小镇青年的票房推动力正在下降。对比春节期间与平时票房的占比，四线城市在春节有明显增长，说明人们春节观影的仪式感加强，但在平时，三线城市的观影热度逐渐停滞（见表3）。

表3 2016~2018年城市级别票房占比

单位：%

城市级别	2016年	2017年	2018年	2016年	2017年	2018年
四线城市	18.3	20.4	20.9	26.8	30.4	32.1
三线城市	17.3	15.8	15.7	22.3	21.2	21.1
二线城市	40.5	42.8	42.7	33.6	36.3	35.7
一线城市	24.2	21.0	20.7	17.3	12.2	11.2
	不含春节			春节档		

资料来源：根据国家电影局、猫眼数据整理。

二 湖北电影产业发展概况

（一）电影市场综述

据湖北省广播电视局发布的数据，2018年，湖北省电影总票房超过27.91亿元，增长5.76%，电影票房继续领跑中部1，位居全国第7。与2017年相比，湖北电影票房增长放缓，有被山东、河南两省赶超的趋势。武汉市2018年票房增幅仅为1.8%，是十强城市中同比增幅最小的城市，直接影响了湖北省的票房总额。

湖北省各地票房中，武汉市以15.17亿元位居榜首，占全省票房的比例为54.35%。襄阳、荆州、宜昌、孝感依次位列第2至第5，分别实现票房1.78亿元、1.73亿元、1.35亿元、1.31亿元。湖北省要尽快改变武汉票房一家独大的局面，充分发掘其他各地的市场潜力。

（二）创作生产

2018年，湖北省独立或参与摄制影视作品11部，其中故事片5部，科教片4部，纪录片1部，公益微电影1部，初步形成了以主旋律影片为主，以商业片为辅，兼顾文艺片、科教片、纪录片、微电影等多样式、多类型、多品种、多样化的影视创作生产格局。长江电影集团领衔出品的电影《穿越时空的呼唤》入选中宣部、国家电影局、财政部"电影剧本孵化计划"；长江电影集团还参与出品了影视作品《音乐家》《古田军号》《外交风云》等；向中华人民共和国成立70周年献礼，反腐题材电影《黑金危机》成功在汉首映；以长江电影集团为第一出品人的电影《毕业作品》在全国院线上映；湖北电影制片厂拍摄的纪录片《艺考生》在央视九套播出。电影《云在故乡等我》获得第16届中国人口文化奖广播影视类二等奖、第14届长春电影节银鹿奖等多个奖项。《红辣椒》入选金鸡百花电影节等多个电影节展映片目，入围广州大学生电影节竞赛单元。中国地方戏曲"像音像"武汉基地建成使用，制作《别宫祭江》《庵堂认母》等3部优秀本土剧目。由太崆动漫（武汉）有限公司制作出品，湖北省版权登记作品《冲破天际》（*One Small Step*）成功入围第91届奥斯卡最佳动画短片奖。总体而言，2018年湖北省电影创作有亮点，但精品不多，制作能力不足。

（三）院线和影院发展

据湖北省广播电视局发布的数据，截至2018年12月31日，全省共有电影院线23条，其中本土院线有：湖北银兴院线影业有限责任公司和武汉天河影业有限公司。银兴院线旗下影城数量达128家，银幕有835块，座位有117780个，形成了以武汉为中心，辐射本省中小城市，地跨北京、上海等全国18个省市的发行放映网络。银兴院线2018年实现票房9.35亿元，在全国院线票房排第18位，放映场次为149.9万场，观影人次为2869.5万人次。武汉天河院线获得3.75亿元票房；广东大地院线在鄂掘金3.57亿元。另外，万达、广州金逸、北京华夏、中影数字、中影星美、横店影视等院线均在湖北省取得不错的票房成绩。

银兴院线所属武商摩尔国际影城凭借5423万元票房在全国排第8位，较2017年提升了18位，全省排名保持第1。观影人次达159.24万人次，居全国第2位。武商众圆摩尔国际影城、武汉博纳国际影城、武汉光谷巨幕影城3家影城进入全国票房100强。其中，武商众圆摩尔国际影城票房为3788万元，居全国第55位；武汉博纳国际影城票房为3679万元，居全国第64位；武汉光谷巨幕影城票房为3455万元，居全国第81位。

2018年，湖北省加快传统影院升级改造，院线硬件实力不断增强，影院票房产出能力大幅提升。武商摩尔国际影城改造后拥有17个影厅，共2603个座位，成为华中地区面积最大、厅数和座位数最多、最具特色的航母级影院之一。鹤壁银兴国际影城已升级至30个厅，是银兴院线厅数最多

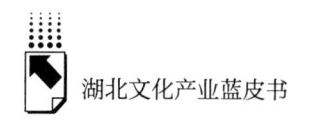

的影院。银兴院线有 3D 银幕 751 块，IMAX 影厅 1 个，中国巨幕影厅 5 个，全景声巨幕影厅 20 个，4D 影厅 5 个。

（四）影片放映

2018 年，湖北省银兴院线共发行放映 526 部影片，其中国产影片 399 部。国产影片票房 5.7 亿元。全省电影票房榜前 10 名影片中，国产片占 6 席，进口片占 4 席，其中国产片表现亮眼，占据榜单前 5 名，依次是《红海行动》创造票房 1.72 亿元，《唐人街探案 2》创造票房 1.68 亿元，《我不是药神》创造票房 1.41 亿元，《捉妖记 2》创造票房 1.14 亿元，《西虹市首富》创造票房 1.06 亿元。上榜的 4 部进口片分别是《复仇者联盟 3》《毒液》《海王》《侏罗纪世界 2》，名列第 10 位的影片是港片《无双》。从 2018 年的票房排名可以看出，以票房冠军《红海行动》为代表的国产现实题材影片很受欢迎，得到观众和市场的充分认可。此外，电影口碑正在成为影响票房的关键因素，映后评分成为推动票房的重要动力，如《我不是药神》《无名之辈》等影片，均通过口碑发酵进一步支撑其票房表现。另外，纪录影片《厉害了，我的国》票房突破 683.8 万元，放映场次达 7625 场，接待观众 21.9 万余人次，创银兴院线纪录影片各项数据新高。

在公益电影放映部分，湖北省 2018 年也成绩卓越。成功举办"庆祝改革开放 40 周年湖北电影展映周"活动；农村院线组建了 18 支"红色文艺轻骑兵"电影放映小分队，全年放映公益电影 58743 场，超额完成年度任务 1083 场；订购节目 82714 场，其中各类故事片有 55232 场，科教片有 27482 场。银兴农村数字电影院线还积极争取省委宣传部、省农业厅、省新广局、省扶贫办、省食药局支持，联合省民政厅、省农信社等 11 家单位和企业，在全省大力开展"激发内生动力 助力精准扶贫"电影文化惠民活动，累计放映各类宣传片 8000 余场，举办主题专场放映活动 10 余场；校园院线联合团省委走进学生群体，全年放映公益电影 1078 场；网络文化公司开展"电影圆梦"系列公益电影活动 34 场，惠及困难群众 4000 多人。

三 湖北电影产业发展特点

2018年,湖北电影市场先后遭遇经济下滑、投资收紧、税务风波、机构调整等不利因素的影响,增速放缓,但也借此机会得以进行必要的结构调整和区域定位,培育了一批试点项目,主要体现在以下几个方面。

(一)城市特色放映试点

2018年,武汉市影院总数量已达120多家,遍布全城20个商圈,单是光谷商圈就已入驻10家影城,过于密集的影院布局带来激烈的竞争,各家影院需依据自身特点进行差异化定位、个性化发展。

银兴国际影城西园店是由湖北长江电影集团与世界500强企业韩国乐天集团所属的乐天购物株式会社电影事业本部共同投资兴建的五星级标准电影城,于2011年9月21日正式营业。近年来,附近影城扎堆、西园商圈环境恶化、停车难等因素对影城的经营造成极为不利的影响。2018年,西园店进行了硬件升级改造,更新了RGB三色激光设备和4D设备,更换了两个厅的座椅,大幅提升了观影效果和舒适度。同时,西园店积极参与公益活动,提升社会影响力。2018年是中国改革开放40周年,长江电影集团在西园店举办了"庆祝改革开放40周年湖北电影展映周"活动开幕式,产生了良好的社会影响。西园店与银兴网络公司合作,连续举办了多场"电影圆梦"免费观影活动,让社会弱势群体走进影城,真正感受到社会的关爱。该活动受到湖北日报、湖北电视台等媒体的持续关注报道,引起良好社会反响。江汉区残疾人联合会授予银兴国际影城西园店"武汉市江汉区无障碍观影基地"荣誉牌匾。截至2019年3月,西园店累计会员数达42796个,累计充值额达2292.2万元。

随着技术的发展,流媒体、视频网站对传统院线放映方式的冲击日益明显,固定时间、固定地点的放映方式无法满足年轻观众随时想看的需求。同时,又有部分观众坚持在影院观影体验,于是众筹点映模式应运而生。整个

2018年，大象点映作为众筹点映行业的领军者，在湖北影迷，尤其是艺术片和纪录片影迷中掀起了一波又一波的观影热潮，满足了不同观众的观影需求，成为小众艺术电影放映联盟的有力补充。

（二）农村影院试点

农村电影放映工程是一项公益服务，是21世纪党和国家大力推行的文化惠民工程，旨在解决农村观影困难问题，满足人民群众对美好生活的新期待，以高质量的电影供给提升广大农村群众的文化获得感、幸福感。2018年，湖北省坚持"政府引导、市场参与、农民受惠"的农村电影发展思路，积极探索农村电影放映模式的创新升级，实现广大农民群众由"看到"向"看好"电影转变。

在钟祥市双河镇和沙洋县纪山镇，湖北省广播电视局联手湖北众诚五六连锁超市股份有限公司设立了两个"连锁式"农村乡镇影院。影院配备专业数字电影放映服务器、环绕立体声音响、标准座椅等，并参照城市多厅影院的经营模式，设有1个大厅和3个小厅，可同时满足大规模集体观影和小规模亲友聚会，建设标准达到城市星级影院标准。

在日常管理上，政府和企业分工明确：湖北广播电视局下属湖北长江电影集团提供设备、技术及内容支持；湖北众诚五六连锁超市股份有限公司提供场地、日常维护经费，并负责运营管理。平日村民只需花费5元就能观影一场，众诚购物广场会员和消费满50元者可享受免费观影，重要节假日则全场免费……经过半年的试运营，双河镇影院共放映电影998场，观众为10330人次，综合收入为58436元；纪山镇影院共放映电影1199场，观众为11194人次，综合收入为66333元。

实践证明，这种"影院+超市"的运营模式，为乡镇电影发展提供了良好范本。第一，将乡村居民的电影消费融入生产消费和生活消费等刚性消费之中，有效提升了乡镇居民对电影的关注程度，培养了他们的电影文化消费习惯。第二，拓宽了农村影院建设运营的资金来源，并且通过文化消费同生产、生活消费的互补，缓解了政府资金的"供血"压力，实现了农村影院的自我"造血"。第三,坚持农村影院的公益服务性质,充实和丰富了基层公共文化服务的供给质量,成为公众文化服务新的阵地。2018年,荆门市文化体育新闻出版广电局的一份调查问卷显示,双河镇、纪山镇分别有60.3%和59.3%的人将影院列为最满意的镇文化场所;双河、纪山两地经常去影院的人分别占被调查人数的56.1%、46.7%,影院已经成为当地人主要的文化活动场所。

特别值得提及的是,2019年春节前,湖北省完成了大冶县磨山村点播影院试点建设工作,将电影放映场地安置在村委会会议室,一方面,拓展了农村电影放映模式;另一方面,切实增强基层党组织阵地的文化引领职能。春节期间,磨山村点播影院放映了《战狼2》《我不是药神》等优秀影片,群众反响热烈,同时也为化解农村老放映员安置问题提供一种新的思路。

(三)影视产业园试点

武汉九省通衢、交通便利,湖北地貌丰富,人文气息浓郁,不少电影都曾在鄂取景,如《桃花灿烂》《人在囧途》《白蛇传说》《全城通缉》《浮城谜事》《万箭穿心》《麦兜响当当》《失孤》《黄金时代》《山楂树之恋》《刺客聂隐娘》《妖猫传》《影》。这些影片的公映,不仅为湖北省培育了观众和市场,还引来了众多投资者。近年来湖北省的影视基地建设也逐渐呈现"抱团"趋势。湖北省电影家协会的资料显示,湖北省挂牌的"影视创作拍摄基地"已经近10个,均兼具影视剧筹拍、后期制作、影视旅游、休闲度假等完备的全产业链功能,并且呈现多元迥异的文化意象和历史韵味:再现盛唐气派的湖北襄阳唐城影视基地、弘扬楚汉文化的枣阳汉城影视基地、兴山昭君故里影视创作拍摄基地、三国荆州古城影视创作拍摄基地、有红色革命情怀的红安七里坪影视创作拍摄基地、大洪山地质公园影视创作拍摄基地、沙湖湿地公园影视创作拍摄基地、主打民国老武汉风情的"中央新影华中影视文化产业园"。

2018年9月上映的电影《影》,是一部水墨风格的武侠动作片。这部张艺谋导演的代表作的重头动作戏份，全部取景于枣阳汉城影视基地。汉城影视基地位于湖北省枣阳汉城景区内，占地300亩，已建有境州古城、殇阳关等20多个跨越历史时空的影视拍摄场景和仿古建筑群落。汉城在立项时，就定位为以汉文化为内核，以影视为媒介，以旅游为载体，以产业为依托，全方位进行汉文化传承和展示的基地。现在，汉城不仅是影视产业基地，还是湖北省首批研学游教育基地，2018年，全省有5万余名中小学生来这里旅行学习汉民族几千年的文化历程，寻找自己的根祖文化。未来还会有更多的影视产业园加入影视旅游景点联盟中，实现电影工业体系的均衡发展。

（四）注重面向海外的电影文化交流试点

2018年，湖北省电影产业对外文化交流迈出新步伐。在"2018非洲湖北传媒周"活动上，湖北长江电影集团与埃及国家电影中心主任哈利得·阿卜杜勒、四达时代传媒（南非）公司董事长Michael Arthur Dearham等非洲国家电影机构负责人、影视企业代表广泛洽谈交流，达成多项合作意向，与四达时代传媒（南非）公司成功签署中非影视节目战略合作协议，并精心挑选了《我的渡口》《云在故乡等我》等优秀电影作品，在开罗、约翰内斯堡、开普敦3个城市举办交流展映活动，全面展示湖北电影发展成果和长江电影集团良好形象。另外，2018年，湖北省先后成功举办了"香港主题电影展""俄罗斯电影节""国际戏剧影像展""长江青年电影展""2018年度法国电影展"等一系列国际电影文化交流活动。

四 湖北电影产业发展的挑战与对策

近年来，湖北电影产业发展一直保持稳步增长，但与东部经济发达省份以及电影发展较快的省份相比，在区域定位、管理理念、市场开发、资本运作、人才培养等方面都还比较薄弱和落后，电影产业发展的顶层设计有待完善。

（一）转变思想，尊重电影发展规律

湖北省的电影发展观念比较陈旧，不适应电影市场规律，应该尽快转变思想，进入工业化时代，借助市场的手起舞。

第一，未来湖北省电影产业政策的顶层设计要明确电影产业在文化产业发展中的核心位置，进一步解放思想，科学统筹布局产业链，建立合作、转化、搭桥的管理机制。

第二，对于目前资本充分活跃的电影市场来说，制定奖惩分明的规范性管理政策更为重要，这是激发电影市场活力、优化电影市场秩序、保持电影市场可持续化良性发展的重要前提。

第三，湖北省的影视基地应统筹安排，整体设计，要摆脱仅仅满足影视拍摄和休闲度假的粗放型需求，建立电影拍摄基地联盟和电影后期制作联盟。尤其要重视引入"数字影视科技"要素，发展以数字电影"科技拍摄和后期制作"为主导的现代影视产业链，走特色化、差异化、集约化发展道路。

第四，做好电影专项资金的分配使用，加大对新生影视创作力量的扶持力度，明确扶持对象。不仅要帮扶打造本土电影企业和电影作品，还要重点培养资助本土电影导演。

（二）提炼文化品牌，重视人才储备

第一，湖北具有丰富的文化资源和深厚的文化底蕴，文化生态多样，文化层次多维，如神农、天仙配等神话系列，三国等历史系列，首义、红安等革命系列，王昭君、李时珍等名人系列，巴土、长江、码头等地域系列，南水北调、长江三峡等现实系列，这些独特的文化可以成为湖北电影创作的"题材库"，湖北应充分利用这些历史事件和文化资源，面向全世界征文征稿，为推出优质电影奠定良好基础。

第二，湖北是中国重要的科教基地，科教文化实力位居全国前列，应该重视将智力储备转化为人才储备，进一步探索优秀人才服务湖北省电影产业

发展的途径和办法。未来湖北应加快影视"人才库"的建设，优化教育资源和社会资源配置，以影视行业为依托，以市场为导向，以项目为纽带，充分发挥"行、企、校、研"各自的优势，互惠互利共同发展，打造高水平的电影艺术创作队伍，实现电影内容生产的提质升级。

（三）明确区域定位，优化产业结构

湖北电影产业的区域定位不够鲜明。对比北京、上海和浙江的影视政策，我们发现，三地都有清晰的影视目标规划：北京致力于建设"具有首都特色的影视之都"；上海打造海派文化品牌；浙江省则依托已有的丰厚影视资源基础，提出力争打造成全国影视产业副中心的目标。

近年来，"一带一路"和"长江经济带"的提出使湖北迎来巨大的国际性发展机遇，电影产业也应以黄金水道为纽带，走生态优先、绿色发展之路。既要作为朝阳产业、绿色产业去发展好，又要彰显和体现湖北文化的软实力，文化产业既要做大做强存量，更要做大做强增量。

第一，抓住经济发展的历史机遇，进一步开放市场，招商引资，贯彻"产业第一，企业家老大"的服务方针，尽可能为企业提供一站式服务，打造经济高成长、投资高收益、环境高安全、商务低成本的投资环境。

第二，大力支持长江电影集团、凤舞天下等龙头企业立足自身、做大做强，积极引进外来优质影视制作公司进驻湖北省，激活一池春水，重点培育两点十分、太崆动漫等文娱类独角兽企业拓展电影业务，带动全省影视企业转型升级。

第三，要借力国家推动分线发行、分区域发行、分轮次发行等发行方式的探索，以资本融合的方式，打造湖北自己的电影发行实体，形成涵盖城市、农村、艺术、商业等各个层面的立体发行结构，做强湖北电影。

第四，积极拓展电影产业链。比如：携手湖北自贸区计划，吸纳互联网投资、风险投资、信贷投资等新兴的投资主体；借助互联网和大数据，通过DVD销售与租赁、有线电视、网络电视、手机电视、在线播放与视频点播、网络购票、用户定制等技术，拓展电影的发行与营销渠道。

B.7 湖北省广告产业年度发展报告（2018）

黎明 崔世珍*

摘 要： 2018年，在互联网冲击下，传统媒体受众数量出现断崖式下跌，营销价值日趋降低，数字媒体和无线终端技术的运用使互联网和户外广告市场发展迅猛。在新兴媒介扩张中，湖北广告产业也正经历着变革时期的阵痛，市场竞争加剧，内容营销等难题已成现实。"社交+"、自媒体营销成为营销新途径，不可跳过广告成为营销新趋势，精准营销成为营销新核心，新生代消费市场成为营销新市场，催生"她经济"，轻奢品牌广告市场迅速扩张，广告产业日趋规模化，湖北省广告产业正迎来新的业态机遇。

关键词： 湖北广告产业 新营销思路 营销特征

一 湖北广告产业发展环境

（一）经济环境

1. 湖北省经济整体情况

2018年湖北省经济发展总体平稳、稳中有进，全省完成生产总值39366.55

---

* 黎明，传播学博士、副教授、硕士生导师，美国孟菲斯大学访问学者（2016），湖北大学新闻传播学院传播系主任，主要研究领域为广告与媒介经济；崔世珍，湖北大学新闻传播学院硕士生。

亿元，经济增速同期高于全国平均水平1.2个百分点。第三产业占全省生产总值47.6%，较2017年增长2.4个百分点，批发和零售业、住宿和餐饮业、房地产业、其他服务业增加值分别增长6.5%、6.1%、6.3%、15.4%。其中社会消费品零售总额为1.83万亿元，增速为10.9%，城镇实现零售额1.53万亿元，占社会消费品零售总额的84%，较2017年增长10.8%，乡村实现零售额0.30万亿元，占社会消费品零售总额的16%，较2017年增长11.6%。

2. 湖北省广告行业发展现状

2018年，湖北省广告经营单位达到41034户，较2017年增长23.6%，广告从业人员达到169441人，较2017年增长8.1%。同时，广告公司创业者"90后"增多，2018年30岁以下的创业者占比首次达到43.37%，较2017年增长4个百分点。广告产业因其低门槛、轻资产、重创意等特点，受到大学生、初创者广泛欢迎，已成为创新创业的重要领域。2018年，湖北省的广告经营额为226.83亿元，较2017年增长12.85%，连续5年以两位数增长。全省已建成湖北日报数字传媒公司"氧气层"双创平台、湖北省数字广告产业园区、"OVU创客星"广告产业孵化基地3个国家级广告业创新创业示范基地。从广告业态来看，互联网广告、线下户外广告增长较快。虽然互联网公司经营业务涉及游戏、视频、信息发布等多领域，但广告依然是互联网公司盈利的主要方式。

3. 市场环境

随着经济发展，消费市场更加细分，催生新生代消费市场出现，"彰显自我、女性崛起、超级消费"成为新生代消费市场的主要特征。第一财经商业数据中心联合口碑发布了《2018生活消费趋势报告》，"单人自我乐活模式"引领全新生活方式变革，品质生活、互动体验、个性定制、便捷高效、绿色健康成为新生代消费的五大理念。

"80后"、"90后"以及"00后"群体在消费领域已是最为重要的群体，主导消费的趋势。居民可支配收入增加推动消费观念升级、消费层次提升，基础的必需品已不能满足其需求，新一代的消费者对生活品质提出了更高要求，轻奢品牌市场进一步成为消费升级的新趋势。其中，女性消费市场催生出体量庞大的"她经济"，由于受到审美喜好、教育文化、生活习惯等影响，以及消费者越来越注重自我、内涵的体现，个性化定制成为消费市场中不可忽视的现象，女性消费市场同样不可小觑。

（二）政策环境

1. 广告产业自身政策

广告产业是创意产业的重要组成部分，在引导大众消费、拉动实体经济、优化产业结构、传播先进文化等方面发挥着重要作用。为进一步增强湖北省广告产业核心竞争力，促进广告产业做大做强，湖北省政府出台了《湖北省推进广告产业发展行动计划（2017—2020年）》，支持武汉建成中部地区乃至全国一流的广告产业集聚中心、广告人才培养中心、广告营销传播服务中心和广告科技创新高地。支持襄阳市以建设国家产业转型升级示范区为契机，建成以隆中休闲文化为载体，辐射汉江流域的广告产业集聚中心；支持宜昌市以三峡文化、水电文化为载体，建成影响长江中上游地区及三峡城市群的广告产业集聚中心，推动广告产业成为湖北省文化产业、现代服务业发展的新增长点。

2. 相关产业政策影响

2018年11月，湖北省委、省政府出台《关于加快全省文化产业高质量发展的意见》（以下简称《意见》）。《意见》系统地提出了湖北省文化产业发展的目标任务、区域布局、发展重点、支持政策、保障措施等，并指出，要将武汉打造成文化产业核心区，把襄阳、宜昌打造成文化产业支撑区，其他地区结合历史文化、自然资源优势打造文化产业新兴增长极，推动形成"一主两副多极驱动"的区域布局。

《意见》提出要推动文化产业重点领域加快发展，健全现代文化产业体系和市场体系，完善文化经济政策，培育壮大文化创意设计服务、文化市场主体、文化消费市场，加强文化产业人才队伍建设。基于当下互联网发展的新形势，2018年，湖北省根据《中华人民共和国公共文化服务保障法》《广播电视管理条例》等法律、行政法规，表决通过了《湖北省广播电视条例》（以下简称《条例》），并于2018年8月1日正式施行，开启了湖北广电事业全面依法建设和发展的新局面。从广播电视播出机构和传输覆盖网络，到广播电视节目传送服务，从节目制作和播放，到公共服务、保障人们收视收听的合法权益，都有具体的法律规范。此外，《条例》还将全省广电新闻采编业务人员首次纳入了法治化管理，要求深入基层，服务人民，引领舆论，弘扬社会主义核心价值观。

二 广告产业发展概况

总体来看，2018年初中国广告市场呈现快速增长态势，随后渐趋稳定，与2017年相比2018年仅微涨2.9%，说明2018年的中国广告业呈现稳中有变的整体性特征。据统计，受电视和传统户外媒体广告费用投入减少影响，整个传统媒体广告花费较2017年同比减少1.5%。而仅从增长速度来看，广播以5.9%的增速领跑传统媒体广告业，是传统媒体广告业发展的主要动力所在；18.8%的影院视频媒体增速与2017年同比有所减缓；互联网媒体以7.3%的速度平稳增长；通过对电视媒体中各部分的广告花费进行对比发现，央视和省级卫视呈上涨趋势，省级地面和省会城市频道呈下降趋势；得益于电梯类媒体的稳步发展，以电梯类媒体为主要代表的生活圈媒体广告花费较2017年同比有所上涨。

1. 报纸

湖北省都市报及党报广告的逆势上扬，表明湖北省传统广告业受互联网广告冲击影响减弱，在及时稳住下滑颓势的同时有稳步回升的趋势。2018年报业"两微一端"也取得长足的进展，从标配布局开始进入发展期，成为报业新媒体的核心力量。不少报业的客户端已经聚集了相当多的用户和流量，甚至远远超过原来报纸的读者规模。在经营方面，一些报业客户端的营收也实现了倍增。在媒介融合的大趋势下，报纸媒体经过努力取得实质性进展，直接表现在广告经营和多元化经营方面。党报广告年均增速达到6%，

《湖北日报》《长江日报》营业额有所增长。都市报类纸媒《楚天都市报》等发展也都趋向平稳回升。广告投放类型方面也有较大变动，受房地产行业发展的影响，房地产广告近年来持续下滑，排名有所下降。取而代之的是普通服务类居首位。其次是医疗服务类、公益广告类及其他类别。

2. 广播电视

广播电视既属于大众休闲娱乐方式，更是传播文化和弘扬精神的重要形式，其蕴含的价值观和意识形态对社会具有深远影响。2017年9月，国家多部门联合出台《关于电视剧网络剧制作成本配置比例的意见》，坚持"小成本、大情怀、正能量"的自主创新原则，电视剧行业紧跟电影行业的步伐，慢慢回归品质，注重内容、故事、演技和制作等核心要素，高质量的主旋律价值观影视作品带动高品质创意广告发展。

近年来，由于广告时间的延长，湖北省电视广告明显止跌回升，从2016年下降3.7%逆转为2017年增长1.7%，2018年第一季度增速达16.5%，对广告市场增长的影响力从拖后腿变成了积极拉升。广播广告的增幅进一步扩大，自2015年下降探底后，连续两年增速加快，截至2018年第一季度，增速已达15.8%。截至2018年第四季度末，湖北省广播电视系统内单位实现总收入79.79亿元，实现实际创收收入62.07亿元；有线电视实际用户数为1119.64万户，其中数字用户为1086.12万户；全省广播人口综合覆盖率为99.68%，电视人口综合覆盖率为99.58%。同时，视频网站等新媒体的出现增加了电视剧的销售渠道，提升了影视剧的播放量，高收视率和高点击量的优质影视剧吸引用户、提高流量，成为电视台和视频网站争夺的资源。

3. 移动互联网及社交媒体

移动互联网广告市场随着互联网的发展而不断壮大，占整体广告市场的比重逐步增加，但BAT对中国互联网"垄断"型经营直接造成媒介生态圈的形成并不断分化，移动互联网市场的红利主要被媒体端所赚取，技术、数据和服务成为中间商转型与制胜的关键因素。技术型代理公司处于萌芽期，"人工智能""营销云""区块链"等技术运营尚未成熟或刚刚投入运用，短期内，BAT广告业务的地位不可撼动。

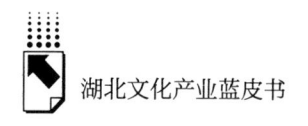

随着互联网底层技术的不断推进，不管是平台资源还是技术革新都给广告生态圈带来极大的冲击力和推动力。近年来互联网广告的规模持续扩大，2018年达到3694亿元，年增长率在24.2%左右。受国家宏观经济调整的影响，整体上来看，增速有所减缓，但仍是广告创收的佼佼者。在湖北省省级注册网站达到8万多家，在全省来看，互联网广告依然领跑，规模总量占比为45%。同时今日头条华中地区总部在武汉落户，为湖北省广告产业的发展添一抹亮色，带来新的增长点。

"社交之王"腾讯的微信和QQ以及新浪微博占据了社交广告市场的主导地位。2017年，腾讯在线广告业务收入为404亿元，同比增长49.9%。社交广告收入同比增长70.2%，这主要得益于微信公众号和朋友圈全新广告形式的推广。然而，这两种广告营收的增长只是腾讯的冰山一角，要是仔细查看此次腾讯的Q4财报，便会发现微信小程序已成为在线广告收入新的核心驱动力。本次财报最为亮眼的数据便是截至2018年底，累计创造了超过5000亿元的商业价值的小程序。2018年为用户提供了超过1000亿人次的商业和政务服务，其交易金额增长了6倍。截至2018年底，小程序日均使用频次相较2017年提升了54%，大盘用户的次日留存增长20%。

4. 线下户外广告

户外出行广告基于大众出行的场景，将较为封闭的出行载体作为营销模式，突破了线上与线下的壁垒，具有高效触达且易于与受众持续互动的特点，给了广告主和户外广告同行业更多的创意空间，也让更多的品牌开始探索户外媒体的创新性价值。2018年，线下户外广告仍是广告公司竞争的一片蓝海，其营业额增长率仅次于互联网。联投传媒作为湖北本土广告公司与分众传媒及新潮传媒等广告公司因高覆盖率和高投放量成为湖北省线下户外广告"三巨头"，通过运用大数据、人工智能等技术，推出M－慧推智能营销云平台等新技术将广告内容精准投放到目标人群，形式多样化、内容优质化提高了受众的认可度。以电梯广告为例，从电梯轿厢内平面框架广告需要人工逐个替换，发展到电梯间LED液晶屏幕广告，只需放置芯片，远程更新,再到运用轻便的投影放映,新技术的出现也催生户外广告媒介形式的更新换代。

5. 公益广告

2018年,中央电视台和湖北省委宣传部签署《中央电视台"国家品牌计划——广告精准扶贫"项目合作备忘录》。通过中央电视台"国家品牌计划——广告精准扶贫"项目,优先考虑社会效益,把具有代表性的武当道茶、房县小花菇和木耳、蕲艾、红安花生、赤壁青砖茶、恩施硒土豆等,在其多个有影响力频道的公益广告黄金时段免费高频次刊播。进而带动了湖北零售行业的发展,提升湖北特色农产品品牌效应和市场竞争力,从而进一步增加了商业广告投放量,带动湖北省广告产业营收。

三 广告产业营销新思路

2018年,经济大环境的不确定性、隐现不定的黑天鹅和灰犀牛给人们带来比以往更多的犹豫和迷茫,但同时也给广告营销行业带来更多新思路。尤其是随着移动互联网的大范围普及,数字化媒体的大规模应用,互联网及终端设备日趋平民化和大众化,其所带动的市场下沉和商业模式的转变,将导致广告市场需求的全面放大,广告营销差异化更为明显。

(一)广告营销思路盘点

1. 新媒介——电梯媒体

CTR最新发布的《2018年度中国广告市场数据》显示,近年来,中国广告市场整体增势低迷,互联网广告增速放缓至7.3%,与互联网广告形成鲜明对比的是电梯媒体广告的迅速崛起,分众传媒却一直保持20%左右的稳定增长,领跑中国广告市场。

当前市场环境下,品牌面临的最为严峻的问题就是同质化竞争,众多品牌陷入价格血战,但也有一些敏锐的企业家率先看到了一丝突围竞争的曙光——让品牌赢得主流人群的选择。主流人群具有高学历、高收入、高消费

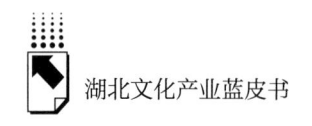

的特点，他们重视品质、品牌、品位，作为都市消费的主力军，贡献了70%~80%的消费力。他们作为品牌消费的意见领袖和口碑人群，引领着市场消费的风向标，赢得他们的选择才能赢得竞争。主流人群日趋注重内容，造成对广告的关注度不够，如何吸引受众主动观看广告成为摆在业界内的难题。

电梯媒体具备四个特点：主流人群，必经，高频，低干扰。这四个特点正是广告投放核心以及稀缺的资源。电梯媒体将品牌渗透到城市主流人群必经的公寓楼、写字楼之中，此类生活场景长期稳定地存在于主流人群的生活、工作之中，也最能够实现对主流人群的集中影响。在电梯的封闭空间内，短短数十秒的广告，看似平淡无奇，但这种日复一日融入生活轨迹的方式能对受众产生奇妙的化学反应，并兑换成可量化的销售业绩。以分众传媒为例，其电梯媒体已覆盖230多个城市，超260万个终端，7亿人次主流人群的日均高频触达，并喊出"4亿城市人口，3亿看分众"的口号，造就飞鹤奶粉、瑞幸咖啡、瓜子二手车等品牌的快速崛起，助推波司登等大品牌重回巅峰。

国产奶粉品牌飞鹤在遭遇国产奶粉信任危机后，一度面临破产变卖的危险，它在确定"更适合中国宝宝体质"的竞争战略后，选择电梯媒体，向3亿主流人群传播自己的匠心品质，飞鹤开启绝地反击，抢占一、二线主流市场传播阵地，实现高端销量增长超200%，整体销量增长超60%，成为中国婴幼儿奶粉行业历史上首个突破百亿元的品牌。以新创品牌瑞幸咖啡为例，它于2018年初大举登陆电梯媒体，自然融入城市主流人群生活轨迹中，通过电梯媒体巨大的线下流量入口，创业6个月成为10亿美元独角兽，"双11"期间，销量1820万杯⋯⋯市值突破20亿美元，刷新中国历史纪录。2018年8月，波司登开始在60多个主力城市的电梯媒体发布最新品牌故事，持续为品牌造势。2018年"双11"期间，波司登成为首家预售破亿元的服装品牌，正式开售后，其销售额更是1小时超2亿元，全天全渠道总销售额高达7.4亿元，同比增长73.2%。"双12"单天全渠道营收5.14亿元，同比增长150%。

2. 新热点——"女王季"

随着社会经济发展，现代社会对于女性强加的各种评价、规定逐渐不能束缚女性，更多独立女性开始勇敢追求自己想要的生活，女性即将面对一个挣脱束缚和异色眼光的时代。女神节、女王节、女生节、女人节……消费主义社会为这个节日赋予了多重意义，将2018年3月打造成了品牌与女性消费者之间的一场狂欢。快餐巨头之一的德克士率先提出"美食自由"概念，在各大品牌声量围剿之中抢占C位，这一概念也成为3月女王季的精神内涵来源。

德克士围绕"红唇"这一女王元素进行造势营销，新品和事件同步上线，携手自然堂彩妆推出联名红唇礼盒，正式开启"红唇营销"。礼盒内附一张德克士的尊享会员卡和一支自然堂炫彩唇膏#09女主红，通过线上抽奖、线下门店刮刮卡等活动将"吃鸡排"的消费场景和"涂口红"的场景进行结合，并在上海松江区打造一家梦幻版的女王主题店，外加自然堂彩妆专业美妆老师和新零售试妆魔镜的体验，实现线上话题传播、线下体验落地、产品质量保证三位一体，覆盖目标消费者的感知穹顶。整个"女王季"期间，德克士线上话题阅读量超过9800万人次，约20家自媒体对本次事件进行转发，并且在抖音上吸引了超过500万人次的观看量，引发了大量用户自发"涂上红唇去德克士换鸡排"。

在居高临下推销兜售和低三下四献殷勤都收效甚微的情况下，德克士选择与受众站在一起，替受众表达态度，并通过事件营销提供了一个新的营销思路。

3. 新渠道——互联网自媒体

互联网自媒体通过优质内容打出名气，受众关注度逐渐增高，其利用自身品牌效应赢得流量变现的商业之路。2018年是自媒体快速发展的一年，随着流量变现率的提高，自媒体商业主流化，营销也开始两极分化。

以自媒体大号每晚二更为例，粉丝数为1000万人，平均点赞量为230个。每晚二更多图文第一条原创+发布的价格达到45.2万元，多图文第二条原创+发布的价格达到18.4万元，其背后的大流量让投入者的话题性和传播性都获得了很大的提高。

现在来看，每晚二更的广告价格是省级卫视黄金时段15秒广告均价的

5倍左右。这说明品牌开始关注并且重视自媒体广告，它们的投放预算在传统广告中的比例逐渐下降，自媒体广告逐渐增加。这一现象形成显著的趋势，不可改变。就像互联网广告取代大部分报纸广告一样，自媒体广告也会取代大部分传统广告。瑞士顶级腕表品牌积家在其官方公众号上发布了一条跟papi酱合作的视频广告，大品牌投放开始转向自媒体初见端倪。

在自媒体投放选择上，品牌越来越倾向把预算投放在中高端自媒体上，就是强IP上。因为这些强IP聚集了大量粉丝，即便它们报价很高，品牌也乐于去投放。以后这种两极分化现象会越来越严重。强IP不缺广告，大量的长尾小自媒体，竞争压力越来越大，同质化严重、相对价值比较低等原因造成品牌投放比较少。将来这些小自媒体可能呈现属于自己的竞争法则，它们会集合在一个强大的代理平台，按转化率来为品牌提供广告服务。

4. 新形式——不可跳过广告

广告内容的最高境界是"让用户都感觉不到这是一条广告"。随着消费者对广告信息的抵抗力不断增强，广告主不得不思考通过不可跳过广告来增加与消费者的接触。"剧中广告"就是一种不可跳过广告。

不同于谷歌的剧前6秒钟广告，剧前广告可能会导致消费者缺乏耐心而关闭视频，在播放剧中广告的时候消费者已经开始观看视频。随着越来越多的消费者使用广告拦截器屏蔽剧前广告，许多品牌企业都将目标转移至剧中广告，将其视为接触消费者的重要媒介，相比插播广告导致视频中断，不可跳过广告更贴合用户当下的习惯，给受众带来的影响可以通过有效的定位来减轻，毫无违和感，用户甚至都感觉不到这是一条广告。

剧中剧广告以"剧中剧"的创意中插广告形式融入剧情，既保持了与正片一样的品质和情感基调，又以趣味的人物语言动作与剧中的人物特点产生反差，用最意想不到的转折方式传达品牌诉求，让广告既好看又好玩。在2018年热播IP剧《东方华尔街》中，京东金融旗下京东白条、京东金条、京东京小贷、京东小金库以及京东支付五款产品融入剧中。其亮点在于它并不破坏剧情本身的连贯性，与金融主题强关联，同观众的感情倾向产生强共鸣，打造了专属于《东方华尔街》剧集场景及京东金融语境的创意广告，让受众在不知不觉中对京东金融的品牌内涵和品牌产品特性产生了强烈的认同感，并有回味的余地。

百度指数显示，在《东方华尔街》首播当日，京东金融指数上升11%，随着剧集的持续播出，品牌百度指数上升均值达到5%。同时，子品牌百度指数也有明显上升。譬如，首播当日京东小金库的指数上升就达16%。

5. 新趋势——"社交+"

随着手机等移动终端设备的普及，微信、QQ、微博、今日头条等社交媒体迅速发展，流量市场规模迅速扩大。国人对社交媒体的依赖，催生了新型商业模式，我们把它概括为"社交+"。原生信息流广告、视频广告等各类形式演变，将社交广告推向高速发展期。在传统广告营销模式亟待创新的背景下，互联网社交营销成为当下热门的营销趋势。在互联网时代，网红作为流量中心能带来巨大的经济效益。但实际上，在社交媒体的发展中，每个人都是一个巨大的流量中心。通过受众的"自带流量"，互联网"社交+"以社交私有化为理念，充分挖掘用户社交属性，为用户提供自助式信息分发营销平台，让分享更有价值。

以往的传统广告，受众生硬被动地接收广告信息，用户决策影响链条长，难以实现真正的效果。"社交+"平台以多元广告形式为路径，以社交资源为依托，驱动流量价值提升。这种基于社交关系链的互动扩散，让广告营销效果迅速放大，并起到高效提升品牌影响力和促进销售转化的双重效果。

社交媒体正在崛起，新一代消费者的注意力已经从传统媒体中转移，"社交+"作为广告营销新风口，打破传统广告痛点，将开启全民营销时代，未来社交推广、精准定向、实时优化将成为互联网广告营销的常态。

（二）广告营销特征演变

1. "原生"营销

"形式原生"和"内容原生"的广告将吸引越来越多的人关注。数字广告行业本身充斥着数据欺诈,当越来越多消费者开始安装广告屏蔽软件,内容营销又重新受到广告主的重视。尤其是自媒体领域,硬广的投放效果逐渐降低,粉丝的意见和想法对自媒体影响比较大,粉丝对硬广的排斥也越来越强。所以原生广告发展的空间更大。因为原生广告可以不在打扰粉丝的情况下,为粉丝提供有价值的分享,通过优质分享快速提高粉丝对品牌好感度并转化粉丝。2016年底《薛之谦2个月没写段子,结果憋了个大招》的H5传播腾讯动漫,就是原生广告的很好展现。尤其是随着短视频的大热,视频信息流广告这种"形式原生"和"内容原生"的广告,更受到业界关注。

2. "窄告"传播

"窄告"作为一种新型的广告营销方式,其核心是一种精准营销。广告运用互联网技术,结合人性化的设计,依托大数据分析用户行为,根据浏览者的偏好、使用习性、地理位置、访问历史等信息,有针对性地将"窄告"投放到目标群体面前,广告向"窄告"发展势不可当。互联网的发展推动传播媒介的多样化和碎片化,在此基础上可根据心理和性格特征来细分粉丝群体,其在为广告主做受众选择提供便利的同时,也深刻地影响着广告的表达方式。

大数据已经渗透当今每一个行业和业务智能领域,成为重要的生产因素,通过采集人们的基本信息、每天的上网行为信息、消费记录位置信息等组成一个关于个人的信息库,然后由受众的信息组成一个庞大的数据库。数据库的组织结构以网状为主,复杂多变,程序和数据间你中有我,我中有你,彼此产生强烈的依赖性,对数据规律的挖掘和运用,实质上是为精准营销做铺垫。"窄告"传播可以实现层次化投放,从而能够与消费者的接收程度同步,不用盲目追求富媒体化、零创意、零设计、一对一营销等形式掀起广告营销热潮。网红现象就是一种典型的"窄告"式传播。粉丝经济的基础与大众传播时代的差别在于,人们可根据自己的喜好,选择自己喜欢的个性网红,这些网红不是大牌明星,而是跟消费者相像或者趣味相投的普通人。

"窄告"式的精准营销通过可量化的精确的市场定位技术突破传统营销定位只能定性的局限，对市场进行准确区分，划分有效市场，针对精准人群定制产品，形成品牌定位。在满足客户的个性化需求方面，为其提供个性化服务，增加用户黏度，建立稳定的客户消费群。与传统广告相比，具有低成本、高效率的优势。

以沃尔玛连锁超市为例，其将尿布与啤酒这两种风马牛不相及的商品摆在一起，但这一举措居然使尿布和啤酒的销量大幅增加。超市在统计产品的销售信息时发现，每逢周末，超市啤酒和尿布的销量都增大。原来在美国有孩子的家庭中，妻子经常会嘱咐丈夫回家时为孩子买尿布，而丈夫在买尿布的同时又会顺手购买自己爱喝的啤酒。这个发现让超市决定将啤酒与尿布摆放在一起，结果带来了销量上的双丰收。

做广告不花冤枉钱，是每个广告主想要的效果，因此如何做到"精准"是关键。利用智能大数据，趣享付实现根据人群、地域、行业、时间等极度精细化数据标签，按需选择定制营销方案，并且点击率、转发率、促成购买等真实效果数据清晰可见，真正做到推广效果看得见，推广费用不浪费。

3. 跨界营销

从本质上来说，跨界营销就是一种资源互换，只不过互换的资源是受众。未来的世界将是一个极度细分又极度融合的世界。跨界营销即通过整合各行业资源，进行优势重组，合理分配资源，产生品牌叠加效应。结合粉丝经济进行匹配，不仅需要资源、技术及产品理念上的互通有无，更多的是重视用户需求、消费者体验。

2018年，跨界营销手段成为潮流。从形式上看，可分为三个层次。

一级跨界。品牌之间的信息资源整合，将拥有共同理念的产品随机搭配，赢得共同消费者的好感，实现价值增值，如服装、红茶、护肤品，但他们拥有统一的理念就是精致的生活态度，其目标受众也就是追求精致的文艺青年。看似无关联的三者可借助互相的品牌优势，给消费者带来全新体验感的同时，实现流量变现。

二级跨界。将重新融合成一个完整的独立个体面世。此类跨界主要表现为提炼出核心可组合的优势，打破常规创造新的独立个体，再借助新型的营销手段形成热度和促进流量转化。以时下流行的"猫咖"为例。"吸猫"成为年轻消费群体的新型时尚，养猫、晒猫也成为当下的一种流行方式。猫咖啡将猫生态和咖啡跨界融合，这种基于粉丝部落的休闲咖啡，通过宠物主题勾起猫粉兴趣，用环境完成线下体验。

三级跨界。与文化艺术融合，推动品牌升级。提到品牌与艺术跨界，常见类型有广告主通过举办艺术展、赞助艺术家、与艺术家合作推出联名款的商品、成立基金会等形式，选择特定文化属性，给产品赋予一定文化含义，从而提升品牌价值。

以奢侈品行业 CHANEL 为例，安迪沃·霍尔以 CHANEL NO.5 香水为灵感创作版画。有了奢侈品牌的领航，近年来，越来越多的品牌都有艺术部署，这已成为品牌常见的一种营销模式。无印良品、优衣库用得最多的就是与艺术家合作推出联名款的商品。

4. 战队营销

战队营销是一种将渠道、内容、品牌、用户等资源互相打通的联合营销方式。在互联网日趋激烈的大背景下，强强联合已成为主流。

在品牌营销大战中，联合营销是品牌宣传效果最大化的最好选择，未来的营销里面，各方的联系会越来越紧密，品牌和节目内容联合的战队营销已成为趋势。

天猫国际围绕"全球健康节"提出核心主张"Buff 附体，元气上场"，通过游戏形式，开辟步步为营的传播路线。前期预热环节，天猫国际联合艺人率先发声，随后和咕咚、悦跑圈、即刻运动这 3 个运动生活方式类 App，进行了品牌联动。两次操作都把其主张投射到与"全球健康节"目标消费者相匹配的资源里。《奇葩说》第五季将战队成功与品牌、教练、选手绑定，营销方式跳出简单的产品露出或产品功能推广，从品牌特性出发，对品牌进行人格化包装，化身助力选手比赛的坚强后盾，实现了品牌与节目内容的联合。

四 广告产业存在的问题及趋势分析

(一)问题分析

1. 下沉市场亟待开发

国家统计局数据显示,2017年北、上、广、深4座城市,凭借全国5%的人口规模,贡献了整个国民经济1/8的产出。无论是政策制定还是资本投放,无论是城市建设还是潮流风向,一、二线城市几乎始终在扮演引领的角色,三线以下城市唯有在其身后跟从,人们往往认为一、二线城市才是中国经济基本面的代表,而忽视了三、四、五线城市的市场。

"根据阿里巴巴2018年第四季度财报分析会议透露的信息:在2018年的最后三个月里,淘宝的用户规模继续保持了2000万以上的增长。这一季度使用移动设备的淘宝月活用户增加了3000万,达到6.99亿;淘宝的年度活跃买家也较上一季度增长了3500万,达到6.36亿,值得注意的是——70%的新增活跃消费者,都来自三四五线城市。"[①]

而抖音、快手、拼多多等平台的火爆,显示出市场下沉所蕴含的巨大能量,它们以农村、乡镇及小城市里的长尾人群为突破口,凭借满足他们的物质消费与精神消费,在极短的时间内迅速崛起,并从巨头林立的互联网行业中脱颖而出,成长为电商与资讯领域不可小觑的新势力。数据显示,一、二线城市的购买力依然强劲,但增长开始趋缓,三、四、五线城市增长迅速,从总量上来看,有直追一、二线城市的趋势,因此下沉市场亟待开发。

2. 经营思路急需更新

广告公司要有自己的一套独特经营思路,依靠多元化发展思路,依靠强劲的团队实力,实现业务量的成倍增长,从公关、策划、设计、制作、执行全方位出发,深度解析品牌内涵,抓住品牌宣传的结合点,使多个品牌进行

---

① 《不确定的环境,确定的营销》,搜狐网,http://www.sohu.com/a/305672503_117194。

联动宣传，同时紧紧抓住时下热点，将品牌宣传与热点结合，这种创新型的活动形式必将使公司得到迅速发展。

作为新兴行业，广告在我国的发展较晚，市场潜力巨大，吸引着众多金主前来瓜分市场大蛋糕。广告经营单位和从业人员急剧增加，组织结构不合理，公司资质不一，从业人员水平参差不齐。相关数据显示，很多广告公司员工人数平均不足20人。广告公司的规模化经营受限是行业的普遍难题，原因有两点：其一是现有广告专业人才缺乏，跟市场需求不匹配；其二是公司管理模式落后，制约着公司的正常发展。同时，国内的广告公司业务范围普遍还停留在制作层面，以创意策划设计为主的公司少之又少，经营范围重叠，同质化现象较为严重，小广告作坊随处可见，多以喷绘、制作面板为主。这直接导致抢占市场问题严重，出现恶性竞争，大打价格战。最终导致利润空间越变越小，众多广告公司的生存已然受到威胁。因此，在这样严酷的市场环境之下，转变经营思路显得尤为迫切。

3. 品牌建设仍需加强

由于对专业人才和专业知识的高要求，广告从业人员必须具备良好的创意水平和技术水平。相比发达国家，我们的广告市场稍显稚嫩，由于起步晚，缺乏素质高、经验丰富的高端专业广告人才，这将在一定程度上制约我国广告行业的进一步发展。一方面，外资广告公司正试图进入中国市场；另一方面，国际经济对我国外向型企业影响巨大，很多企业已经开始转做内销，而做内销就要重新建立品牌，因此对广告公司尤其是以品牌建设为主的广告公司需求巨大，这必将促使我国广告行业迅速做大做强，以面对挑战和抓住难得的机遇。

（二）趋势分析

1. 广告投放日趋精准化

在媒体技术及电子信息技术的不断完善和快速发展之下，新技术为广告行业在内容、传播方式及商业模式等方面带来了极大的改变，推动广告往精准化方向迈进。首先，未来的广告将建立在大数据、云计算等先进技术基础之上，实现对受众人群的精准定位，进而针对不同人群实施差异化广告投放策略；其次，广告主越来越关注广告投放的质量和投入回报性问题，希望通过精准营销提高广告投入回报率，降低投资成本。因而精准的品牌定位、优秀的广告创意内容、精良的广告片制作、科学的媒介传播策略等显得尤为重要。

2. 产业日趋专业化、规模化

经过几十年的快速发展，国内的广告公司在经营业态上已经出现了比较明显的分化，广告产业正在朝着专业化和规模化方面发展，产业集中度逐步提升。在产业分工领域，出现了依托于所独有的专业或资源优势，而专注整个广告产业链中某个细分领域的小而美类型公司，如只专注于广告设计、广告制作以及媒体运营等单一业务类型的公司等，广告行业集中度正不断提高，一些拥有资本和规模优势的公司不断扩张，国内实力雄厚的广告公司整合其他广告公司，形成具有本土特色、经营规模化的广告集团。

3. 品牌融合加速化

与报纸、杂志等传统媒体相比，建立在互联网、移动互联网等技术基础上的新媒体逐渐成为社会主流趋势，进而带动以互联网电子化广告为核心的新媒体广告行业的迅速发展，其在媒体广告市场领域重要性日渐提升，最终成长为促进全行业发展的支柱性力量。图像、声音和文字等多种信息借助于新型科技，实现了同时性传播，并将各种媒体形式在单一的渠道中展现出来，有效地解决了传统媒体在信息传播中如何准确地将信息传递给有需要的读者，并与读者进行二次交流互动的问题。广告行业随着新技术的普及，将实现电视媒体、平面媒体和互联网媒体间的"互联互通互动"，进而带动全行业的整合升级和改造，广告将不再拘泥于某一种表现形式，多种表现形式间的相互交融与渗透，已然成为未来发展主流方向。

B.8
湖北演艺产业发展报告（2018）

胡晓亚　梁艳萍*

摘　要： 2017~2018年，湖北演艺产业发展势头良好。政策环境持续改善，文化和旅游深度融合，顶层设计不断完善，演艺产业市场化程度不断提高，民营经济表现活跃。但是也存在国有文艺院团市场化程度不高，区域发展不平衡，民营文化企业受关注度不高，演艺生态的整体环境还有待进一步改善等问题。亟待通过深化国有文艺院团改革、剧场标准化管理、构建省域演艺院线、促进价值融合发展等措施构建起互动、互惠、共生的演艺产业生态系统，以推动湖北省演艺产业发展壮大。

关键词： 民营经济　演艺产业链　演艺产业生态系统

一　发展环境分析

（一）政策环境

1. 诗和远方联姻，文化与旅游业态深度融合

2018年3月13日，国务院机构改革方案提请十三届全国人大一次会议审议。根据该方案，改革后，国家旅游局与文化部合并，组建文化和旅游部，不再保留原文化部、国家旅游局。2018年4月8日，文化和旅游部正

---

* 胡晓亚，任职于武汉市文化和旅游局，主要从事演艺产业、人力资源管理研究；梁艳萍，湖北大学文学院教授，主要从事中外文论与文化研究。

式挂牌。新组建的文化和旅游部的主要职责是，贯彻落实党的文化工作方针政策，研究拟订文化和旅游工作政策措施，统筹规划文化事业、文化产业、旅游业发展，深入实施文化惠民工程，组织实施文化资源普查、挖掘和保护工作，维护各类文化市场包括旅游市场秩序，加强对外文化交流，推动中华文化"走出去"，等等。

2018年11月16日，湖北省文化和旅游厅正式挂牌。2019年1月29日，武汉市文化和旅游局正式挂牌。2019年2月26日，襄阳市文化和旅游局正式挂牌。2019年3月11日，黄石市文化和旅游局正式挂牌。2019年3月18日，恩施市文化和旅游局正式挂牌。各地文化和旅游局的挂牌，标志着从中央到地方机构改革高效运行，文化和旅游的融合按照"宜融则融、能融尽融"的原则，从点面融合向纵深一体化发展。体制理顺后，秉承"以文促旅，以旅彰文"的原则，发展旅游有望不再"小马拉大车"，文化内核也能够更好地借助旅游平台彰显活力。不破不立，2018年文化和旅游的机构大融合，为增强文化自信和推动创新发展奠定了良好的基础。

2. 顶层设计不断完善

2018年是全面贯彻十九大精神的开局之年。继2016~2017年中央到地方密集出台新的规划、行业标准和管理体制，废止并修订了多项文件后，2018年多项体现文化旅游融合的政策相继出台，体现了政策的连续性和创新性。主要的政策法规与措施有以下几个。

《国有文艺院团社会效益评价考核试行办法》（2019）

《关于促进旅游演艺发展的指导意见》（2019）

《关于实施旅游服务质量提升计划的指导意见》（2019）

《"中国民间文化艺术之乡"命名和管理办法》（2018）

《关于在文化领域推广政府和社会资本合作模式的指导意见》（2018）

《关于促进乡村旅游可持续发展的指导意见》（2018）

《关于提升假日及高峰期旅游供给品质的指导意见》（2018）

《国家级文化生态保护区管理办法》（2018）

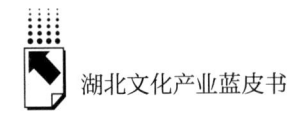

《旅游市场黑名单管理办法（试行）》（2018）

《关于印发文化体制改革中经营性文化事业单位转制为企业和进一步支持文化企业发展两个规定的通知》（2018）

《湖北省营业性演出现场监督管理办法（试行）》（2018）

《湖北省扶持文化产业示范园区及基地发展专项资金管理办法》（2018）

《湖北省公共文化服务保障条例》（2018）

《湖北省消费者权益保护条例》（2018）

《武汉市加快服务业高质量发展的若干政策》（2019）

《武汉市国际化水平提升计划（2018—2020年）》（2018）

《武汉市人民政府关于推动服务业高质量发展打造服务名城的若干意见》（2018）

《武汉市人民政府关于加快新城区特色（生态）小镇建设的意见》（2017）

《襄阳历史文化名城保护规划（2018—2035年）》（2018）

《襄阳市奖励旅游产业发展实施办法》（2018）

（二）经济环境

1. 经济结构不断优化

2019年国务院和湖北省政府工作报告显示，2018年国内外形势复杂而严峻，经济出现新的下行压力。经济运行总体上保持在合理区间，经济结构不断优化。消费拉动经济增长作用进一步增强。服务业对经济增长贡献率接近60%。税收占地方一般公共预算收入比重提高到74.5%。湖北省地区生产总值39366.55亿元，按可比价格计算，增长7.8%，高于全国、好于预期。服务业对经济增长贡献率达54.7%，成为国民经济第一大产业。其中旅游综合收入6200亿元，增长12.4%，乡村旅游和休闲农业综合收入增长17%。武汉龙头作用更加凸显，荆州、黄冈经济总量有望突破2000亿元，随州有望进入千亿城市行列，经济强县实力提升。

2. 财政投入持续增加

《湖北省文化文物产业统计资料（2017年度）》显示，2017年湖北省文化文物单位实现总收入71.76亿元，比2016年增加12.84亿元，同比增长21.79%。其中文化事业费为34.4亿元，比2016年增加5.36亿元，增长18.46%，全国排名第8位，中部六省排名第1位。武汉市文化事业经费为8.52亿元，排名第1位；宜昌市为3.18亿元，排名第2位；襄阳市为2.84亿元，排名第3位。

3. 居民收入不断提高

2017年湖北地区生产总值为35478.1亿元，全国排名第7位，中部六省排名第2位。居民人均可支配收入为23757.2元，低于全国平均可支配收入2216.6元，全国排名第12位，中部六省排名第1位。其中人均文化娱乐消费689元，比2016年度增长16.8%，低于全国平均文化娱乐消费161元，全国排名第13位，中部六省排名第2位。2018年湖北省居民收入增长高于经济增速。湖北省城镇常住居民人均可支配收入为34455元，同比增长8.0%；农村常住居民人均可支配收入为14978元，同比增长8.4%。[1]

（三）社会环境

1. 改革开放取得新突破

国务院及地方政府机构改革顺利实施。市场准入负面清单制度全面实行，简政放权、放管结合、优化服务改革力度加大。湖北省成功举办了上合组织首届旅游部长会议、中国—北欧经贸合作论坛等一系列重大活动，湖北的朋友圈持续扩大。中国国际友好城市大会、外交部湖北全球推介、中国中部国际产能合作论坛等重大活动成果丰硕，湖北省对外开放进一步扩大。2017年湖北接待入境过夜旅客368.1万人次，其中外国人为278万人次。国际旅游（外汇）收入21.04亿美元。[2]

---

[1] 《湖北2018年城镇常住居民人均可支配收入34455元》，凤凰网，http://hb.ifeng.com/a/20190123/7181715_0.shtml。

[2] 国家统计局社会科技和文化产业统计司、中宣部文化体制改革和发展办公室编《2018中国文化及相关产业统计年鉴》，中国统计出版社，2018。

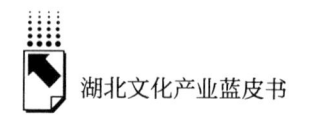

2. 人民生活持续改善，城镇化水平不断提高

《2018中国统计年鉴》数据显示，2017年湖北省城镇化率为59.3%，高于全国0.78个百分点。人口受教育程度不断提高，湖北每10万人中具有大学文化程度（指大专以上）的人数由3900人上升为10519人；具有高中文化程度的由12646人上升为20450人。[1] 第十次全国公民科学素质状况调查结果显示，湖北省具备科学素质的公民比例为8.48%，领跑中部六省，居全国第9位；中国科普研究所指出，湖北省公民科学素质水平已经进入快速增长阶段，呈现与本地区经济社会发展相匹配的特征。[2] 2017年湖北省高等学校数达到129个，高校毕业生人数达到72.8万人，创历史新高。[3]

3. 互联网、大数据、新媒体技术成熟

互联网、大数据、新媒体技术的成熟为演艺产业的融合发展、提档升级奠定了基础。数字媒体技术的更新快速推动演艺产品，特别是舞台技术、舞美效果的更新换代。同时数字技术的成熟为电子票务系统的建立奠定了基础，为构建起消费者服务系统、信息反馈系统、宣传营销系统、管理策划系统，并实现系统间的信息交换和为演艺产业链的衍生与构建演艺生态系统提供了可能。

二 发展现状及特征分析

（一）市场化程度不断提高，民营经济表现活跃

1. 规模水平有所提高，民营文化企业数量激增

近年来，湖北省演艺产业市场主体单位总量持续增加，从业人员数

---

[1] 《2013年湖北人口发展状况分析》，湖北省统计局网，http://tjj.hubei.gov.cn/tjsj/tjfx/qstjfx/201910/t20191026_24515.shtml。
[2] 《湖北公民科学素质领跑中部 位列全国第九》，湖北省人民政府网，http://www.hubei.gov.cn/zwgk/hbyw/hbywqb/201812/t20181204_1373026.shtml。
[3] 《2017湖北高校毕业生人数72.8万 再创历史新高》，网易新闻，http://help.3g.163.com/17/0309/16/CF3O6LEQ00964LJ6.html。

量稳步增长，特别是民营经济表现突出，市场活力凸显。《中国文化文物统计年鉴2018》数据显示，2017年湖北省艺术表演团体数为473个，比2016年增加165个，增速为53.6%，全国平均增速为27.9%；从业人员为11464人，比2016年增加2765人，增速为31.8%。其中民营艺术表演团体达到386个，比2016年增加164个，所占比重达到81.6%，增速为73.9%。

艺术表演场馆为65个，比2016年增加7个，增速为12%；从业人员为1321人，比2016年增加51人，增速为4%。歌舞娱乐场所为1489个，比2016年增加191个，增速为14.7%；从业人员为16941人，比2016年增加1713人，增速为11.2%。游艺娱乐场所为651个，比2016年增加94个，增速为16.9%；从业人员为2354人，增加302人，增速为14.7%。演出经纪机构为105个，比2016年增加41个，增速为64%；从业人员为2010人，比2016年增加273人，增速为15.7%（见表1）。

表1　2016~2017年湖北演艺产业各市场主体规模情况

单位：个

年份	艺术表演团体数	艺术表演场馆数	歌舞娱乐场所数	游艺娱乐场所数	演出经纪机构数
2016	308	58	1298	557	64
2017	473	65	1489	651	105

2. 盈利能力有所增强，演出市场空间巨大

《湖北省文化文物产业统计资料（2017年度）》数据显示，2017年湖北省艺术表演团体收入共计10.34亿元，比2016年度增加1.55亿元，其中演出收入为3.1亿元，比2016年度增加1469万元。民营艺术表演团体非常活跃，演出收入达到2149.6万元，所占比重约为总量的69%。艺术表演场馆演出收入为9778.6万元，比2016年度增加82%。其中民营艺术表演场馆14个，演出收入3670.3万元，所占比重为总量的37.5%。游艺娱乐场所营业收入为15.1亿元，比2016年度增加6.3%。演出经纪机构营业收入为10.6亿元。

3. 资源配置市场化程度有所提高

自2015年文化部清理整顿文艺评奖以来，国家出台了一系列新的政策性文件、管理制度、行业标准，持续推进文艺院团改革，演艺产业新的评价标准和体系正在逐步建立和完善。在坚持社会效益和经济效益相统一的原则下，政府逐渐从"办文化"转向"管文化"，演艺产业资源配置市场化程度有所提高。

在创意生产环节，湖北省继续发挥传统优势，2017年原创首演剧目89个，全国排名第4位。一批主流题材剧目京剧《在路上》及《光之谷》、歌剧《有爱才有家》、汉剧《霓裳长歌》、楚剧《悬鱼太守》、歌舞剧《沧浪水清》等登上舞台，并在全国巡演。同时一批反映湖北风土民情的原创剧目音乐剧《黄四姐》、采茶戏《龙港秋夜》等也从湖北走向全国。一批以市场为导向的原创小剧（节）目、改编剧目、引进剧目舞剧《江湖》、方言贺岁喜剧《一碗哈是我的》、木偶剧《少年孔丘》等，立足湖北特色和市场需求，纷纷走向市场。以琴台音乐厅为例，2018年琴台音乐厅继音乐厅版音乐剧《卡门》《茶花女》后，在第七届琴台音乐节期间推出了音乐厅版音乐剧《塞维利亚的理发师》，热门指数为92.1（西十区票务网数据显示）。音乐厅整合了本土的优势资源，聘请了梅昌胜，选用了武汉歌剧院青年演员和武汉爱乐乐团，以音乐节为契机，打造了本土化的音乐剧，培养了人才，获得了效益，扩大了影响，实现了双赢。

在传播分销环节，剧场已经逐渐成为湖北演艺产品走向市场的关键环节。2018年湖北剧院、琴台音乐厅、武汉剧院、中南剧场等剧场相继以第三届湖北艺术节、第七届湖北楚剧艺术节、第七届琴台音乐节、第六届中华优秀戏曲文化艺术节、儿童戏剧节、武汉地区高校大学生戏剧节为节点汇集了国内外高水准的戏剧演出，形成集聚效应，备受观众喜爱，演出场次和收入都有所增加。

剧场自营演出比例提高说明湖北演出产业的剧场管理正逐渐摆脱出租场地的低水平管理模式，通过策划演出季、打造品牌剧目展、参与剧目生产等方式优化了剧场业态结构。一方面整合了本土资源，为本土演艺资源走向市场提供了平台，另一方面吸引了国内外优质演艺资源试水湖北演艺产业，丰富文艺产品，打造服务品牌，提高演出收入。

（二）"一主两副多级"的演艺产业布局初步形成，区域协同性有所增强

1. 武汉成为湖北演艺产业的龙头

在体量上，《湖北省文化文物产业统计资料（2017年度）》显示，2017年武汉市艺术表演团体的演出收入为8077.5万元，其中国有艺术表演团体的演出收入为4215.4万元，占武汉市艺术表演团体演出收入的52.2%。襄阳和宜昌分别为326.5万元和647.9万元，黄冈市为1020.8万元。在剧场演出收入上，武汉市艺术表演场馆演出收入为7870.7万元。娱乐场所营业收入为5.4亿元。演出经纪机构营业收入为10.1亿元。《2017—2018湖北·武汉文化演出市场媒体观察报告》显示，2017年武汉现场演出规模达2.53亿元，同比增长40%，在全国各城市GDP与演出票房排名中均列第9位，票房增速位于全国第4位。同时，武汉演出票房收入持续增长，2018年上半年增速高达124%。

在布局上，武汉演艺产业链相对完备，既有位于生产链前端的创意生产资源，也形成了现代化的传播分销网络。2018年生产原创剧目舞剧《江湖》、儿童剧《恋恋花开时》等，其在获得国家艺术基金肯定的同时，也走向市场。产业链的核心环节——剧场已经能够较好地整合国内外优质演出资源，并进行消费群体的划分。保利院线琴台大剧院（琴台音乐厅）作为行业代表，仅第七届琴台音乐节期间就引进柏林音乐厅管弦乐团、美国著名指挥家劳伦斯·福斯特、中国第一位交响乐女指挥家郑小瑛、法国圣马可童声合唱团、钢琴大师希普林·卡萨利斯等众多国内外著名音乐大师及乐团，为武汉市民带来了80余场音乐饕餮盛宴。《武汉市文化文物新闻出版广电统计资料（2017年度）》显示，2017年琴台大剧院（琴台音乐厅）演出收入为4276.1万元，占武汉市剧场演出收入的54.3%，占全省剧场演出收入的

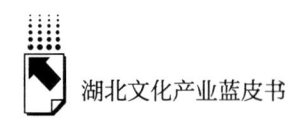

43.7%。同时，各类不同的综合演出场所、专业剧场和小剧场遍布武汉 3 镇。剧场间功能和消费群体也有所区分，既有湖北剧院、武汉剧院、琴台大剧院、汉秀剧场、武汉沌口体育中心等大型剧场，承办演唱会、舞台剧、音乐剧、音乐会等演出，也有以话剧为主的中南剧场等中型剧场，同时也有星罗棋布的小型剧场、亲子剧场和戏曲剧场，产业空间布局相对合理。

2. 资源合作共享程度有所提升

随着武汉在全国演出市场地位的提升，武汉对湖北演艺产业的辐射作用正在增强，资源合作共享程度有所提升。2018 年，五月天、张学友、刘若英等热门演唱会，儿童剧《乐迪的秘密任务》《托马斯和朋友》，话剧《羞羞的铁拳》，久石让动漫视听系列音乐会在宜昌、襄阳、孝感、荆州、潜江、黄冈等地举行。《湖北省文化文物产业统计资料（2016 年度）》《湖北省文化文物产业统计资料（2017 年度）》《武汉市文化文物新闻出版广电统计资料（2016 年度）》《武汉市文化文物新闻出版广电统计资料（2017 年度）》显示，2017 年除武汉市外，各地演出经纪机构演出收入比 2016 年增长了 2 倍，在全省占比提高了 1.3 个百分点。除武汉市外，各地公有艺术表演团体的演出收入为 5382.9 万元，比 2016 年增长 33.6%，在全省占比提高了 6 个百分点。特别是黄冈市和宜昌市公有艺术表演团体的演出收入分别达到了 1020.8 万元和 647.9 万元。其中黄冈市比 2016 年增长了 31%，宜昌市比 2016 年增长了 8 倍。

特别值得一提的是民营艺术表演团体近年来在全省区域内表现活跃。从总量上看，2017 年全省民营艺术表演团体有 386 个，比 2016 年增加了 164 个。其中除武汉市外，各地民营艺术团体达到 318 个，比 2016 年增长了 76.6%，所占比重达到了全省的 82.3%，比 2016 年提高 1 个百分点。从演出收入上看，除了武汉市外，2017 年各地民营艺术表演团体演出收入占全省各类艺术表演团体演出收入的 56.7%。

（三）融合发展理念渗透演艺产业，演艺生态系统得到发展

2009 年，文化部出台的《文化部关于加快文化产业发展的指导意见》

中对"演艺产业链"给出了较为明确的表述,其是指整合创作、院团、剧场、经纪等演艺资源而形成的,集剧本创作、演出策划、剧场经营、市场营销、演艺产品开发等多个环节的,紧密衔接、相互协作的产业链条。演艺产业生态学是将产业生态学引入文化后进行研究的一个概念,包括内部产业主题和外部产业环境,是一个资源不断得到深度开发利用、产业价值不断得到增值提升的进化过程,是"生态"系统。

2018年湖北演艺产业链已经比较完善,以剧场为核心的演艺产业创作生产、演艺院团、演出经纪中介等内部生产环节已经相对成熟,市场化程度较高。演艺产业的外部环境,包括技术环境、政治制度构成的政治环境、社会文化环境和经济环境等与内生系统——演艺产业链的相互作用和相互影响明显增强,并逐步呈现互动、互惠、共生的特征,演艺产业生态系统初现轮廓。

1. 产业融合升级换代

近年来自演艺产业与旅游、科技、体育大融合趋势后,2018年文化旅游融合在国家主导下升级换代。近期文化和旅游部出台了首个促进旅游演艺发展的文件——《关于促进旅游演艺发展的指导意见》。文化和旅游部副部长在博鳌亚洲论坛2019年年会上表示:"在文旅融合方面,文化和旅游部将推动文旅工作各领域、多方位、全链条深度融合,实现资源共享,优势互补,协同并进。"以武汉为例,演艺产业链与外界环境具有高度整体性,体育赛事、艺术展览、文博展教等活动有序开展,在丰富人民度假休闲生活的同时集聚效应明显,价值不断增值。《2017—2018湖北·武汉文化演出市场媒体观察报告》显示,2017年武汉电竞氛围浓厚,英雄联盟总决赛第一次来到武汉举办,赛事上座率为100%,共有4.8万以上用户观赛,外来用户占比50%以上;武汉举办速度赛马公开赛、马拉松公开赛、网球公开赛等国际赛事。2017年武汉展览及嘉年华品类全国排名第7位,总场次及观众人数增加明显。仅"斗鱼直播嘉年华"有近53万现场观众,2.3亿人次的线上观看,形成了一场游戏、直播、网红和商业的狂欢。

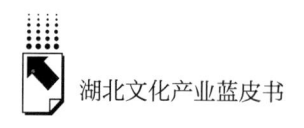

2. 大数据为演艺产业提供精准服务

成熟的大数据技术，应用在演艺产品的生产环节，使生产、流通与消费各环节内部的互动增强。《2017—2018湖北·武汉文化演出市场媒体观察报告》显示，2017年武汉观演用户学生群体占比最高，是市场主流消费者，观演群众学历高于全国平均水平。基于对消费群体的精准定位等因素，2017年武汉演唱会市场在2017年增速回暖，2018年呈爆发式增长。同时武汉剧场演出票房居全国第8位，本土方言剧目及海外剧目吸睛。IP改编剧、儿童剧受到市场欢迎。音乐剧《保镖》连续上演8场，上座率高达90%，吸引上万名观众。方言贺岁剧《一碗哈是我的》连续上演10余场，上座率达83%。深受欢迎的儿童剧《蚂蚁王国历险记》上座率高达98%，4场共吸引近6000人次观演。

3. 行业集聚效应初显，"1+1>2"

随着"演艺+"的升级换代，演艺的融合形式越发多样化，剧场的定位、类型、分工也更加细化、精准，行业叠加后，产业链进一步衍生，产业增值明显。以武汉经济技术开发区为例，在汤湖湖畔聚集了汤湖戏院、汤湖图书馆、汤湖美术馆等多个文化场馆，并与周边的马术俱乐部、体育中心、高尔夫俱乐部、度假酒店形成良性互动，惠及几十万产业工人及家庭。汤湖戏院运行仅4年就基本实现了不依靠补贴的良性循环。2018年全年演出活动267场，服务观众11万人次，运营规模达到全国小型剧场的领先水平，2017年从全国2000余家剧场中脱颖而出，获得"2016年中国小型场馆戏曲演出活力15强"荣誉。

同时，旅游业方兴未艾，湖北市场上的文化旅游消费产品不断涌现，温泉滑雪游、民风民俗游、乡村古镇游、自驾车房车游、研学修学游、健康养生游等层出不穷，成为湖北文化旅游消费的"六朵金花"。[①] 以文化旅游消费为平台，各旅游圈、风景区的演艺产业也实现了更新换代，丰富了文化旅游的内涵。例如，武当山风景区、恩施风景区相继升级了景区内的艺术

[①] 莫晓华主编《湖北省文化产业发展报告（2017）》，社会科学文献出版社，2017。

表演,打造了《道典武当》《龙船调》等实景演出,以实现文化旅游产业链的增值。

三 存在问题分析

(一)国有文艺院团亟待进一步深化改革

国有文艺院团改革已经进入深水区。正确处理社会效益与经济效益两者关系,把握定位、开拓市场对于国有文艺院团来说仍然任务艰巨。2017年湖北省对国有文艺院团的财政拨款(政府补贴收入)为6.28亿元,对民营艺术院团的财政拨款为66.1万元。从演出收入上看,国有文艺院团演出收入为9598.3万元,民营文艺院团演出收入为2.15亿元(见表2)。其中事业单位文艺院团的资金自给率为19.2%,比2016年下降了2.3个百分点,在全国的排名为第15位,下降了2个位次。

表2 2017年湖北各类文艺院团情况对比

类型	数量(个)	从业人员(人)	财政拨款(政府补贴收入)(万元)	演出收入(万元)	演出场次(万场)
国有文艺院团(事业)	71	3707	38124.1	4206.9	1.70
国有文艺院团(企业)	16	1775	24673.6	5391.4	0.62
民营文艺院团	386	5982	66.1	21496.4	4.14

(二)区域发展不平衡,武汉地区的辐射作用有待进一步加强

近年来,湖北省演艺产业有了较大发展,武汉地区对周边的辐射作用也有所增强,但整体上区域发展不平衡现象还没有得到明显改善。随着武汉在全国演艺产业地位的上升,其优质的演出资源也在向周边城市辐射,但是与区域协调发展仍然有一定的距离。就省内而言,武汉市和周边区域的演艺产

业互动、资源共享、互惠互利仍有很大的提升空间。武汉市在剧场收入和演出经纪收入上占有绝对优势，仅琴台大剧院（音乐厅）一年的演出收入就达4276.1万元，几乎占据了湖北省剧场收入的半壁江山。宜昌、襄阳作为两个副中心城市，演艺产业没有很好地融入省域演艺产业链中。统计资料显示，2017年湖北省87个国有文艺院团中演出收入低于100万元的有56个，占总量的64.4%；65个演出场馆中，演出收入低于100万元的有47个，占总量的72.3%。

与中部六省相比，近年来湖北省的演艺产业有了较大的发展，但与全国其他地区特别是发达地区对比，湖北省在艺术表演团体、演出经纪机构、娱乐场所等领域还有很大的进步空间。《中国文化文物统计年鉴2018》数据显示，2017年湖北省艺术表演团体有473个，全国排名第10位，中部六省排名第5位；演出收入3.1亿元，全国排名第16位，中部六省排名第5位；事业单位文艺院团资金自给率为19.2%，全国排名第15位，中部六省排名第4位；娱乐场所有2150个，全国排名第14位，中部六省排名第5位；演出经纪机构有105个，全国排名第9位，中部六省排名第1位；演出经纪机构营业收入10.6亿元，全国排名第11位，中部六省排名第2位。

（三）演艺生态环境还有待进一步改善

湖北省演艺产业已经具备了基本的产业链，但是就内生系统而言，演艺产业链上下游缺乏互动，信息反馈机制不够灵敏，演艺资源整合度不高，行业组织发展还不充分，特别是剧场的核心作用还有待进一步发挥。在演艺融合的路径上，演艺与旅游、科技、体育、教育的融合形式还比较单一，特别是实景演出同质化程度还比较高，追求大而全，缺乏灵活多样的表现形式和消费体验，同时也缺乏对知识产权的保护，难以保障市场主体的经济利益。从外部环境看，湖北演艺产业的经济环境、社会文化环境、技术环境和政治环境对演艺产业的影响都还有改善的空间。特别是文化消费的水平还没有跟上经济发展的水平。

四 对策与建议

（一）深化国有文艺院团改革，积极扶持民营文化企业

1. 以考核办法为导向，加强国有文艺院团标准化管理

2019年1月，中央宣传部、文化和旅游部、财政部、人社部印发《国有文艺院团社会效益评价考核办法》。办法确立了国有文艺院团的考核为综合性考核，需统筹社会效益与经济效益，并把社会效益放在首位，并确立了以创作、演出、普及为主体的评价指标体系。随着事业单位改革的深入，2018年12月25日，《国务院办公厅关于印发文化体制改革中经营性文化事业单位转制为企业和进一步支持文化企业发展两个规定的通知》发布。通知对文化企业涉及的公司股份制改革、文化资产管理、收入分配、社会保障等多个方面提出了具体的要求。在这两个文件的指导下，湖北省应该尽快分类别制定考核细则，建立评价标准，加强对国有文艺院团的标准化管理，推进其在坚持社会效益和经济效益相统一的原则下，完善现代企业制度建设，开拓市场，加快发展。

2. 引入竞争机制，积极扶持民营文化企业

近年来，民营文化企业表现活跃，特别是民营文艺院团无论是在演出场次还是在演出收入上都有大幅度的提升，占据了湖北省文艺院团数量和收入的很大比例，对于湖北演艺产业发展贡献了积极的力量。但是与全国同类地区相比，湖北省的民营文化企业还有很大的提升空间。除了落实政府对中小企业，特别是小微企业的优惠政策外，政府应该加强对民营文化企业的扶持，将民营文化企业引入政府基金、政府补贴、政府采购的范畴，鼓励其与国有文艺院团、演出院线的竞争与合作，统筹管理，增强演艺产业市场主体的多样性和活跃度。

（二）以剧场为核心，完善演艺产业链的构建

1. 加强剧场标准化建设

剧场是连接演艺产业链的关键环节，对于打通演艺产业链上下游，实现

演艺产品价值至关重要。湖北省演艺剧场普遍存在事业印记明显、管理传统、业务单一、资源分散、重建设轻管理等问题。为此，对湖北演艺产业而言，首先应该加强剧场的标准化建设。标准化建设是现代企业普遍采用的管理模式，已在各成熟商业领域广泛运用。近年来，国家也相继出台、修订了一批剧场标准化规定，但缺乏系统性，技术性标准多，管理服务类标准少。以保利院线为首的直营剧场已探索出一套相对成熟的专业化剧场管理模式，并在武汉琴台大剧院（音乐厅）成功实践。近年来，其保持了良好的发展态势，形成了"精品剧目+院线巡演"的经营模式，有效地沟通了演艺产业上下游环节，带动了演艺院线的资源整合和协同发展。为此，湖北省应积极学习保利院线在剧场管理的先进经验，剧场管理的标准化建设，建立科学高效的管理机制，合理利用剧场资源，积极引进专业的管理人员，使湖北省的剧场单位能够在演艺产业链中发挥更加积极的作用。

2. 整合资源，构建省域演艺院线

演艺院线是剧场管理的升级。院线制是联合各剧场、院团、行业组织，形成互惠、互利、共生的演艺生态系统的基础。为实现资源的优化配置，节约演出成本，国内演艺院线多以联盟或公司化管理来实现集聚效应。湖北省剧场主要是以联盟形式加入全国或区域性演艺院线联盟，数量不多，联系比较松散。同时，在省域内没有形成强有力的院线联盟，导致武汉作为演艺剧场聚集区对省内和周边的演艺产业辐射作用有限。近年来，安徽、江苏、山东等省都形成了省域演出院线，整合了所在地的剧场、剧团、表演团体、行业组织等单位，联盟运作，优势互补，资源共享，通过规模化生产，降低成本，提高效益。[1] 为此，湖北省应该根据实际情况，摸清家底，通过公司或者联盟形式建立省域内演艺院线，积极加入区域或全国性演出院线合作，完善行业信息交流平台、票务流通平台、项目合作平台，信息互通、资源共享，有效规避市场风险，降低演出项目成本，实现企业利润最大化。

---

[1] 林凡军：《演艺产业生态学刍论》，山东人民出版社，2017。

（三）互动、互惠、共生，加强演艺产业生态系统建设

1. 精准服务，提高演艺产品质量

大数据技术已经相对成熟，为消费精准服务、信息精准反馈、产品精准定制、成本精准控制提供了可能。剧场的标准化和演出院线是建立精准服务的基础。在此基础上，建立湖北省快捷高效的票务系统，包括票务营销系统、电子商务系统、客户关系管理系统和决策支持系统，一方面可以为消费者提供快捷便利的购票渠道、营销宣传、商业服务，另一方面可以形成信息反馈系统，为摸清消费者习惯、提高演艺产品质量、衍生演艺产业链、细化市场定位、防止恶性竞争、培育消费群体等奠定基础。

2. 鼓励消费，为演艺产业营造良好的社会文化环境

从湖北省 GDP 和人均文化消费来看，湖北省在文化消费上仍然具有一定的潜力，特别是人均可支配收入和文化消费支出，在中部六省位居前列。近年来，武汉市作为全国文化消费试点，成绩突出。湖北省可以积极推广文化消费试点的经验，改变政府拨款的结构，通过鼓励消费，调动文艺院团和剧场的积极性，提高服务质量，拉动演艺产业经济发展。同时，奉行不送票、"劫富济贫"原则，保持最低门票价格的稳定，吸引不同阶层的人士，形成人人消费文化产品的良好社会文化环境。

3. 统筹规划，为演艺产业价值融合奠定良好政策环境

湖北省演艺产业和旅游、体育等行业已出现良好融合的态势。2019 年，文化和旅游部出台了《关于促进旅游演艺发展的指导意见》，对提升旅游演艺创作生产水平、推进业态模式创新、壮大演艺经营主体等多个方面的主要任务进行了规定。文件明确提出了要鼓励发展中小型、主题性、特色类、定制类旅游演艺项目，形成多层次、多元化供给体系。支持条件成熟的旅游演艺项目向艺术教育、文创设计、展览展示、餐饮住宿、休闲娱乐等综合配套业态转型，因地制宜建设一批旅游演艺小镇、旅游演艺集聚区等。随着大众旅游时代到来，演艺产业深度融合的时机已经成熟。建议湖北省应积极根据指导意见制定实施细则，让政策落地的同时，推动演艺产业与旅游、体育、

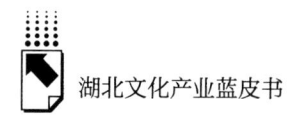

教育、科技、农业、商贸、金融等行业的深度融合,为演艺产业生态环境的构建奠定良好的政策环境。一是要整体规划,统筹资源,构建演艺产业全链条。政府一方面要收缩权力,简政放权,改进管理;另一方面要加强顶层设计,打破条块分割和体制壁垒,构建统一开放的文化市场体系。二是要以文化为内核,促进演艺产业与其他行业的价值融合。利益融合是基础,价值融合是核心和归宿。要加强对演艺专业的认同感、对演艺相关政策的认同感和对社会主义核心价值观的认同感。在此基础上,建立共同发展理念,延伸演艺产业链,实现价值增值。三是既要树立文化品牌,又要鼓励中小文化企业发展。要根据湖北省各地的旅游特色,遵循"不求第一,但求唯一"的发展思路,避免同质化,积极研究消费者需求和地方旅游特点,寻求符合人民需求和消费习惯的演艺产品。

B.9 湖北动漫产业发展报告（2018）[*]

牛旻[**]

摘　要： 2017~2018年，随着市场趋于理性、游戏版号严控和税费改革的推进，动漫制作成本被持续催高，利润降低，国内动漫游戏产业遭遇了短暂的"寒冬"。资本热钱的加速退潮，迫使动漫市场转变以往单一的变现模式，动漫企业纷纷探索精细化运营模式，逐渐由短线盈利过渡到深耕IP，注重打造动漫品牌，营造动漫文化，转向以优质内容生产为主导的新模式。在转型过程中，湖北动漫产业开始与传统文化、地方文化形象深度结合，以优质的原创内容承载起传承文化、塑造城市文化品牌形象的重要功能。

关键词： 内容生产　热钱退潮　动漫产业

2017~2018年，在市场趋于理性、短线资本加速退场的"寒冬"中，动漫市场得到了新一轮洗练与升级，湖北动漫产业进入转型发展的新时期。

---

[*] 本报告是教育部人文社科项目"基于新媒体动漫的'文化中国'国家形象建构与传播策略研究"（18YJCZH136）成果；湖北省教育厅人文社科研究项目"湖北动漫产业'不平衡'业态及对策研究"（17Q070）成果；湖北大学当代文艺创作研究中心开放基金"湖北动漫文化产业现状及发展策略研究"（17DDWY17）成果。

[**] 牛旻，湖北大学文艺学博士，湖北工业大学艺术设计学院讲师，主要从事文化产业研究，主持教育部、教育厅人文社科项目5项，参与国家艺术基金、国家社科基金及省级以上重点项目20余项。

一方面，IP不再停留在口号阶段，知识产权运营开始进入实质性阶段，动漫企业开始深耕原创优质内容，培养付费消费习惯，新的盈利模式渐趋清晰。随着国家对动漫产业的扶持与补贴政策进一步趋于精准化，资本的准入门槛提高，有效缓解了民营资本扎堆同质化生产、低水平竞争的状况，经过市场大浪淘沙的动漫企业开始相继进入以优质内容生产为主导的新阶段，从上一阶段的野蛮生长过渡到现阶段的精细化运营；从扎堆同质化生产转变为打造差异化产业平台，加强协作互补。

另一方面，湖北的科教优势、新兴产业集聚优势、文化产业政策开始彰显合力，产业链条进一步打通，特色与亮点逐步显现。光谷的人才优势显现，聚集了全省70%的动漫游戏企业，正逐渐成为衔接湖北动漫与国际动漫产业的高新技术港口，以华裔动画师张少甫为代表的高水平团队入驻、太崆动漫出品的《冲破天际》入围2019年奥斯卡最佳动画短片提名名单；两点十分等动漫公司纷纷布局海外，稳步推进一系列中外动漫高端人才培养计划；动漫游一体化的"大动漫"文化氛围日趋浓厚；斗鱼、哔哩哔哩动画等泛娱乐平台在湖北完成了新一轮产业布局；博润通、两点十分等公司有效实行差异化发展；武汉军运会制作动画宣传片；"梦幻江城"长江主轴推出灯光动画秀……湖北动漫正深度介入湖北省和中国文化形象建设，以充满朝气的视觉文化特质，在国家与地方文化形象建设中发挥更重要的作用。

一 湖北动漫产业发展环境

（一）政策环境

2017~2018年，湖北省扶持动漫产业发展的思路更加清晰具体。2017年9月颁布的《湖北省扶持动漫产业发展专项资金管理办法》（省财政厅、省文化厅），结合了《"十三五"国家战略性新兴产业发展规划》和《文化部"十三五"时期文化产业发展规划》，明确了"推动全省动漫产业供给侧结构性改革，促进企业、产品、服务'走出去'"的战略目标，以专项资金为导向，将社会效益放在发展首位，对四个领域（原创精品、品牌战略、融合与创新、贸易与投融资）进行重点扶持。

根据文件，湖北将对原创精品动漫（包括畅销原创漫画出版物、在央视及各大卡通卫视黄金时段播出的原创动画、新媒体动漫、非棋牌类原创网游等）进行重点扶持；对品牌企业与作品（包括积极参展的动漫企业、在国内外知名电影节主竞赛单元评选中获奖的作品、获得国家相关行政主管部门表彰奖励的作品或企业等）进行品牌战略扶持；支持融合与创新，对参与动漫游戏类行业标准制定的企业、基于新技术开发的动漫项目等大力扶持；对在海外设立分支机构、收购或控股海外动漫企业，在新三板、创业板或主板上市的动漫企业进行大力扶持。

该管理办法重点提到了"一带一路"相关的动漫企业、项目和作品，对原创内容的奖励与扶持力度空前，体现了对当下动漫市场发展趋势的精准把握，将对下一阶段湖北动漫产业及动漫文化的发展壮大起到良好推动作用。

2017年10月，湖北省文化厅颁布了《关于建立湖北动漫产业重点项目库的通知》，文件有针对性地明确了一系列重点扶持内容，包括"优秀原创动漫作品创作生产项目；动漫、游戏授权及合作经营项目，动漫、游戏品牌推介展示项目，动漫、游戏企业对外贸易及海外拓展项目，动漫、游戏新产品、新技术、新标准研发项目，产业集聚平台和创新服务生态搭建项目，IP的A（Animation）、C（Comic）、G（Game）转化项目"等，与《湖北省扶持动漫产业发展专项资金管理办法》形成了良好衔接，进一步明确、细化了政策。2017~2018年出台的与动漫产业相关的政策文件如表1所示。

表1　2017~2018年动漫产业相关政策文件

时间	文件
2018年4月	《关于延续动漫产业增值税政策的通知》
2017年2月	《湖北省十三五时期文化事业发展规划》
2017年9月	《湖北省扶持动漫产业发展专项资金管理办法》
2017年10月	《关于建立湖北动漫产业重点项目库的通知》
2017年10月	《2017—2018年度湖北省扶持动漫产业发展专项资金申报指南》
2017年2月	《武汉市人民政府关于加快文化产业创新发展若干政策的通知》

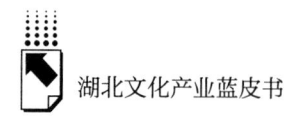

（二）经济环境

2018年，湖北生产总值达到39366.55亿元（据湖北省统计局统计），按可比价格计算，比2017年增长7.8%，高于全国平均水平1.2个百分点，且高于预期目标0.3个百分点。其中，现代服务业增速居全国第1位，增速达到24.9%，高于全国平均水平9.1个百分点；高新技术产业市场主体快速增长，规模以上高新产业市场主体达到5206家，新增高新技术产业市场主体对高新技术产业增长的贡献率为28.5%。

在我国整体经济增速逐年放缓、产业结构日趋复杂交错的大环境下，湖北的服务业及高新产业实现较快增长，与文化产业的转型发展相得益彰。我们可以清楚看到，湖北生产总值对服务业和新技术的依赖度逐渐提高，转化逐渐生效，从文化到产品的产业链条进一步打通，运行更加畅顺。

动漫产业是劳动密集型产业，成本主要来自工资薪酬。2018年4月，《关于延续动漫产业增值税政策的通知》的出台，以及随后的"社保费改税"，对动漫企业的运营模式产生了重大影响。

一方面，属于一般纳税人的动漫企业的增值税税率定为16%，属于小规模纳税人的动漫企业增值税税率则为3%，对小微型动漫企业和动漫工作室具有积极引导作用，有利于更多动漫从业者进入市场；另一方面，对动漫企业的界定更为精细，进一步杜绝了非动漫企业以短期逐利为目的的恶性涌入与竞争，对动漫市场起到了良好的保护与引导作用。而动漫企业税费的提升，则有效遏制了上一阶段盛行的动漫企业愈演愈烈的恶性"挖墙脚"行为，使企业意识到短时间恶性竞争以期高回报的"烧钱大战"模式，已经不再适合需要长线投资、深耕原创内容生产的动漫产业。

（三）技术环境

截至2018年底，仅武汉东湖高新区（国家级文化和科技融合示范基地）就入驻了文化与科技融合企业1200余家，湖北70%以上的动漫游戏企业聚集在光谷，形成了强大的集聚效应，有效整合了软件、硬件及泛娱乐产品与服务，呈现欣欣向荣的"大动漫"业态。这不仅为湖北动漫产业的平台与高地优势奠定了坚实基础，也逐渐成为湖北经济发展的全新驱动力。

新技术造就新平台，新平台产生新文化。以武汉斗鱼为例，这家全国泛娱乐直播的龙头企业近年来扎根武汉，辐射全国，通过直播理念的不断创新，不断完善管理水平，净化二次元直播环境，正日渐形成全国青少年人群的文化高地，"斗鱼嘉年华""斗鱼年度盛典"等文化品牌的打造，为武汉塑造了年轻、充满活力的文化形象，也有效向全国各地传播了湖北文化。

（四）社会环境

"大动漫"文化氛围渐趋浓厚，动漫产业与城市建设深度结合，开启了动漫产业的新篇章。

在城市文化形象建设与创新方面，随着武汉成功获批"世界设计之都"、2019年世界军人运动会主办权等一系列重要资质，城市文化形象的塑造与传播成为当下城市建设的核心任务。作为高度抽象的视觉符号艺术，动漫能有效跨越文化障碍，广泛获得不同国家、不同文化人群的文化认同，因而成为美、日、韩等国国家形象塑造与传播的重要载体，如日本即采用了国内外民众耳熟能详的机器猫"哆啦A梦"这一动画角色担任东京奥运会申奥大使。

在文化的传承与国家（地方）文化形象创新性重构的过程中，湖北动漫迅速走到时代潮头，两点十分公司承担了军运会吉祥物及动画宣传片制作任务，成功展示了湖北武汉的时代精神、城市面貌和文化特质；博润通公司获得武汉长江主轴"梦幻江城"动画灯光秀征集一等奖，以水文化和楚文化两个关键词将武汉的今昔与长江文明串联融合，有效诠释了时代精神。

在传统文化传承与发扬方面，动漫成为省内各城市非遗保护、民艺创新的重要载体。2018年，博润通作品《巷食传说》入选"中国经典民间故事动漫创作工程"，咸宁举办温泉国际动漫展，安陆市第五次获评"中国民间

文化（水墨漫画）艺术之乡"，阳新以动漫形式推广传统布艺……传统文化与艺术形式，通过通俗活泼的动漫艺术，在全新的媒介平台上焕发新的生机。

二 湖北动漫产业发展概况

（一）优质内容生产成为产业发展的主导思路

2018年，由于游戏版号严控、企业税费改革等一系列新政出台，动画制作人力成本急速上升，企业裁员成为常态；"影游联动"模式遭到冲击，资本热钱由狂热涌入动漫市场转为观望、退却。

2018年出现的动漫市场"寒冬"，本质上是我国动漫产业在急剧膨胀后的一次及时"退烧"。上一阶段，民营资本在宽松的国家文化政策扶持下得到了较多红利，但重融资、重宣发、重圈地，无暇顾及动画产品的内容生产，IP往往沦为空洞的口号，在"国漫崛起"的高呼声中形成了急功近利的市场氛围。2017年和2018年，我国动画电影票房连续两年大幅下跌，分别为49.9亿元和40.14亿元，较之2016年的70.04亿元相去甚远。

政策导向的转变，无疑加速了这种虚火的消退。短周期、高回报是民营资本的变现逻辑，但作为文化产品的动漫，需要的是优质内容的精心培育、沉淀与增值，这也是美、日等国动漫产业的运营以"老钱"为主的根本原因：文化产业经受不住资本的一拥而上，需要的是专业的制作团体按照文化产品的生产规律来合理运营。

因此，上一阶段动漫市场的热闹表象之下，掩盖不住的是变现模式的单一与脆弱，不熟悉动漫产品与文化的投资方，在搭建动、漫、游等产业联动的全产业链时，必然缺乏衔接的经验与举措。

在市场现状与政策导向的双重作用下，湖北动漫市场正在进行新一轮转型。以博润通、两点十分、太崆动漫、斗鱼等为代表的动漫游戏企业逐渐成长为龙头企业，它们在经过了上一阶段的资本热钱圈地运动洗礼之后，得益于对优秀原创内容的坚持不变，以及对变现模式的多种探索，不但没有在转型中迷失，反而逆势前进，发展壮大。

显而易见，在下一阶段，随着受众群体对优质内容的需求增加，文化付费观念的养成，新媒体和新技术的进一步普及，以及地方文化传承创新与城市形象建设的需求，动漫将在湖北的经济文化建设中发挥越来越重要的作用，承担越来越多的社会功能，与社会精神文明建设日益紧密结合。

（二）"大动漫"渐成规模，深度介入城市文化建设

在建构国家（地方）文化形象、塑造城市性格、图解时代精神、诠释价值取向方面，动漫角色和动漫文化的作用至关重要。例如，日本熊本县的动漫吉祥物"熊本熊"不仅在全球创造了巨大产值，也将旅游资源稀缺、缺乏城市文化特征的小城熊本成功推向世界。

随着中国日益重视国家文化形象的建构，蓬勃发展的动漫产业也开始承担城市品牌建设任务。武汉作为首个承担军运会全部比赛项目的城市，以2019年世界军人运动会的举办为契机（中国首次获得承办权），适时推出了军运会吉祥物"兵兵"及一系列相关动画宣传片，以长江流域中的一级重点野生保护动物中华鲟为形象，准确把握了地方文化特质，既图解了长江的文化内涵，也塑造了中国和平发展的国家形象。相比于以往运动会吉祥物的设计与推广，本次世界军运会的吉祥物将以IP衍生开发的方式持续进行，中华鲟"兵兵"将以丰富多彩的中国文化符号形象融入城市文化建设，推广传统文化和弘扬时代精神。

斗鱼自从"回游"湖北之后，扎根武汉，在地方政府支持下，迅速度过了泛娱乐直播平台的野蛮生长期，很快建构起全覆盖、多栏目的网络直播平台高地，以"二次元"文化为导向，其直播内容不仅包含了动漫、游戏、音乐、户外、美食、科教、军事等多门类，还开发了"政达光明"等融政宣、科普和娱乐为一体的新型栏目，得到青少年受众好评。与此同时，随着

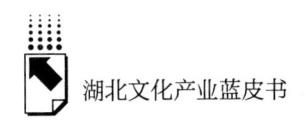

国际武汉斗鱼直播节等一系列在全国具有广泛影响力的大型文娱活动的举办，湖北武汉在全国青少年人群中的影响力日益提高，从而与其日益提速的城建水平相得益彰。尤其是在2018年五一黄金周期间，在武汉汉口江滩举办的首届国际武汉斗鱼直播节，已经彰显了武汉市意欲打造知名文旅名片的雄心。

（三）新技术高地优势彰显，平台进入细分阶段

以光谷为大本营的动漫游戏企业平台建设，在湖北动漫产业一轮又一轮的转型升级中起到了日益显著的作用。

光谷聚集了70%以上的湖北动漫游戏企业，总数超过200家，年产值超过100亿元。光谷涵盖了动漫、直播/电竞、新媒体、出版等六大产业，在强大的新技术驱动之下，凭借新媒体、VR/AR等利器，不断聚合产生新业态，从而形成了强大的聚集效应与平台优势。

"技术+文化"的双重高地，吸引了大批龙头企业入驻。2018年，国内最大的青少年网络文化社区平台哔哩哔哩确立了"上海+武汉"的双核战略，在武汉光谷金融港设立了第二总部。作为国内规模最大的网络文化社区网站之一，哔哩哔哩在多家排名中都位列"90后"群体喜爱的App之首，其依靠实时互动评论功能（弹幕），深刻影响了当今国内青少年的文化生活。哔哩哔哩及一批重要文创企业入驻光谷，与斗鱼、盛天网络等优秀本土企业形成了良好的优势互补。

在资本趋于理性、内容生产重获主导地位的转型过程中，湖北动漫企业也悄然摆脱同质化竞争，走上平台细分的道路。一方面，以内容生产为主的产能企业开始明确目标，深耕原创；另一方面，以知识产权运营为主的运营公司也迅速萌芽、成长。

注册于2016年的小明太极（湖北）国漫文化有限公司，已实现了对看漫画、知音漫客、爱飒漫画等八大互联网漫画平台的控股，截至2018年8月，全平台注册用户达到1.2亿，全版权独家作品达到1000多部。该企业的定位清晰，即致力于国产漫画全产业链IP孵化的运营平台。得益于清晰

准确的发展思路，小明太极（湖北）国漫文化有限公司在我国移动互联网付费阅读时代的孕育期占据先机，迅速壮大。

（四）深耕传统文化，阐释时代精神

在全国各地动漫产业各自寻求差异化发展的背景下，湖北动漫逐渐走出了一条适合自身特色的路。以博润通公司的"木奇灵"系列动漫为例，经过5年培育，木奇灵已成为融动画、玩具、游戏、音乐、有声读物、文具、主题乐园等多个领域为一体的综合IP，作为国内首个以植物为主题的原创动漫品牌，木奇灵已有3部电视动画先后登陆央视少儿频道黄金时段，其呈现的"和合文化"既呼应了我国的主流价值观，也因独特的表现形式获得受众认可。

2018年12月，"2018国风文化动漫高峰论坛暨《木奇灵3奇灵之心》发布会"在北京召开，上百位专家学者和五十家主流媒体到场，以木奇灵为切入点，以"传承、创新、融合、发展"为主题，就如何继承中华传统优秀文化、塑造中国动漫独特风格展开了深度探讨。针对我国动漫市场体量庞大但缺乏自身风格、偏向日韩风格的现状，专家学者们认为，以木奇灵为代表的一批优秀国漫在探索自身风格方面做出了有益尝试，如提倡万物和谐共生的传统中国美学理念，不断对美术设计进行优化升级，通过多维度的衍生文创产品开发，将国风文化延伸、拓展。

一批动漫品牌的壮大，印证了湖北动漫产业在传统文化传承与创新方面已逐渐进入深耕阶段。2018年6月，小明太极（湖北）国漫文化有限公司正式启动鄂州葛店文化小镇建设项目，将以5年为周期，建设起总建筑面积41.6万平方米的动漫文化综合体，涵盖动漫产业园、动漫影视基地、动漫体验区、动漫商业街、展览馆等多个功能区，预计带动10万人就业。

（五）加快"走出去"，在国际市场站稳脚跟

深耕原创优质内容，成为湖北动漫提质升级、走向全国乃至全世界的重要驱动力。两点十分出品的《我是江小白2》斩获第三届金数娱奖2018年度卓越人气作品；在中国西安第七届国际原创动漫大赛上，太崆动漫出品的《冲破天际》获得最佳动画短片奖；武汉艺画开天的《灵笼：INCARNATION》获最佳动画短片提名奖；两点十分的《巨兵长城传》获新丝路创业奖提名奖。一系列国内外奖项的获取，为湖北动漫赢得了良好声誉，也有效传播了湖北文化与城市形象，更打通了文化出口的新路径。

湖北动漫的"走出去"战略正向多维度延伸。除了凭借精品冲击各类奖项之外，在人才培养、平台构建、产品输出等方面均持续推进。玛雅动漫、普润传媒、两点十分等公司的一系列作品出口海外，类型涵盖了故事片、幼教教材等；两点十分公司与菲律宾莱西姆大学在动漫本科与研究生教育上进行合作，项目稳步推进。一系列动漫的输出、合作，对湖北动漫的转型升级起到了促进作用。

（六）武汉进一步巩固产业核心地位，新技术成为创新驱动力

截至2018年，武汉共获批国家动画产业基地1个，国家文化产业示范基地4个，国家重点动漫企业2个，国家动漫企业23个，光谷地区聚集了全省70%以上的动漫游戏企业，已经形成了以原创漫画为导向，以新媒体、新技术为载体，涵盖了漫画、动画、影视、游戏、直播、教育、虚拟仿真、城市规划等多个领域的综合性"大动漫"全产业链，产业规模位居全国前10，新技术优势逐渐凸显。

随着小明太极、博润通、两点十分、太崆动漫等本土龙头企业站稳脚跟，以及哔哩哔哩等国内重要文创企业的入驻与布局，武汉逐渐走到了国内青少年文化社区网络建设的前列，开始对我国青少年文化、动漫文化产生一定的引导作用。

（七）人才政策初见成效

2017年以来，随着湖北启动多项人才新政，省内动漫人才外流现象得到有效缓解。以武汉市为例，自启动"百万大学生留汉创业就业工程"以来，留汉大学生数量实现了倍增，大学生创业特区、大学生购房优惠、零门槛落

户等政策的实施,有效改善了武汉的创业环境,吸引了大批动漫人才。

作为全国三大智力密集区之一,武汉不仅拥有新技术优势,还凭借全球第一的大学在校生数量,在动漫产业方面拥有明显的市场规模优势,消费群体极为庞大。在利好政策的引导下,不仅本地人才能安心创业,一批外省、外国人才也选择了来武汉发展,如归国发展的太崆动漫总裁张少甫(曾任职于迪士尼)及其团队,在回武汉发展不久后,即创作出入围奥斯卡最佳动画短片的《冲破天际》。

为了解决曾长期困扰湖北动漫发展的人才难题,省政府和地方政府相继出台了一系列细化政策。2017年12月,湖北省政府印发了《关于深化职称制度改革的实施意见》,表示经过3~5年建设期,形成"设置合理、标准科学、机制完善、管理规范、服务优化的职称制度",首次提出根据湖北省实际发展需求,将动漫、智能制造等行业纳入专业技术职称评审范畴,建立职称申报动态调整机制,使人才制度不再落后于经济文化发展变化,并对其产生良好引导作用。

三 湖北动漫产业的优势与制约因素

(一)有利条件

1. 世界级城市文化品牌建设成为创新驱动力

随着建设"世界设计之都"、承办世界军人运动会、建设长江新城等一系列重大文化工程的启动,在世界级、国家级城市文化品牌建设目标的引领下,湖北动漫产业获得了强大的创新驱动力。在跨文化传播中,动漫作为抽象的虚构艺术,能有效跨越文化的异质性,以抽象、变形的图画符号,消除文化陌生感与抗拒感,跨越审美壁垒。

与传统产业不同,文化产业以文化为核心,能有效整合多个产业门类,实现产业转型升级。以世界军运会的承办为例,除了原创的动漫吉祥物和一系列动画宣传片、公益动画广告的制作与推广之外,组委会还形成了完整的文化推广规划，将一系列中国传统文化要素和精神文明建设内容融入其中，既使军运会成为当下城市文化建设的亮点与主题，也使其成为文化建设的长期载体，发挥动漫直观形象、活泼通俗的文化优势，将社会风貌、历史文化、价值取向、国民性格等国家形象要素都提炼为审美符号，编码成影像故事，经过长期的播映与推广，逐渐建构民众审美与精神生活的独特记忆，最终凝构为国家与地方文化形象。

在以文化建设为引领的城市品牌建设过程中，动漫将与其他领域有效整合，并且互相促进，如与城市规划、交通管理、工程设计、科普文教等多个领域深度结合，在"塑造国家和地方文化形象、阐释长江文明、打造世界级城市中轴文明景观带"等更高层次上，为地方经济文化建设打造新的增长点。

2. 新技术高地集聚效应凸显

新技术、新媒体已成为湖北动漫产业的重要特质。一方面，光谷作为国家级新技术聚集区，汇聚了70%以上的省内动漫游戏企业，并开始发挥强大的产业吸力，先后吸引了斗鱼、太崆动漫等与湖北渊源颇深的企业主体回归，并吸引了哔哩哔哩等重要的互联网文创企业在鄂设立第二总部，显示了强大的产业集聚效应；另一方面，随着虚拟现实等一系列新技术的快速更新，光谷正成为文化产业新的网络港口，也成为产业创新的源头。

在互联网加速改变世界文化形态和文化产业业态的当下，湖北如何凭借新技术与新媒体优势实现弯道超车，牢牢掌握文化发展与文化产业转型的主动权，如何以动漫等文化形态的建设为媒介使文化与技术的发展相得益彰，无疑是关键所在。

3. 传统文化资源丰富，转换路径逐渐畅通

随着动漫游戏产业及文化的迅速普及，动漫已成为各地文化传承与建设的新载体。十堰等一批城市凭借动漫这一快车道，有效加快了城市文化品牌建设的步伐。

"动漫+文化"的文化资源发掘与推广策略，主要存在两种模式。

第一种是与现有动漫IP联合定制。例如，湖北省交管部门常使用的迪

士尼动画形象交通宣传画、变形金刚形象吉祥物等,都是将政务宣传与民众耳熟能详的动漫形象结合,准确抓住了动漫形象的价值内涵;一批车企、电子产品企业、食品企业则倾向于与"二次元歌姬"初音未来、洛天依等动漫角色结合,将宣发重点目标锁定在年轻人群。相比之下,传统文化资源的转化难以与现有动漫IP准确同构,因为传统文化的内涵与要素往往与已有的动漫IP存在一定跨度与隔阂,容易引发受众群体的抵触与非议,所以在营销过程中存在明显风险。

第二种是原创动漫IP营销。例如,《木奇灵》《九头神鸟》《饼干警长》等原创动画,通过对传统文化要素和价值内涵的"量体裁衣",创制出一批既蕴含了传统文化,又符合当下大众审美取向的动漫形象,且有意与公益事业、城市规划、文化旅游等领域结合,构筑起可持续发展的产业链。

(二)制约因素

1. 资本趋于理性,热钱退场,小微企业受到冲击

湖北的动漫企业以小微企业为主,人数多为20人以下,除了知音、博润通、两点十分等几家之外,大型的强势企业较少,原本集约化水平就较低,承接大型制作项目的能力不足,人员流动性太大,企业生命力弱,因此在2018年的产业"寒冬"中受到较为明显冲击,招工难、成本高、投资减少成为常态。

在资本热钱由竞相涌入转为观望、退场的过程中,湖北动漫市场在阵痛中逐渐形成了理性与秩序,平台逐渐细分,产能与运营平台各司其职,分工逐渐清晰明确,新的标杆企业(如小明太极、太崆动漫等)开始涌现。新业态的形成,更需要一定数量的小微企业与大型企业形成良性互补与有序分工,以消化和承接各种类型的创作项目,既要承接全片任务,也要有足够多的小微企业来承接分包和配套任务,因此具备一定创作特色与技术优势的小微企业,将是湖北动漫产业不可或缺的组成部分。如何有效扶持小微企业"过冬",将是现阶段湖北动漫产业的一个核心问题。

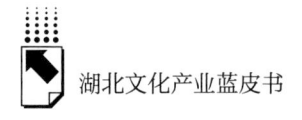

2. 原创精品依然缺乏，产业链前端驱动力不够

优秀的漫画内容生产，是动漫产业得以实现可持续发展的产业链前端驱动力，但湖北动漫产业"前端缺原创，中端缺精品，末端推广慢"的旧疾依然存在。湖北省乃至全国的动漫生产起步较晚，市场体量硕大，反衬了原创能力的不足。现阶段，国产动漫之所以缺乏深刻阐释时代精神的精品，一是因为国产动漫植根本国历史文化发展的时间较短，与本国文化、价值观和时代精神同构的程度较浅，仅动漫角色形象的设计就与美、日等国存在差距，短期内难以产生像哆啦A梦、超人这样深刻烙印着民众文化记忆的鲜活动漫角色，尚不足以深入阐释本国历史与社会变迁；二是因为在一波又一波市场浪潮的推动下，往往只能过度借鉴国外动漫，从而导致模仿与抄袭频发，引发受众批评。

归根结底，国家和地方的文化形象才是知识产权时代的最大IP。动漫作品成功的前提在于结合国家形象进行文化编码，唯此，才能深入图解时代精神与社会风貌，彰显本土文化特色。

3. 复合型、创作型人才缺口依然较大

在上一阶段，由于新媒体对传统动漫产业造成了颠覆性重构，传统动漫强国日本在转型过程中一度陷入误区，过度依赖轻改动画（由轻小说改编制作的动画），导致优秀漫画产品数量大为缩水，产业链出现裂痕，中国成为其动画代工的重镇，也由此培养了大批中国画师。

但随着日本动漫产业逐渐实现转型，其重新重视本土画师和制作人的培养，重新重视内容生产，对中国动漫人才形成了一定影响。

一方面，湖北和其他省的动漫创作人才，依然以画师为主，在长期代工中熟习日本、美国特色画风，适应了"承接国外订单——用国外风格绘画"的生产模式，并在本土动漫创作中大量植入日本动漫的镜头语言、角色设定、场景绘制、音乐风格等，因而在提升国产动漫质量的同时，也在一定程度上限制了本土风格的形成，使复合型、创作型本土动漫人才难以得到成长平台。

另一方面，日本动漫产业回暖及海外经验的成功积累，必然导致其对中

国动漫人才的依赖程度降低，尤其是日本对原创内容生产的重新重视，更将在一定程度上减少中国动漫人才介入其内容生产的机会，客观上对中国动漫人才的成长造成影响。

四 湖北动漫产业发展对策

（一）及时适应转型，以优质的内容生产驱动产业发展

资本退潮造成的短暂市场"寒冬"，在客观上促进了国内动漫产业的转型升级。资本对动漫市场的投资趋于理性，昭示着国内动漫产业已基本结束了发展初期的野蛮生长，投资方和制作方在经过优胜劣汰之后，都开始逐渐远离急功近利的生产模式，转而注重深耕优质内容生产，明确了长线意识，重视品牌的培育与增值。

与此同时，我国的相关文化政策也在加速动漫产业的转型。对软色情、微暴力等动漫游戏内容的严控，以及对进口动漫游戏、国内游戏版号审核的加强，都有效保证了动漫市场的健康成长。

因此，针对日益明晰的新业态，动漫市场的企业主体、相关文化协会和文化管理部门都需要尽快适应以优质内容生产为主导的市场新风向。下一阶段的动漫文化产业将不再被"快钱""热钱"主导，而将由专业制作团队和专业投资方共同运营，不再一味追逐短期热度，而是深耕优质内容，充分发掘优质动漫品牌的文化价值，实现长期盈利，实现市场效益与社会效益的双赢。

（二）转变投资逻辑和变现模式，培养付费阅读市场

IP运营的前提，是对知识产权的保护。上一阶段，在民营资本的投资逻辑主导下，短周期、高回报和赚快钱成为市场常态，从而在动漫市场繁荣的景象之下滋生了恶性竞争、同质化生产、抄袭侵权等诸多负面现象，动漫市场的盈利模式也因此被戏称为"割韭菜"，名为培养IP，实际上对IP保护不够，忽视其增值与培育，以短期获利扼杀了长期获利。

随着各种网络阅读、影视和直播平台的增加，以"80后""90后"甚至"00后"为主体的消费群体正在迅速增长，其消费理念与习惯与老一辈文化消费群体存在显著差异，这也使付费观众群体在国内迅速成长壮大。从盗版光盘到正版光盘，从免费下载到收费观看，随着各种文娱平台运营的成熟，国内已经初步培养出一个规模较为庞大的付费观众市场。在此过程中，动漫企业也和文娱平台逐步搭建起良好的合作盈利关系，激励性的付费分成，明确的受众群体细分与引导，基于大数据的动漫内容生产导向，使不少动漫企业与个体创作者开始真正尝到IP的甜头。

作为拥有斗鱼等文娱平台巨头的湖北，在保护知识产权、规范网络文化秩序等方面自然而然走在了国内前列。在促进文化市场消费、提升居民文化消费能力的方针指引下，湖北省动漫相关文化政策也应及时探索、创新，保持自身的先行优势。

（三）加速完成平台细分

优质的动漫内容生产，必须基于明确的平台分工。随着市场趋于成熟，产业链的各环节逐渐磨合成型，衔接与运营模式越来越清晰，各大动漫平台相继打磨出明确的发展方向，在优质原创内容生产的前提下，各展所长，实现优势互补。

在资源不断整合的当下，湖北动漫产业已出现了小明太极等一批较为成熟的运营平台，它们立足长线，深耕IP开发，将动漫内容生产与各地的城市规划、商区建设、文化传承紧密结合，不再一味求大求全，而是注重优势互补，产能协作。

在下一阶段，类似的专业平台将继续出现。如何对平台进行科学引导，促进不同职能动漫平台间的有效协作，合理控制平台的数量与规模，形成合理细分的动漫平台，将是考验湖北省文化管理部门的一道新试题。

（四）认清国际形势，站稳海外市场

21世纪以来，由于传统媒介衰落、新媒介兴起，以纸本期刊和单行本

为产业基础的日本动漫受到极大冲击，庞大而固化的产业链导致转型迟缓，资本的一味逐利导致优秀作品减产，人力成本过高、盗版、审批等因素也导致其转型举步维艰。日本动漫进入瓶颈期，在客观上使中国动漫获得了一定的出口机会，部分摆脱了以往的低端代工、模仿状态，掌握了一定市场主导权。

但日本动漫逐渐实现转型，重新回到注重优质原创内容生产的正轨之上，可以预见，在未来较长一段时间，日本动漫的优质作品极有可能持续增长，动漫出口将有所回暖，在制作等方面也会重新增强主导权，国际竞争力加强，从而对中国动漫的生产与出口造成客观影响。

湖北动漫正处于对外输出的初级阶段，除了逐渐参与国际动漫项目合作之外，在东亚、东南亚等地区也开办了中外合作动漫人才学校与合作机构。面对动漫传统强国正在增强的国际竞争力，湖北动漫在国际市场的开拓上无疑将迎来一次大考。如何在更加激烈的竞争中站稳脚跟，如何发挥后发优势，如何实现错位竞争，将是湖北动漫企业和文化管理机构需要慎思慎行的。

B.10
湖北文化旅游产业发展报告（2018）

李志飞　夏诚诚*

摘　要： 本报告从政策环境、经济环境、技术环境和社会环境方面对湖北省文化旅游产业的发展环境进行分析，对湖北省文化旅游产业整体经济实力和项目、产品、市场、品牌等方面的概况进行总结，并发现其存在文化旅游资源使用低效、文化旅游产业空间布局失衡、文化旅游产品开发问题突出、专业人才缺乏等问题。提出挖掘文化资源、创新旅游产品、打造文旅IP、加强旅游人才建设、整合营销机制等相关建议，以期调整和优化湖北省文化旅游产业结构，促进文化旅游产业健康蓬勃发展。

关键词： 文化旅游产业　休闲农业　乡村旅游

文化与旅游，二者相辅相成，互相依赖，文化是旅游的灵魂，旅游是文化的载体。经过40年的发展，旅游已经成为我国国民日常生活的一部分。截至2018年12月14日，"全国31个省（市）文化和旅游厅（委）挂牌全

---

* 李志飞，湖北大学商学院旅游系教授，北京大学博士后（2008~2010），美国北亚利桑那大学访问学者（2014~2015），2014年入选国家旅游局青年专家人才计划，湖北省旅游学会常务理事，主持国家社科基金、教育部人文社科基金等课题10余项，担任多地旅游规划评审专家和旅游产业发展顾问；夏诚诚，湖北大学商学院旅游系旅游管理专业硕士研究生。

部完成"①，标志着新时代文化和旅游融合发展正向纵深推进，旅游的文化属性逐渐凸显。《奇创智慧：2019中国文旅产业发展趋势报告》指出，在2018年乃至2019年全球经济形势不容乐观的背景下，2018年全球旅游经济仍继续保持增长。②综合以上可以看出，文化旅游产业发展面临的形势良好，品质文化游为游客所青睐。2018年，湖北省文化旅游产业面临的发展环境、主要矛盾也发生了诸多变化，仍需要不断强化改革措施，使湖北文化旅游产业朝着又快又好的方向稳步前进。

一 湖北文化旅游产业发展环境

（一）政策环境

2018年，湖北省坚持"宜融则融、能融尽融"文化旅游融合的总发展思路，深入挖掘文化资源，文化和旅游融合发展工作取得了较为显著的成果。湖北省各级政府对旅游发展的支持力度不断加大，系列旅游产业扶持政策陆续推出，充分释放了各地发展旅游业的热情，推动了全省旅游业繁荣发展。与文化旅游产业相关的政策从各个方面对其提出了新的发展目标和要求，对其发展起了重要的引导和支持作用（见表1）。

表1 2018年文化旅游产业相关政策

时间	名称	内容
2018年1月	《中共中央 国务院关于实施乡村振兴战略的意见》	休闲农业和乡村旅游发展
2018年2月	《中共中央关于深化党和国家机构改革的决定》	为统筹文化事业、文化产业发展和旅游资源开发，将文化部、国家旅游局的职责整合，组建文化和旅游部，作为国务院组成部门

---

① 《学习贯彻"两会"精神 打造新型文旅产业》，中国旅游新闻网，http://www.cntour2.com/viewnews/2019/04/02/56BSCcQf4YdLjKcJstyGo.shtm。
② 《奇创智慧：2019中国文旅产业发展趋势报告》，199IT，http://www.199it.com/archives/821703.html。

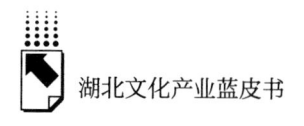

续表

时间	名称	内容
2018年3月	《政府工作报告》	"深化国家公园体制改革试点","创建全域旅游示范区"以及"降低重点国有景区门票价格"
	《国家发展改革委关于实施2018年推进新型城镇化建设重点任务的通知》	明确特色小镇建改要求,推进新型城镇化建设重点任务
2018年5月	《湖北省人民政府办公厅关于转发省文化厅等部门〈湖北省传统工艺振兴计划〉的通知》	丰富传统工艺的题材与产品品种,提升设计与制作水平,提高产品品质,培育销售市场
	《国家发展改革委关于完善国有景区门票价格形成机制 降低重点国有景区门票价格的指导意见》	落实国有景区公益属性,秉持旅游为民、旅游惠民理念,以逐步实现公共资源全民共享、景区服务费用旅客合理分担为改革取向,进一步完善价格机制
	《国家旅游人才培训基地管理办法(试行)》	推进国家旅游人才培训基地建设,规范国家旅游人才培训基地运行管理
2018年8月	《国家发展改革委办公厅关于建立特色小镇和特色小城镇高质量发展机制的通知》	针对问题进行规范纠偏,引导特色小镇健康发展
2018年9月	《乡村振兴战略规划(2018—2022年)》	对休闲农业和乡村旅游的发展进行工作部署
2018年10月	《促进乡村旅游发展提质升级行动方案(2018年—2020年)》	明确乡村旅游发展的基础设施水平、服务保障水平、体制机制问题
	《关于加强文物保护利用改革的若干意见》	做好文物保护利用和文化遗产保护传承工作,加强新时代文物保护利用改革
2018年11月	《省文化厅关于授予立中村等30个村湖北省"特色文化村"称号的通知》	全面推进全省基层文化建设,打造地方文化品牌
	《文化和旅游部 财政部关于在文化领域推广政府和社会资本合作模式的指导意见》	深化文化领域供给侧结构性改革,推动政府职能转变,创新文化供给机制,引导社会资本积极参与文化领域政府和社会资本合作(PPP)项目

资料来源:根据公开资料整理。

2018年，湖北省陆续出台了众多重大利好政策，还出台了一些地方性的鼓励措施，为文化旅游产业发展营造了更加有利的政策环境，极大地刺激了省内文化旅游产业的蓬勃发展。国家重视旅游相关机构改革，全域旅游仍是重点，乡村振兴、脱贫攻坚仍是不变的主题，2018年是"一带一路"倡议提出5周年，"一带一路"旅游合作成效显著，特色小镇建设仍然备受关注，景区又一次打响了降门票的战役，对于服务设施和服务水平也作出了相关规定。综上，文化旅游产业发展应紧跟政策导向，改革和创新依然是发展文化旅游产业的重点和突破点，高质量文化旅游发展已经广受重视。

（二）经济环境

《世界旅游经济趋势报告（2019）》指出，2018年全年全球旅游总人次达121亿人次，较2017年增加了5.8亿人次，增长速度为5%。全球旅游总收入达5.34万亿美元，相当于全球GDP的6.1%，较2017年下降0.4%。初步估测2019年全球旅游总人次将达到127.6亿人次，增速为5.5%，增速较2018年回升0.5个百分点，全球旅游总收入将达5.54万亿美元，相当于全球GDP的6%。同时，2018年全球旅游投资达9648亿美元，从长远来看，旅游投资规模将扩大，增长速度相对放缓。① 可见，在全球经济形势不容乐观的情况下，2018年全球旅游经济仍然保持稳步增长，近年来全球旅游总收入增速波动幅度与GDP增长波动情况越来越趋于一致。

进一步分析，2018年国际旅游收入为1271亿美元，较2017年同期增长3.0%。国外旅游收入为731亿美元，增长5.1%。港澳同胞在内地花费分别为291亿美元和87亿美元；台湾同胞在大陆花费163亿美元，增长4.5%。2018年国内旅游人数为55.39亿人次，较2017年同期增长10.8%。2018年入境游客为14119.83万人次，较2017年同期增长1.23%，外国人入境3054.29万人次，较2017年同期增长-28.88%。全

---

① 《世界旅游经济趋势报告2019发布：旅游经济稳步上涨》，搜狐网，http://www.sohu.com/a/289394404_123753。

年实现旅游总收入5.97万亿元,同比增长10.6%,国内旅游收入5.13万亿元,同期增长12.3%(见图1)。可见,2018年国内旅游人次和收入继续保持高速增长,旅游市场稳定,我国旅游经济发展进入新阶段,文旅融合不断向前迈进。

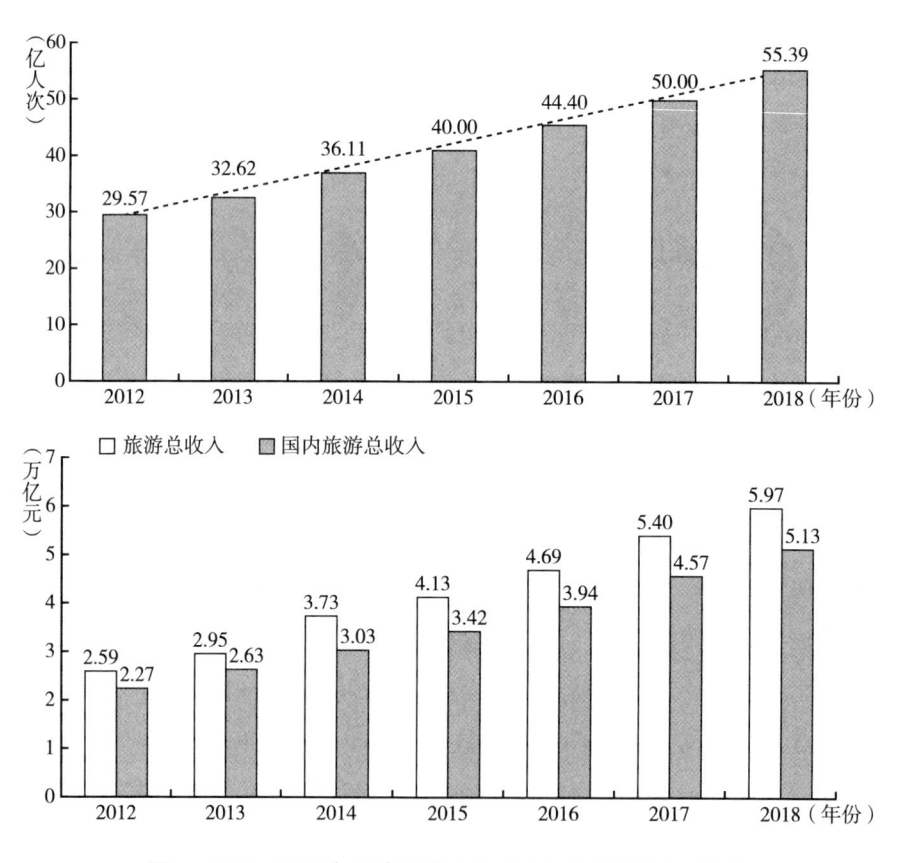

图1 2012~2018年国内旅游人次(上)和旅游收入(下)

资料来源:根据中国旅游新闻网相关数据整理;《世界旅游经济趋势报告2019发布:旅游经济稳步上涨》,搜狐网,http://www.sohu.com/a/289394404_123753。

《2018湖北统计年鉴》显示,2017年,湖北省接待旅游者达6.35亿人次,实现旅游总收入5514.9亿元,同比增长13.03%(见图2);实现国内旅游收入5372.79亿元,同比增长12.77%。同时,湖北省旅游投资总额为1034亿元,较2016年增长16%,旅游综合消费达到5500亿元,占全省其他社会消费总额的31.2%，并带动其他相关行业消费3.85万亿元，同时也推进了湖北省脱贫攻坚和民生发展。2017年湖北省旅游行业新增直接就业人口达到11万人，实现人均增收5000元以上，各项指标均创新高。①

2018年，国内旅游经济、省内旅游经济形势良好，国内经济体制改革成效初显，可以说湖北省文化旅游产业面临着良好的国际国内经济环境，为其营造了有利的招商引资环境。

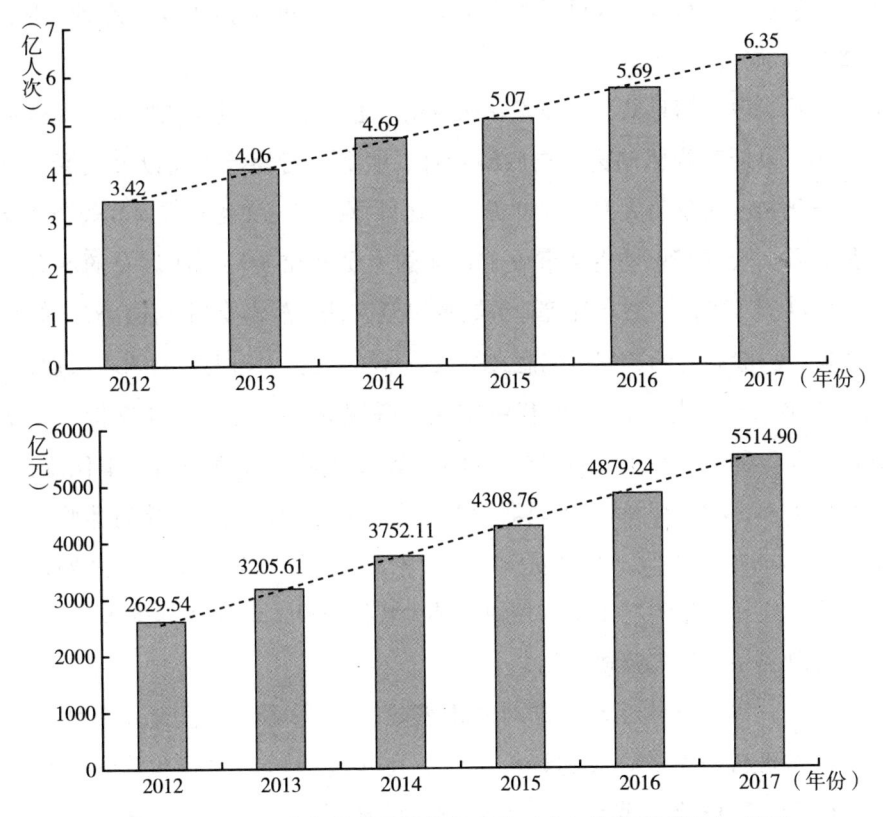

图2 2012~2017年湖北省旅游接待人次（上）和旅游总收入（下）

资料来源：根据《2018湖北统计年鉴》整理。

---

① 湖北省统计局：《2018湖北统计年鉴》，湖北省统计局网，http://www.stats-hb.gov.cn/info/iIndex.jsp?cat_id=10055。

（三）技术环境

近年来，在文化产业发展中，"互联网"成为文化产业发展的重要展现形式，新型旅游业态日益壮大。随着科技创新的快速发展，文化旅游传播是科技应用的重要载体。文化旅游产业以文化创意内容为核心，依靠技术创建、生产、交流和服务，培育新的增长点。当前，中国产业发展的技术环境不断更新优化，科技产业已成为中国文化产业发展的重点领域和数字经济的重要组成部分。

第一，数据信息共享，技术智能应用。近年来，湖北文旅产业以大数据为引领，以创新为驱动力，在旅游管理、服务、营销等方面以大数据为支撑，强化制度改革，大力引进投资，加强科技应用与文化旅游深度融合。什么是旅游大数据？它是指从事旅游行业的人员和旅游消费所涉及的所有数据，如酒店、景区、旅行社等业务数据以及其他如旅游交通、旅游经济等相关数据，一般游客的数据研究意义最大。3G时代，人与人之间的联系加强，4G时代连接了人与物，5G时代将实现物联网的深度变革。AI支持大数据分析，助力游客个性化定制出行。PhocusWire追踪了几家公司的工作流程，其都使用AI技术帮助品牌实现消费者的个性化搜索、购物和旅游体验，其中包括Baarb、Bd4Travel、Hotelchamp、Travelsify、Fetch.AI等。另外，湖北省实施"智慧旅游"工程，加快旅游大数据建设，建设"红黑榜"，鼓励早日实现"一部手机游湖北"。

第二，实时反馈互动，即时精准营销。以网络信息管理和舆情分析系统、网络营销渠道管理和评价系统、在线营销活动实施和管理系统为主要内容，2018年，湖北省一批旅游目的地不断尝试结合新技术和新媒体进行营销，利用现代互联网革新，推广服务，营销模式更加精准化。基于抖音的旅游营销、基于移动旅游服务的"一部手机游云南"、面向全面旅游解决方案的飞猪升级版未来景区，均成为这一年的旅游行业热点。随着互联网App的不断发展和应用，很多地方如重庆通过抖音、快手、火山短视频等已经成为网红打卡城市，李子坝轻轨站因为抖音上很火的视频成为很多旅行社力推的重庆一日游必去的景点之一,很多游客专程去拍摄轻轨穿楼而过的瞬间。西安城墙脚下的永兴坊"摔碗酒"也被抖音捧红,"摔碗酒"配上一首《西安人的歌》,吸引"抖友"前来"打卡"。

基于历史文化资源的旅游开发如果被称作文化旅游产业的1.0版,那么当前的文化旅游就是资本合作、创意结合、科技驱动的2.0版。"互联网+"、大数据、云计算、物联网、虚拟现实VR、增强现实AR、混合现实MR、人工智能,不断改变着游客的旅游体验,技术的融合给中国旅游业带来了前所未有的变革。

(四)社会环境

改革开放以来,我国宏观经济和居民收入一直保持快速增长,旅游已不再属于"奢侈品",而成为常态和刚需,可供大众选择的目的地类型也越来越多。在新一轮个税改革和中央一系列激发居民消费潜力的政策促进下,旅游消费活力将进一步蓄积和释放。《2018年旅游市场基本情况》显示,2018年入境旅游市场逐渐回炉,出境旅游市场发展趋势稳定。2018年,全国居民人均教育、文化、娱乐消费支出2226元,增长6.7%,占人均消费支出的比重为11.2%。《中国旅游消费大数据报告2018》显示,全国城市居民出游力指数排名前10位的城市依次是上海、北京、南京、武汉、杭州、苏州、广州、成都、深圳、郑州。[①] 在旅游消费人群中,"70后"及"80后"人群为主力消费人群,"90后"人群数量快速增长。《2018中国旅游业发展报告》指出,在全国旅游竞争力发展指数排名中,湖北旅游发展环境竞争力力争第一;[②]《中国国内旅游发展年度报告2018》指出,国内旅游消费方面,2017年国内旅游消费则主要集中在交通、餐饮、住宿及购物四个方面。其中,城镇居民人均旅游花费约1115.2元,

---

① 《中国旅游消费大数据报告2018》,中国旅游研究院网,http://www.ctaweb.org。
② 杨佳峰:《2018中国旅游业发展报告在汉发布 武汉接待游客人次连续三年居副省级城市之首》,《长江日报》2018年9月8日。

交通费占34.30%，餐饮费用占26.00%，住宿费用占17.70%、购物费用占12.30%，城镇居民旅游消费水平依旧高于农村居民。[①] 2012～2017年国内城镇和农村旅游人次及旅游花费具体情况如图3所示。近年来，随着湖北省新型城镇化工作不断推进，居民的物质生活水平不断提高，在居民消费指数中，文化和旅游消费支出占比稳定上涨，文化旅游逐渐成为居民生活中必不可少的部分。

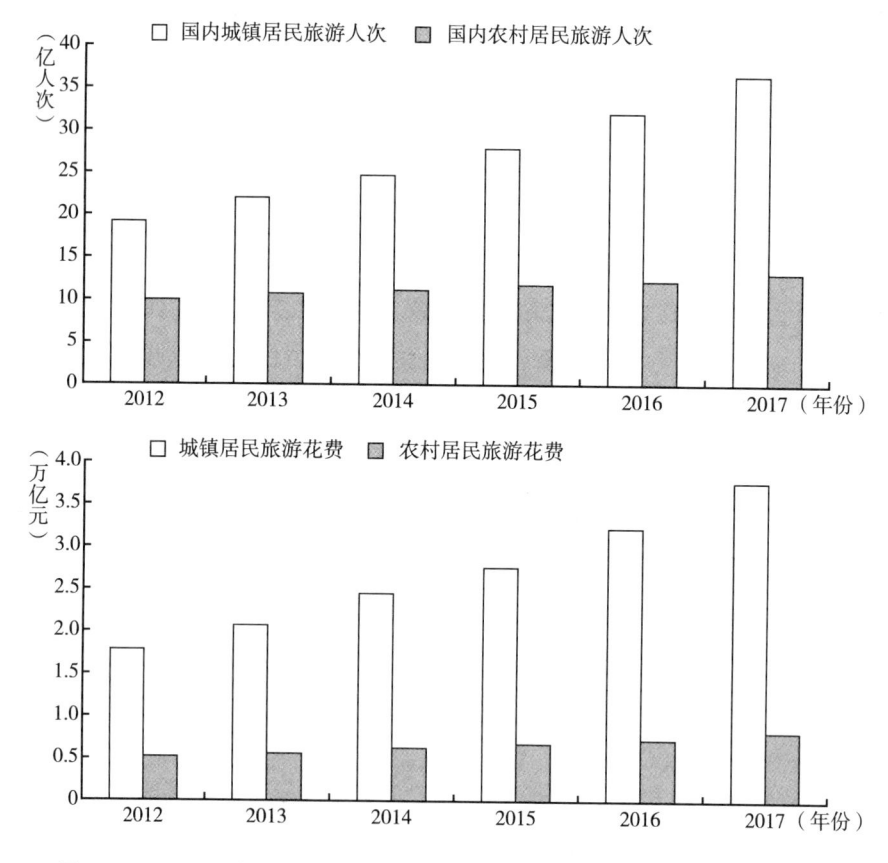

图3　2012～2017年国内城镇和农村旅游人次（上）及旅游花费（下）情况

资料来源：根据国家旅游数据中心数据整理。

[①] 《中国国内旅游发展年度报告2018》，中国旅游研究院网，http://www.ctaweb.org。

二 湖北文化旅游产业发展概况

(一)旅游经济指标增长快速,项目建设强力推进

近些年,湖北省旅游各项指标攀升,发展质量不断提高。全省旅游经济整体实力明显增强,旅游业已经成为吸纳投资的重要桥梁,全省旅游发展质量不断提高,旅游消费群体不断扩大,旅游需求稳步增长,旅游经济环境形势良好,为湖北省文化旅游产业快速发展注入了新动能。

"十三五"以来,湖北省对包括旅游业在内的服务业出台了强有力的支持计划,全省重大项目扎实推进。炎帝故里、三国赤壁古战场、古隆中、腾龙洞、龟峰山、三峡大瀑布等精品景区进行5A级旅游景区创建,带动周边区域经济快速发展。43个文旅项目正在积极筹备建设中,如投资超过5亿元位于神农架的"新华神秘踪峡探险世界",将建设自行车骑行道和探险特色小镇。[1] 位于武汉市郊区的"黄陂长岭国际汽车露营公园"将依托原有的地形地貌,坚持"最大限度开发原则",发展生态文化旅游业。同时,湖北省推进一批新型文化旅游项目建设,如三峡国际游轮中心、以"诗文化"为主题的襄州区鹿门景区、"黄石号"小火车项目、汉江古城大型旅游项目、恒大童世界主题公园等。2018年,遴选了包括襄阳保康县尧治河景区提档升级项目、宜昌清江画廊转型升级项目、十堰武当太极湖生态文化旅游区松岭主题公园工程、黄冈红安县大别山抗日军政学校旧址经典景区、随州随县神农红生态红酒文化产业园、恩施青云崖文化旅游特色小镇等在内的33个优选旅游项目。[2]《中国旅游影响力调查2018》公布,湖北省最具影响力十大景区包括宜昌长阳清江画廊景区、恩施大峡谷景区、襄

---

[1] 喻珮:《湖北今年将推进110个重大文化旅游项目》,中国政府网,http://www.gov.cn/xinwen/2019-01/18/content_ 5359123.htm。

[2] 湖北省文化和旅游厅:《关于印发2018年全省优选旅游项目名录的通知》,http://wlt.hubei.gov.cn/wzlm/xwdt/tzgg/452746.htm。

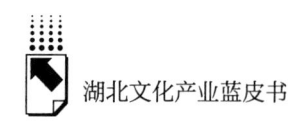

阳隆中风景名胜区、宜昌三峡人家风景区、武汉黄陂木兰文化生态旅游区等，①湖北省文化旅游项目不断升级提质，同时也更加注重文化的凸显与融合。

（二）全域旅游引领成为共识，脱贫攻坚取得实效

全域旅游不断推进社会发展，带领人们走向美好生活，"全域"理念已经深深植入人们的脑海中。"十三五"以来，湖北省注重打造各类休闲度假综合体项目，截至2018年，湖北省拥有"国字号"和省级全域旅游示范区创建单位分别为16个和17个，湖北大力贯彻"全域"理念，积极调动各类资源，面向公众全力宣传，全域旅游工作取得新的进展。黄陂构建"五主模式"不断促进经济发展；麻城以"五朵金花"激发全民共享理念；赤壁以城乡统筹积极推进文旅融合；铁山正不断加大力度建设工业旅游特色区；夷陵以"全省典范"为目标，鼓励全区参与；罗田县围绕"一核、三廊、五镇、十村、百景"进行全域旅游总体布局；仙桃市以创建国家全域旅游示范市为契机，"一张白纸绘蓝图"，紧扣"绿色崛起、水乡田园"主题，调动各方力量，整合旅游资源，旅游产业呈现百花齐放的局面；五峰县以当地独有的文化特色"土家、茶乡、避暑、康养"促进当地景区、乡村旅游，打造"全域五峰"；远安县以打造乡村旅游度假目的地为目标，建设"村村诗画处处景"的远安，一大批优质项目陆续建设；恩施州全域旅游工作如火如荼开展，全州以4A级景区标准来打造，各地比、赶、超，成为湖北省最具活力的旅游片区。全域旅游也重在要素全域配套，湖北省文化和旅游厅官网显示，2018年湖北省拥有景区403家，其中3A级景区占比80%以上，四星级及以上饭店数量为116家，旅行社数量达到1200家，农家乐数量达到506家。

文旅产业的发展在旅游精准扶贫推进工作中的作用也逐步彰显。武汉市黄陂区旅游业带动15万农民吃上了"旅游饭"，景区周边50多个村从过去

---

① 孙丽媛：《中国旅游影响力调查2018》，中国旅游新闻网，http：//www.ctnews.com.cn。

的贫困村一跃成为全区最富裕的山村，带动1.5万人脱贫。恩施州通过全域旅游规划，对全州八县市旅游资源进行重点保护、规划，相关公共设施统筹规划建设，全州旅游带动一产、二产快速发展。英山县全县大约15%的贫困村和25%的贫困户依托景区或乡村旅游吃上"旅游饭"，实现了精准脱贫。近年来，湖北结合乡村振兴，大力发展乡村旅游，带动农村创业就业100多万人，近80万贫困人口通过旅游脱贫，243个旅游扶贫重点村通过旅游年人均增收5000多元。① 全省已经脱贫摘帽的3地（红安、神农架、远安）均是国家全域旅游示范区创建单位。

全域旅游重在打破游客与居民的无形边界，重在使旅游地原有文化更加真实地展现在游客面前，全域旅游不仅注重生态文明建设、民生工作建设、乡村振兴建设，同时，更加注重"全民全域"的理念建设。

（三）文化旅游市场需求扩大，文旅产品成为热点

2018年是文化和旅游融合发展的开局之年，人民美好生活需要日益增加，消费品质、对象、方式和行为出现结构升级。城市居民出游能力稳步提升，居民出游频次和花费不断向城市集中，都市休闲旅游快速崛起。全年国民旅游人数保持两位数增长，假日旅游消费成新民俗，旅游过程中的文化参与性大幅增长，红色旅游实现较快发展。据统计，2018年上半年，全国436家红色旅游经典景区共接待游客数量达4.84亿人次，同比增长4.83%，相当于国内旅游人数的17.13%，实现旅游收入2524.98亿元，同比增长5.73%。②

2018年，湖北省国庆七天假日旅游市场平稳运行，文化旅游市场需求不断增大，文化旅游产品逐渐走进公众视野。据统计，全省共接待游客5724.21万人次，实现旅游综合收入433.24亿元，同口径相比分别增长

---

① 李开寿：《着力"八推进八统筹" 促进湖北全域旅游发展》，中国产业经济信息网，http://www.cinic.org.cn/hy/ly/461727.html。
② 文化和旅游部数据中心：《2018年上半年旅游经济主要数据报告》，文化和旅游部网，http://zwgk.mct.gov.cn。

23.88%和25.3%（见图4）。其中，全省26个重点旅游景区累计共接待游客483.2万人次，综合收入7.07亿元。

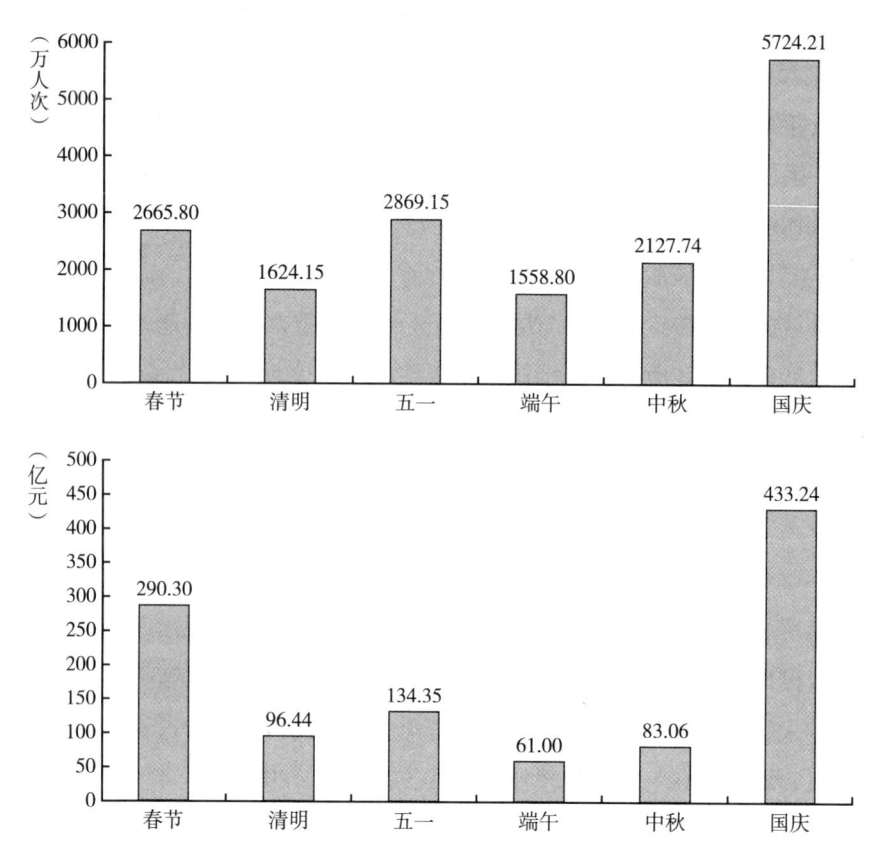

图4　2018年湖北省几大假日旅游人次（上）与旅游综合收入（下）情况

资料来源：湖北省文化和旅游厅网，http://wlt.hubei.gov.cn/。

国庆期间，文化旅游景区受到热捧，其中博物馆、美术馆、科技馆、图书馆的游览量不断加大，游客停留时间也相对较长。"红色爱国主题游"广受青睐，"红色旅游+影视+乡村旅游"、研学旅游、"观光度假+红色旅游"、深度体验等新模式带动了红色文化传播。据统计，黄冈市红色旅游资源丰富，仅国庆期间游客量就达到了369万人次。2018年10月6日，湖北省博物馆吸引大批年轻大学生和中小学生前往，游客接待量高达2.08万人次。许多游客通过"行万里路"游览文化旅游景区来增加知识积累,感受荆楚文化魅力。武当山、襄阳古隆中、荆州古城、恩施民俗、咸宁三国赤壁、武汉知音号、武汉黄鹤楼等以传统文化为核心的旅游产品成为游客学习传统文化的绝佳载体,每日迎来大量四面八方的游客。其中武汉作为具有文化活力的城市,国庆期间相继推出了《国庆礼赞》《科技城市》等一系列具有文化特色的灯光秀节目;《民间记忆》《礼魂》作为宜昌特有文化,每天上演场数达到10余场,受到各地游客的一致好评。

关于文化旅游市场,我们从湖北省假日旅游热点游方面的数据可总结出三大特征:一是文化参与范围广、频度高;二是游客消费种类多样、热情高;三是文化传播覆盖面广、效率高。湖北省文化旅游市场需求正在不断扩大,文化逐渐成为人们所追捧的对象,文化旅游消费方式多种多样,消费产品也在不断更新迭代。

(四)文旅品牌层次日益丰富,品牌形象逐渐提升

整体统筹,品牌形象日益提升,"灵秀湖北"旅游品牌逐渐从国内走向国际。湖北省旅游资源丰富多彩,既有神奇山川,又有灵秀湖泊,素有"千湖之省"称号。2018年7月,"灵秀湖北"作为湖北省整体旅游形象品牌亮相外交部蓝色大厅,宣传片《灵秀湖北》时长8分钟,古今相连,带领人们领略荆楚大地人文风情,感受灵秀湖北山水美景,湖北旅游形象逐渐走向全球。有关数据显示,2017年全年湖北省接待入境旅游者总人次达到368.14万人次,接待外国人和港澳台同胞人次分别为277.95万人次和90.19万人次,外汇收入为210473.63万美元,同比上涨12.41%。[1] 由此可见,湖北省旅游国际形象日渐提升,品牌影响力逐渐扩大。

协同推进,品牌体系不断完善。在整体品牌的引领下,湖北省各个城市品牌,如产品体系品牌、服务品牌、文化旅游企业品牌、交通品牌等具体领

---

[1] 湖北省统计局:《2018湖北统计年鉴》,湖北省统计局网,http://www.stats-hb.gov.cn/info/iIndex.jsp?cat_id=10055。

域的品牌体系也在不断完善。在城市品牌中，时尚江城、峡江神山、水乡神韵、仙山武当、浪漫荆楚、精彩三国、土苗清江、巍峨大别、始祖神农、禅宗天下、温泉养生、四季花海等旅游城市品牌的影响力越来越大。在有关湖北省2018年假日旅游的报道中，"文明旅游"屡次上榜，湖北省旅游服务质量不断提升，优质旅游进入大众时代。截至2018年8月底，湖北省高速公路完成投资240亿元，麻安高速大悟段实现通车，武汉城市圈环线高速孝感南段完成路面工程；干线公路完成投资352亿元，建成一级公路277公里、二级公路688公里；水运发展完成投资39亿元，货运站场完成投资77亿元，[1] 交通体系的不断完善助力交通与文化旅游产业的深度融合。随着品牌体系的不断完善，湖北省文化旅游产业比以往更加接近建成国际知名旅游目的地的宏伟目标。

三 湖北文化旅游产业发展存在的问题

（一）文化旅游资源使用低效

楚文化是湖北旅游资源的核心文化，湖北省属于旅游资源强省，但文化产业实力与位于全国第一方阵的省份尚有差距。湖北荆楚文化旅游资源包括炎帝神农文化旅游资源，如湖北随州、谷城和神农架；丰富的三国文化，如宜昌浓缩半部三国史，三国文化可成为三峡旅游王牌，荆州是三国历史的缩影，三国古城和"关公文化之乡"，荆门是三国文化的发源地和中心区之一，襄阳有"中国三国文化之乡"的美誉；清江画廊土家文化，如恩施土家族风情；历史教育资源文化，如武汉大学；名山名楼文化，如黄鹤楼、大别山、武当山等；其他还有商业文化、饮食文化等。

---

[1] 雷闯、赵彩云、方庆：《织密路网畅通水路，前八月湖北交通投资额中部居首》，湖北省人民政府网，http://www.hubei.gov.cn。

综合以上可看出，湖北省拥有丰富的文化旅游资源，开发潜力巨大，但资源使用效率不高。首先是文化资源挖掘不够深入、资源利用效率低下等一系列问题使湖北省文化旅游产业中文化属性不够突出，没有充分地将文化特征显现出来。具体表现为省内大多数景区虽然以"文化景区"的名义对外开放，但是进入景区后，文化的演绎方式比较单一，呈现内容不够全面深入，游客缺乏参与性，游客的体验感不佳，印象不够深刻。其次是古文化的破坏和文化遗产的保护不当造成文化旅游资源的流失与消逝。由于大多数旅游地区开发时间较早，文化保护政策和宣传力度不够，文化旅游资源遭到不可逆的破坏，如各地一哄而起建设文化产业园，规划不够、创意不足，园区重复建设严重，造成了资源的极大浪费和行业的恶性竞争。

（二）文化旅游产业空间布局失衡

《湖北省旅游业发展"十三五"规划纲要》中提出要构造"一带两极三廊道四板块"开放式战略布局。然而，由于文化旅游资源本身分布不平衡、基础设施建设分布不均衡、人才流动不均衡、消费群体不同等多方面客观情况和旅游规划开发不合理等主观情况，湖北省文化旅游产业空间布局不均衡趋势仍然较为明显。

武汉和宜昌作为两大旅游发展极，其文化旅游产业的综合发展水平仍然名列前茅。武汉市旅游产业规模在全省稳居首位，由于得天独厚的地理区位优势、快速便捷的对外交通优势、"惟楚有才"的人才培训优势，其已经形成了经济综合优势和整体领先的旅游产业优势。近几年，武汉市旅游总收入占全省的比重超过一半。根据《2017年湖北省旅游发展评价报告》，武汉、宜昌、十堰、黄冈和恩施的旅游发展水平指数高于湖北省旅游发展平均水平，前5名较2016年没有变化，然后是咸宁、襄阳、神农架、荆州和黄石。另外，湖北省四大旅游板块发展速度也较为不均衡，武汉都市旅游板块综合发展速度最快最好，然后是西部生态旅游板块的旅游综合发展水平要显著优于全省平均发展水平，中部文化旅游板块以襄阳为中心，连接荆州、荆门、

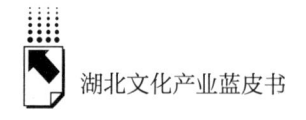

随州和仙桃、潜江、天门3个直管市,是湖北省荆楚文化的密集区,其比东部人文旅游板块的旅游发展速度慢。湖北省文化旅游产业空间布局不均衡,究其原因,首先是文化旅游资源本身分布的不均衡,其次是受交通可达性、经济发展水平等因素影响较大,最后是后期旅游开发、旅游产业经营的差异导致其发展不均衡趋势更加明显。

(三)文化旅游产品开发问题突出

文化内涵是旅游产品的核心所在,文化主题在旅游产品中的地位越来越高。产品可以被大量复制、仿制,但文化内涵往往是独一无二的,因此旅游产品的文化属性越突出,越具有价值和不可替代性。但湖北省文化旅游产品开发问题依旧较为突出,主要表现在以下几个方面。

一是产品表现形式缺乏创新,特色不够鲜明,导致同质化和庸俗化。仅从湖北省旅游商品来看,2018年有9件旅游商品获中国特色旅游商品大赛奖项,分别是湖北省黄冈市武穴佛手山药麻花、宜昌市秭归慢工绣艺、恩施"木艺邦"土家风车、武汉"稀游记"彩韵千秋皮影册、恩施"土家有礼"南阳柴夫子训子格言戒尺、武汉市马口窑茶具套装、鄂州市孙权读书堂文房用品系列、荆门市"绿普旺"荷叶茶、荆州市博物馆喜勺套装。① 从获奖商品特征来看,其文化特征十分鲜明。但湖北省文化旅游产品开发设计大多数仍停留在文化的外延,没有追根溯源,产品同质化现象严重,如越来越多的主题公园、漂流滑雪项目"全而不精""以点概面"现象严重,缺乏特色,主题和重点不够突出,许多产品仍然在以陈旧的方式呈现,无法满足当今游客多样化的精神文化需求。

二是旅游产品的文化活化程度低,缺乏项目带动。文化需要载体去呈现和演绎,游客希望在有限的时间和成本内能够充分地提升自己对当地文化的参与性和体验性,然而湖北省旅游项目较多以传统方式去开发运营,如很多

---

① 张茜:《2018中国特色旅游商品大赛 我省荣获2金2银5铜》,《湖北日报》2018年9月13日。

景区仍然主要以导游的单向讲解去呈现文化，使游客缺乏参与性和体验性，没有充分地将当地的文化活灵活现表达出来。

（四）文化旅游产业人才稀缺

湖北省文化旅游产业发展逐渐步入正轨，然而它的发展和壮大离不开文化旅游创新型人才和专业人才的支持，面对文化旅游的新变化、新形势，要加强文化旅游业人才培养，经营好文化旅游产业，满足广大人民的文化旅游需求是当前亟须研究和解决的问题。

《湖北省中长期人才发展规划纲要（2010—2020年）》中提到：湖北省在未来10年要进行重点领域人才培养，如旅游业人才培养中，应注重创新型人才培养，至少包括旅游策划与营销、小语种导游、旅游电子商务3个领域。《湖北省导游队伍发展现状白皮书》显示，湖北省导游分布区域不均衡，导游质量参差不齐，持高级导游证和外语、小语种导游证的人数比例较低。而随着人们旅游热情的高涨，导游人才极其缺乏，导致游客在游览中因为导游的低质量服务而产生较差的游玩体验。湖北省文化旅游产业人才缺乏较为突出的领域为会展旅游类领域，湖北省高职院校对应的会展管理专业较少，教育培训资源相对匮乏，使此领域缺乏高端的管理人才。行业进入门槛较低，重视旅游型专业人才经验，轻视专业性与创新性导致人才的流失。总的来说，湖北省文化旅游产业方面的人才应从素质、知识、应用能力三个层面去培养和考察，应不断加大人才方面的培养力度。

四 湖北文化旅游产业发展的对策建议

（一）资源挖掘，产品创新，激发文化旅游产业发展原动力

充分挖掘文化资源，推出具有荆楚特色的文化旅游产品。在文化旅游产业开发和运营中，在保护文化遗迹的同时，要合理地、充分地挖掘文化资

源，提升文化旅游创意水平，体现湖北地域文化特色，将之与旅游商品、项目、景区、产业园区等相结合，推动创意商品化，提高文化的商业价值，不断促进旅游产业升级和消费升级。在旅游业中，也要鼓励大众创业，万众创新，如积极鼓励通过举办旅游商品大赛、参展评选、质量等级认定等方式，扩大和提高湖北特色旅游商品的品牌影响力和知名度。

融合新兴创意，拓展文化功能，推动文化传播，创新旅游项目，打造具有特色的旅游活动和线路，升级游客旅游体验。首先，拓展文化传播路径，结合互联网打造游客喜爱的文化体验目的地，建设传播湖北优秀传统文化的有效平台。文化旅游项目重在游客参与，要重视游客体验，积极鼓励举办各种富有文化特色的演艺活动。其次，要大力整合博物馆、非遗传习所、古籍展示馆、科技馆、艺术馆、剧院（场）、实体书店等文化场所，将其纳入旅游线路。最后，积极打造品牌线路，推进康养文化游、农业文化游、工业文化游、体育文化游、会展文化游、科技文化游。

（二）IP打造，科技应用，推动文化旅游产业发展差异化

IP包含了知识产权、智慧产权或智力成果权，其在旅游业中，以旅游地资源为依托，以游客为中心，融合文化旅游资源要素打造出产权排他性，对于推动文化旅游产业发展差异性至关重要。随着互联网的快速发展，创造流量是获取关注、吸引眼球最便捷、影响力最大的方式之一。近年来，"网红打卡"地区层出不穷，抖音、快手等App带动了一批旅游地发展，广为人知的故宫也将其文化旅游资源IP化，吸引了一批年轻旅游者的关注，不仅使中国文化从书本中走出来，同时也启发了旅游产业进行IP打造。在大数据时代，文化旅游产业可以利用现代科技，创新IP品牌，追踪定位市场需求，用产业化思维带动文化的创造与传播。流量是打造旅游IP关注的重点，同时，IP也能拉近人与人之间的距离，促进文化的交流和碰撞。

IP的打造也离不开科技的应用，结合未来科技，为美景、美宿、美行、美购和主题乐园打造IP是壮大文化旅游产业切实可行的方法和措施。例如，

许多地区进行"最美景区""最美民宿"网络排名。文化旅游IP创新路径丰富多样,其中三条主要路径为以"文化+"为主导的,以企业家精神为引领的,以资本推动的IP创新。未来文化旅游IP需求将持续扩大,创造属于自己的IP将推动文化旅游产业向着有理性、有温度、有品质的方向发展。

(三)人才培养,企业培育,深化文化旅游产业行业改革

实现文化旅游产业的行业改革,首先必须加大人才引进和人才培养投入,提高专业性人才比例。实施"楚才强旅工程""旅游英才计划",建立省级"旅游专家智库""旅游领军人才""金牌导游""金牌管家""乡村旅游工匠""旅游扶贫"等行业人才库。要想提高湖北省文化旅游产业核心竞争力,必须加大高素质、高专业性的旅游高层次队伍建设力度,注重高级经营管理人才培养,培养专家型导游、创新型企业家、营销策划专员、经营管理人才,积极启动"一村一名大学生"工程,开展农村远程教育,为湖北旅游名村建设提供人才支撑。结合国家相关政策,注重高校人才培育体系的建立与优化,提高社会相关培训机构质量,提升湖北省旅游专业人才综合能力。

其次是鼓励和支持优势旅游企业跨地区、跨行业、跨所有制兼并重组,走集团化、专业化、网络化发展之路。要坚持资本运作,大力整合有效资源,实行"运作市场化、管理企业化、发展集团化",鼓励发展创新型旅游集团公司,培育有自己特色和优势的上市旅游管理公司,鼓励景区三权分立,即所有权、管理权、经营权分立。同时,改善旅游管理,培育骨干企业,加快更新旅游体制机制,活化旅游工作氛围与模式,统筹合作,推进文化旅游产业真正改革。

(四)巩固市场,重点突破,整合文化旅游产业营销机制

整合建立政府、企业、媒体、公众等共同参与的整体营销机制,持续实施"南下北上、东扩西进、中部支撑、国内拓展、国际突破"的市场营销战略,在创新赴外参展、赴外促销、邀请来访、媒体推广和户外广告的基础上,重点在以下方面取得新突破。

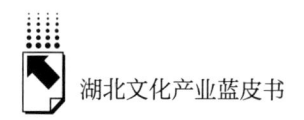

全面综合宣传，借势扩大效应。塑造好湖北省整体旅游形象，积极推广区域网络全覆盖，实施精准定位营销。加强新媒体宣传，实现全媒体覆盖，提升湖北长江旅游带的品牌影响力。强化活动营销、智慧营销、城市营销，创新微博、微信、微视频等新媒体"三微"旅游营销模式。主要路径是利用好手机端互动分享，包括微信推送、微博交流、微电影推广、App服务等，提高官方旅游网站营销效果，加强湖北旅游官方网站与其他各类旅游网站、手机App、社交账号的紧密对接，帮助各地旅游网站有效导流。

把握节庆活动，做好事件营销。例如，开展中国长江三峡国际旅游节、华中暨长江旅游博览会、武汉国际旅游节、咸宁国际温泉文化旅游节、世界华人炎帝故里寻根节、荆门爱飞客飞行大会暨航空旅游博览会、恩施土家女儿会、神农架国际生态旅游节等。关注和利用中国经济社会发展和对外交流活动中的重大事件，鼓励各地旅游景区举办具有本地文化特色的旅游节庆活动，善于捕捉湖北省现代化建设和改革开放重大活动中蕴含的旅游推广机遇，策划组织不同类型、不同层次、不同反响的事件营销活动，增强旅游宣传的生动性和轰动性，增强旅游文化魅力和市场吸引力。

ps 报 告

Special Reports

B.11
湖北文化产业发展投融资分析（2018）

徐俊武　李诗嫒*

摘　要：　湖北省委、省政府高度重视文化产业发展，2018年11月颁布的《关于加快全省文化产业高质量发展的意见》，强调把文化产业培育成支柱产业，建设社会主义文化强省。随着文化产业受到社会各界的重视，如何促进文化产业大发展大繁荣成为学术界的研究热点。同时，在经济、政治和文化全球一体化的时代背景下，文化产业的发展已步入资本运作的时代。结合实际，湖北当务之急就是要加快推进文化产业投融资发展，完善文化产业投融资体制机制，实现文化与资本的全面

---

* 徐俊武，湖北大学商学院副教授，经济学博士，硕士生导师，湖北省经济学会副秘书长，湖北省外国经济学说研究会理事，主持国家级和省部级研究项目5项，主要研究收入分配与劳动力流动经济学；李诗嫒，湖北大学商学院西方经济学专业硕士研究生，主要研究劳动力流动经济学。

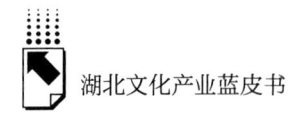

对接。湖北省文化产业的发展，必须切实解决投融资问题，没有资本的全方位介入，文化很难真正走向产业化。

关键词： 湖北文化产业　金融机构　投融资

一　湖北文化产业投融资现状

荆楚文化博大精深，其"筚路蓝缕，追新逐奇，兼收并蓄，崇武爱国"的精神特质，是中华文化的重要部分。近年来，湖北省文化产业的发展规模不断扩大，对投融资的需求也日益迫切，投融资问题成为湖北文化产业发展亟待解决的问题。湖北近年来文化产业投融资现状有以下几点。

（一）全社会对文化产业的固定资产投资

通过表1横向比较来看，2015~2017年，全社会对文化、体育和娱乐业的总体固定资产投入不断增长，从314.06亿元增长到390.23亿元，年均增长率为8.08%。2017年全社会对文化、体育和娱乐业的固定资产投入快速增长，投资达390.23亿元，同比增长20.47%。2017年，在对各行业的投入中，文化艺术业和体育业的投入表现出强劲的增长势头，同比增长率分别为30.82%和28.31%，远高于文化产业总体增长率。对娱乐业的投入保持稳定增长，2017年固定资产投入额为130.56亿元，同比增长17.48%。相比之下，对广播、电视、电影和音像业及新闻出版业投入较少。

通过图1纵向比较来看，文化艺术业和娱乐业在文化产业投入中所占的比重较高，2017年其比重分别为42.79%和33.46%。而广播、电视、电影和音像业及新闻出版业的占比较小，仅占2.24%和0.02%，从2015~2017年的变动来看，它们甚至存在被压缩的可能。由此可见，文化艺术业一直是投资的重点，撑起了湖北文化产业的半壁江山，体育业和娱乐业的增长势头较好，而广播、电视、电影和音像业及新闻出版业等传统行业在一定程度上出现了投资危机，全社会对此类文化行业的投资较谨慎。

表1　2015~2017年各文化行业固定资产投资基本情况

单位：亿元

行业	2015年	2016年	2017年
文化、体育和娱乐业	314.06	323.91	390.23
广播、电视、电影和音像业	12.01	19.75	8.75
新闻出版业	3.02		0.06
文化艺术业	131.88	127.64	166.98
体育业	53.89	65.38	83.89
娱乐业	113.25	111.13	130.56

资料来源：根据《2018湖北统计年鉴》整理。

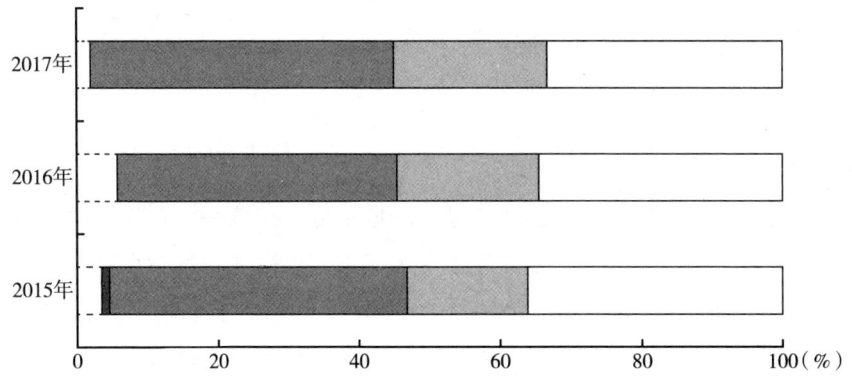

图1　2015~2017年各文化行业投资在文化产业投入中所占比重

资料来源：根据《2018湖北统计年鉴》整理。

（二）财政性投融资

文化产业获得融资主要依赖财政资金。如图2所示，从财政投入量来看，湖北政府对文化体育与传媒的财政投入由2015年的84亿元上涨至2017年的95.3亿元。但2017年有小幅下降，同比下降了1.3亿元。从占地方财政预算支出的比重来看，2017年政府对文化体育与传媒的财政投入占财政预算支出的

1.4%，比2016年低0.1个百分点，与2013年相差0.22个百分点，整体上呈现下滑趋势。

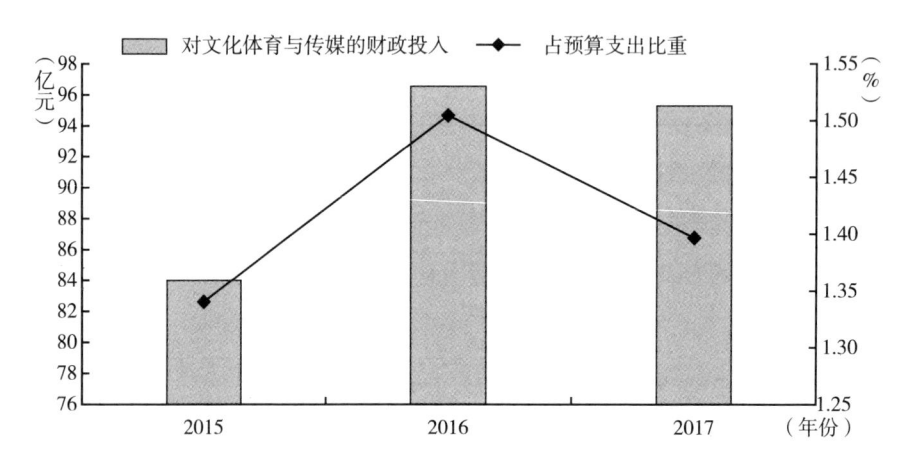

图2　2015～2017年地方财政对文化体育与传媒的财政投入及占预算支出比重

资料来源：根据《2018湖北统计年鉴》整理。

（三）金融机构贷款

向银行、非银行金融机构贷款是一种成本低、速度快、弹性好的融资方式，是文化产业获得融资的主要途径。近年来，各商业银行相继推出了适用于文化产业的特色金融产品，如汉口银行为中小型文化企业定制的"文化贷"等。表2展示的是部分银行对湖北文化企业的投融资情况。

表2　部分银行对湖北文化企业投融资情况

单位：亿元

时间	银行	项目	融资额
2018年	国家开发银行湖北分行	武汉中央文化区汉秀和电影乐园文化项目	45.00
"十二五"期间	汉口银行	文化产业	100.00
2015年	民生银行武汉分行	华中文交所	200.00
2015年	汉口银行	武汉银都文化传媒股份有限公司	0.02
2015年	平安银行	咸宁战略合作协议	100.00

资料来源：根据中国新闻网、湖北省人民政府网、《湖北日报》整理。

（四）民间资本投资

民间资本是推动文化产业持续发展的重要力量，近年来，由于文化产业准入门槛降低，大量民间资本持有者对文化产业表现出浓厚的投资意愿。2015年至2018年，民间资本对文化产业的投资持续增加，湖北文化产业的活力大大被激发。不仅省内企业看好文化产业的发展进行积极投资，荆州海子湖投资有限公司投资30亿元建设荆州市第一届园林博览会项目，打造纪南生态文化旅游区；省外企业对湖北文化产业的投资也持积极态度。表3展示的是部分民企对湖北文化产业的投融资情况。

表3 2015~2018年部分民企对湖北文化产业投融资情况

单位：亿元

年份	企业	投资额	项目
2018	荆州海子湖投资有限公司	30	荆州市第一届园林博览会建设项目
2018	武汉文化发展集团有限公司	5	武汉众海中鸿文化产业基金
2017	华体集团有限公司	30	体育产业发展战略合作
2017	卓尔集团	28	卓尔·赤壁羊楼洞系列文化旅游项目
2017	远洋集团	300	归元文化片区
2017	复地集团	32	长江数字文化产业园
2016	鄂西生态文化旅游圈投资有限公司	100	排湖中国休闲谷
2016	鄂西生态文化旅游圈	50	黄梅禅文化旅游区
2016	深圳华强集团	120	荆州华强文化主题园
2015	中央新影集团	65	影视文化产业基地

资料来源：根据《湖北日报》、人民网、黄冈新闻网、荆州市人民政府网整理。

（五）招商融资平台

招商融资平台是提供专业化投融资服务的综合性平台，是解决文化产业融资难问题的关键平台。2018年，湖北文化产业招商投资成果显著，无论是签约的项目数量,还是投融资额都很大。其中,在湖北"体育+"招商投资洽谈会上招商项目达151个,总投资额达1461亿元,涉及体育特色小镇、文体旅游、休闲度假等行业,体育与文化等产业的融合得到了进一步加强。表4展示的是2015～2018年湖北文化产业通过招商大会获得投融资的情况。

表4 2015～2018年部分招商大会对湖北文化产业投融资情况

单位:个,亿元

年份	名称	项目量	投融资额
2018	首届国际武汉斗鱼直播节文化产业招商洽谈会	19	80.90
2018	湖北"体育+"招商投资洽谈会	151	1461.00
2018	深圳文博会	15	200.00
2017	深圳文博会	15	270.00
2017	武汉文化产业招商推介会	13	258.55
2016	深圳文博会	20	209.00
2016	中国文化产业峰会	20	138.00
2015	文化产业招商洽谈会	10	87.60
2015	第二届楚商大会	40	260.00
2015	长三角文化产业招商洽谈会	25	150.00
2015	环渤海招商会	36	356.00

资料来源:根据《长江日报》、湖北省人民政府网、《湖北日报》、《光明日报》、荆楚网整理。

(六)投融资政策

为落实党的十八大关于加快文化产业发展的精神,湖北省政府及地方各级政府先后出台了若干文化产业扶持政策,比如《湖北省十三五时期文化产业发展规划》《湖北省扶持文化产业示范园区及基地专项资金管理办法》等。这些政策从财政补贴、融资担保等多方面,发挥了财政资金的引导带动作用。表5展示的是2015～2018年湖北省委、省政府及地方各级政府颁布的文化产业投融资方面的相关政策。

表5 2015~2018年湖北省级和地方部分文化产业投融资相关政策

省级	2018年	《湖北省人民政府关于促进全域旅游的实施意见》
	2017年	《湖北省文物安全管理办法》
	2017年	《湖北省十三五时期文化事业发展规划》
	2016年	《湖北省重点文物保护专项补助资金管理办法》
	2016年	《湖北省"十三五"时期基层公共文化设施建设实施办法》
	2016年	《湖北省体育产业发展引导资金使用和管理办法(试行)》
	2015年	《湖北省扶持文化产业示范园区及基地专项资金管理办法》
	2015年	《湖北省文化产业示范基地管理办法》
地方	2018年	《江汉区文化产业发展规划(2018—2025)》
	2017年	《武汉市文化发展"十三五"规划》
	2017年	《宜昌市人民政府关于促进文化创意产业发展的意见》
	2016年	《武汉市非物质文化遗产保护条例》
	2016年	《襄阳古城墙保护条例》
	2015年	《武汉市人民政府关于加强历史文化风貌街区保护工作的意见》

资料来源：根据湖北省人民政府网、武汉市江汉区人民政府网、宜昌市人民政府网及湖北省文化和旅游厅、武汉市文化和旅游局资料整理。

二 湖北文化产业投融资面临的问题

虽然文化产业呈现良好的发展态势，投融资环境持续优化，但真正市场化、能够最大限度满足大多数文化企业个性化融资需求的多元化投融资服务体系还未形成，主要表现在以下几个方面。

（一）财政支持力度不够

政府财政投资是推动文化产业发展的基本动力，在文化产业投融资中，财政投资起着至关重要的作用。近年来，湖北省政府不断加大对文化产业的投资力度，但与湖北省文化产业发展需求相比，政府投资明显不足。政府投资不足不仅表现在投资力度不够上，更重要的是效率不高。政府投资效率不高的原因在于：一是政府投入的资金不能充分发挥引导作用，不能有效带动社会资本进入文化产业；二是文化产业的资本市场不健全，不能合理利用政府投入的资金，投融资效率不高；三是政府对文化产业的投资指向性不明确，对基础性、公益性项目投资不足，不能准确定位其在文化产业发展过程中的角色。

从人均文化事业费来看，2015～2017年湖北省人均文化事业费不断上涨，但与全国平均水平相比，湖北省文化产业发展过程中政府的投入相对不足；从其在人均GDP中的占比来看，湖北省人均文化事业费在人均GDP的比重不断增加，文化产业发展态势良好。表6展示的是2015～2017年全国和湖北省人均文化事业费及人均文化事业费占人均GDP的比重情况。

表6 2015～2017年人均文化事业费及人均文化事业费占人均GDP的比重情况

单位：元，‰

	2015年		2016年		2017年	
	人均	比重	人均	比重	人均	比重
全国	49.68	9.93	55.74	10.38	61.56	10.40
湖北	40.27	8.05	49.35	9.20	58.28	9.84

资料来源：根据《中国文化文物统计年鉴2018》整理。

（二）投融资渠道单一

湖北文化产业投融资主要依靠国有投资、集体投资和私人投资，港澳台投资较少，投资主体较为单一，尚未形成多元化投资主体格局。主要表现在三个方面。一是过于依赖政府资金。长期以来，文化被认为是公益的消费部门而由政府财政包办，未能充分释放民间资本及多种投资主体的活力。二是银行信贷难。文化企业通常资产规模较小，盈利能力不强，能作抵押的固定资产较少，无形资产居多，资产的市场价值难以有效评估。而银行信贷需要一定的资产质押，这就使大多文化企业难以得到银行的贷款。三是民间资本进入不畅。虽然近年来政府放宽了市场准入政策，鼓励民间资本进入文化投资领域，但由于缺乏对接平台，民间资本常常以极度分散的模式运行。表7展示的是2015~2017年文化产业资金主要来源。

表7 2015~2017年文化产业资金主要来源

单位：亿元

类型	2015年	2016年	2017年
国有控股	144.55	163.63	207.06
集体控股	26.71	22.92	10.28
私人控股	124.79	121.01	141.91
港澳台商控股			0.45

资料来源：根据《2018湖北统计年鉴》整理。

（三）投融资指导匮乏

投融资指导匮乏的原因是多方面的。一是缺乏专业的投融资人才。文化产业是典型的人才密集型产业，但文化行业的从业人员对金融行业的了解尚处于初级阶段，缺乏投融资知识，对资金的运营管理不够专业，对融资产品、业务流程等了解甚微。二是缺乏企业与金融机构之间的服务平台和中介。与传统的实体经济不同，文化企业的竞争力取决于创意、品牌和知识产权等，有明显的轻资产重创意的特征。企业无形资产相对较多，其价值很难被准确估计，需要专门的评估机构对此类产品的收益进行评估。然而，由于湖北省文化产业处于发展阶段，为文化企业提供服务的平台较少。金融服务与文化企业对接时，常常面临两难情形。对金融机构来说，虽然有意愿为文化企业提供服务，但实际执行过程中面临很多困难，比如很难在众多中小文化企业中寻找到合适的服务对象，甄选成本太大。

（四）外资利用程度低

受文化企业投资效率、文化市场准入限制等因素影响，文化产业实际利

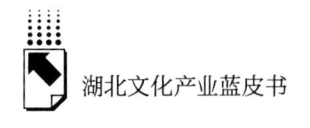

用外资水平低。

从整体投资情况来看，2017年外商对湖北文化产业的投资显著增加，但实际利用的外资却明显不足，较2016年有明显下降趋势。2017年，外商在湖北省投资项目为1个，合同外资为49625万美元，实际利用外资仅有758万美元，同比下降44.6%，外资利用率为1.5%。表8展示的是2015～2017年外商对湖北文化产业的直接投资情况。

表8 2015～2017年外商对湖北文化产业直接投资情况

类别	2015年	2016年	2017年
项目(个)	1	3	1
合同外资(万美元)	1635	678	49625
实际利用外资(万美元)	74	1367	758

资料来源：根据《2018湖北统计年鉴》整理。

（五）上市融资数量不足

通过股票上市进入资本市场是文化产业发展壮大的捷径，企业上市不仅可以解决资金短缺问题，还能完善企业内部管理结构，提升知名度。湖北省文化产业也正在尝试上市融资方式，但多数文化企业在主营业务收入、净利润、企业规模方面难以达到上市要求，盈利模式不清晰、主业不突出成为困扰企业上市的重要瓶颈。表9展示的是湖北省在深交所、上交所以及新三板上市的文化企业以及与全国和北京的比较情况。

湖北省在深圳证券交易所、上海证券交易所上市的文化企业分别为1家和2家，在新三板挂牌的文化企业有8家。从数量上看，上市文化企业数远低于北京，在全国上市文化企业中占比不高。需要指出的是，湖北省在深圳证券交易所、上海证券交易所上市的文化企业很少，文化产业缺乏核心竞争力，在资本市场上处于弱势地位。但文化企业在新三板挂牌数量相对较多，这说明湖北省文化企业存在巨大的发展空间和后劲。

表 9　全国、湖北、北京文化企业上市情况

单位：家

	深圳证券交易所	上海证券交易所	新三板
全国	32	26	232
湖北	1	2	8
北京	6	4	85

资料来源：根据上海证券交易所、深圳证券交易所和全国中小企业股份转让系统数据整理。

（六）风险（私募）投资基金匮乏

近年来，虽然风险资本与文化产业合作的力度越来越大，但湖北省文化产业风险投资基金的发展还相对缓慢，募资总量、规模还有待进一步加大。表 10 展示的是 2015～2018 年湖北省部分基金项目的情况。

表 10　2015～2018 年湖北省部分基金项目情况

单位：亿元

年份	投资方	基金名称	规模
2018	恒大集团	恒大-长江新城文旅健康科技产业基金	600
2018	武汉文化发展集团有限公司等	武汉众海中鸿文化产业基金	5
2017	三峡集团	文旅产业发展基金	10
2016	武汉非遗文化传播有限公司	中国非遗基金	30
2016	盛世华韵	盛世汉阳文化产业投资基金	2
2015	鄂西生态文化旅游圈、国开证券等	湖北省文化旅游产业发展基金	100

资料来源：根据《长江日报》《湖北日报》整理。

三　提振湖北文化产业投融资举措

建立健全文化产业投融资体制机制，实现文化与资本的深度融合，是湖北文化产业发展道路上的一项重要内容。解决湖北省文化产业的投融资问题，要用好用足用活政府和市场"两只手"，打造市场作用和政府作用的有

机统一、相互补充、相互促进的格局。力争在政府投入之外寻求包括金融支持、外资利用、社会资本参与等在内的多元化资本支持，形成形态多样、结构优化的新型投融资模式，以此推动湖北省文化产业持续健康发展。

（一）优化财税政策

要提高各融资主体进入文化投资领域的积极性，就要建立完善的财政税收政策，在政策上进行改革创新。一方面，政府应当加大对文化企业的投资力度，不仅要加大财政资金的直接投入，还要加大税收优惠等形式的间接投入。积极引导湖北省文化产业的成长，在一定程度上补偿银行的贷款损失。另一方面，应当优化财政资金的投入结构、调整财政资金的投入方式。有针对性地对文化产业进行扶持，支持市场前景好、社会效益大的重点项目，充分发挥其示范性作用。支持有明显竞争优势且综合效益好的大型国有企业，发挥国有资本的引导作用。同时，完善差别税率政策，对种类不同、收益不同的文化产品实行不同的税率。通过税收减免等政策，鼓励个人和团体对文化企业进行投资和赞助，吸引各投融资主体的注意力，提升民间资本的活力和竞争力。

（二）拓宽投融资渠道

加大资本支持文化产业的力度，关键在于拓宽和疏通文化产业投融资渠道。首先，拓宽文化产业的投融资渠道离不开政府财政的支持，财政投资在文化产业投融资中具有无可替代的作用。政府财政应大力支持主导文化产业集群，加大"以大带小"的工作力度，让财政资金发挥其应有的乘数作用。其次，民间资本是文化产业发展过程中至关重要的市场力量，是文化产业资本市场的重要组成部分，具有相当大的竞争活力。为了充分调动民间资本，建议放宽民间资本进入限制，支持民间力量投资文化项目。最后，加大银行支持文化产业的力度，引导商业银行等金融机构开发适合具体文化企业的授信模式。

（三）培养文化产业专业投融资人才

文化产业的行业特点极其显著，文化产业投融资从业人员不仅要熟悉各类企业的实际情况,还必须具备金融专业知识,有一定的风险控制意识。所以,应培养一支既懂金融又熟悉文化产业的专业人才队伍,为文化产业投融资提供智力支撑。人才的培养需要时间,要建立政府部门、企业和学校在人才培养方面的良性互动机制,有针对性地培养人才,真正做好产学研的深度结合。除此之外,还可以广泛吸纳外地文化产业经营管理人才。

(四)搭建投融资服务平台

搭建综合性投融资服务平台,为湖北省文化企业与投融资主体牵线搭桥,是实现文化、资本、企业联动发展的前提保证。在文化产业发展过程中,金融机构对疏通文化产业投融资渠道做了相当大的努力,但效果仍然不显著,其中主要的问题就是文化产业与金融机构的信息交流不畅、文化产品价值评估体系不完善。未来,应搭建一批有利于信息交流的服务平台,便于文化产业与金融机构进行长期稳定的交流与沟通。加快建立专业化无形资产评估机构,推动文化资源资本化,搭建便携的知识产权交易、流转平台。对文化企业而言,完善文化类资产的评估、鉴定和交易机制,有利于文化企业进行公平、合理交易,同时有利于盘活文化资源。

(五)降低融资准入门槛

降低融资准入门槛,一是要扩大银行的抵押范围。传统的信贷观念对贷款人的要求较高,商业银行为了保障自身利益,通常要求文化企业具有一定的现金流与固定资产。这一要求给中小文化企业带来了很大的融资阻碍。考虑到文化企业固定资产较少,可以在抵押方式方面进行适当创新,如通过版权、知识产权等无形资产进行信贷抵押,而不仅局限于房屋、工厂等固定资产。二是要简化贷款流程。在风险可控的范围内,各金融机构可以简化对文化企业的贷款流程,缩短贷款周期,降低交易成本,提高贷款效率。

(六)构建文化企业直接融资模式

大力发展直接融资模式,充分发挥资本市场的作用,是文化产业大发展

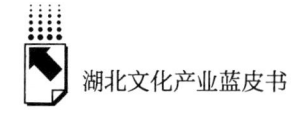

大繁荣的便捷路径。运用资本市场，推动文化企业公开发行股票上市融资，其融资速度之快是其他融资方式所无法比拟的。国内主板市场门槛高，建议发挥中小板、创业板市场作用，鼓励一些优质文化企业在中小板、创业板市场上市融资。同时，建议加快探索知识产权证券化，在专业的知识产权评估机构的协助下，发展以核心知识产权为信用基础的直接融资模式。此外，支持文化企业通过债券市场融资，引导文化企业科学利用期权、期货等多种金融衍生品，创新企业融资模式。

（七）促进文化金融创新

近年来，文化金融引起了广泛关注。各金融机构应针对文化企业的特点和性质，开发更加优质的金融产品，积极打造资本携手文化产业共赢的新模式。针对中小文化企业的特点，金融部门要创新信贷模式，改进还款方式，积极开发适应文化企业需求特点的信贷产品和服务。此外，建立金融支持文化产业的多层次融资担保机制，加强文化产业融资担保体系建设，设立专业担保公司，运用抵押、质押手段，降低贷款风险，同时，发挥信用保险职能作用，积极培育面向文化企业的保险市场。

B.12
湖北省汉绣产业发展报告（2018）

郭丰秋　王雨亭　谭维榕*

摘　要： 湖北省汉绣曾被列为"长江流域四大名绣"，是湖北刺绣产业代表，在政府、高校、专家、企业、传承人的协同合作下，湖北出台并落实了一系列传承和保护政策。但是，调查和访谈结果显示，湖北汉绣产业发展瓶颈在于辨识度低、创新乏力、产业链不成熟。对此，湖北省汉绣文化产业应建立协同创新平台，加强资源整合，以时尚服饰产品为重点，走年轻化、时尚化、创意化、多元化道路，建立起主动、有效、稳定、成熟、可持续的时尚创意产业链。

关键词： 汉绣产业　产业链　汉绣服饰

汉绣，发源于战国楚地，明清、民国时期趋于鼎盛，逐渐覆盖到湖北武汉、洪湖、荆州等区域。它以楚文化为背景，绣品风格粗犷浓烈，浪漫奇诡，绣品种类丰富，反映出楚地独特鲜明的风俗人情和生活习惯，是具有日常生活气息的时尚文化。然而，随着工业化浪潮的冲击，汉绣文化的生存土壤逐渐流失，逐渐退至戏剧舞台、博物收藏等领域，其技艺也濒临失传退

---

* 郭丰秋，武汉纺织大学服装学院副教授，主要从事楚文化、服饰文化、服装设计理论研究，主持国家社科一般项目1项，完成湖北省级项目2项，发表文章20篇，出版专著1部；王雨亭，武汉纺织大学服装学院研究生；谭维榕，武汉纺织大学服装学院研究生。

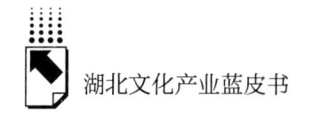

化。对此，政府、高校等十分重视，采取一系列抢救性保护或传承措施，希望人们充分认识到汉绣文化之魅力和独特性，挖掘其文化价值，使之能够继续立足于多元文化世界之中。

2019年，笔者带领课题组成员，通过资料搜集、问卷调查和面对面访谈等方式深入了解汉绣艺术特色以及汉绣文化产业发展现状，在此基础上寻找制约其发展的问题，并试图提出建设性的对策，供政府、业界等参考。

一 汉绣艺术特色

汉绣是荆楚地域视觉文化代表元素之一，其起源可追溯到两千多年前的楚绣，但此后的发展表明，它多服务于普通百姓。近代以来，宗教文化、戏剧文化和码头文化的融入又让汉绣艺术具有世俗烟火气息。整体看来，汉绣在发展过程中具有宽厚包容的文化性格，它不断兼收并蓄，融合其他绣种特点，同时开拓创新，形成实用、大胆、夸张、精细的艺术特色。

丰富多彩的题材。传统汉绣产品用途十分广泛。其一是用于日常生活。闺阁女性常常在出嫁前亲手绣制，作为陪嫁物品，因此在衣服、枕头、门帘、花鞋、围裙、荷包等物品上常看到汉绣的影子。在汉口船只上，也有用汉绣绣制的标识语，如吨位、船只所属机构或"救生""求安"等字样。其二是用于室内软装。在汉绣博物馆中，我们可以看到许多壁挂、屏风、堂彩、彩帐、中堂上用汉绣制成的装饰品。在汉剧戏服、道具、龙衣上，汉绣是常见的装饰方式。其三是用于宗教礼仪服饰。在婚庆丧葬、宗教仪式中，荆楚地区的民众常常用汉绣来装饰花轿轿衣、寿衣寿被、神像道袍、佛堂桌围等。广泛的实用性使得汉绣品类丰富，题材众多，这些题材大多源于艺术家对社会生活的感受，通过长时间的积累、沉淀和思考之后，形成具体内容，再经过艺术加工，用针线以图案形式表达出来。具体包括：动物题材、植物花卉题材、文字题材、人物题材和其他题材。汉绣动物题材中以龙、凤为主要特色，兼顾五毒等其他动物种类。花卉题材包括梅、兰、竹、菊、牡丹、莲花等具有象征寓意的植物。梅、兰、竹、菊乃花中君子，象征品行高洁；牡丹象征富贵；莲花乃道教吉祥之花，也象征品性纯洁。文字题材如"福""寿"等表达汉绣艺术家对美好生活的向往和祈祷，它们往往与花卉、蝙蝠、寿桃、仙鹤等动植物一起构成吉祥图案。

明丽活泼的配色。汉绣艺术遵循"花无正果，热闹为先"的美学思想。在色彩配置方面，汉绣艺人以热闹为原则，常以红、黑、蓝等亮色为底色或主导颜色，采用明度较高、饱和度很强的丝线，浓墨重彩，对比强烈，富丽堂皇的同时极具民间乡土气息。坊间甚至出现了关于汉绣色彩的顺口溜：大红底色喜洋洋，牡丹花朵亮堂堂，深浅色线搭配巧，金线勾边花姿靓。在调查过程中发现，汉绣艺人们普遍遵守叶暗花明、以深托浅、层次分明、以浊衬清、主次有序、群星拱月、繁而不乱、五彩缤纷的刺绣原则。

饱满充实的构图。在图案构思上，汉绣艺术遵循中华传统艺术法则，但又有所突破。中华民族传统艺术喜爱"圆满"，艺术形象的圆满直接反映了艺术家的审美直觉和情感体验，在几千年的传承过程中，转化为一种典型的艺术符号。在汉绣艺术中，我们可以看到圆形的或具有圆形轮廓的构图。以鱼、凤、花朵、文字等元素组合而成的或旋转，或散点的圆形构图不仅体现出设计者对大自然的模仿，而且是中华民族哲学理念中阴阳和合、万物生生不息文化的外显。举例来说，汉绣可以打破自然形态和自然规律的束缚，"枝上生花，花上可生叶，叶上还可出枝"，充分体现了"多而不挤，满而不塞"的意境。

质朴粗犷的针法。汉绣传承人张先松将汉绣针法分为共用针法和特异性针法。前者包括直针、缠针、辫针、戳纱针等，后者包括撒云霞、巧盘花、百网格、万花锦、塑绣、开脸子、关衣折、象形针等。同时，汉绣又具有分层破色、针脚极短的特点，以及本着绣面以双面针法进行实绣，不偷一针，从而使绣线牢固地捆滚于绣料之上，任意搓揉、折叠、清洗均不变形。这种兼具实用性和多变性的针法使汉绣区别于四大名绣。例如，苏绣擅长劈线，绣迹纤毫毕现，因此绣品特色精细雅致，偏向皇宫贵族审美，犹如宫廷绘

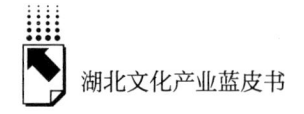

画；蜀绣则与剪纸、年画艺术类似，疏朗有致，绣迹浑厚圆润，用色柔和，构图虚实得体；湘绣图案形象写实，设置严谨，风格质朴。汉绣在吸取众家之长的基础上，具有男工特色，复杂的技艺多掌握在男工手中，它的绣线不喜劈线过细，刻意保存一定的"绣迹"，质朴豪放；图案简洁明了、鲜艳粗犷，线条挺拔、层次分明，造型拙朴生动；色彩鲜明富丽、对比强烈；专于装饰，充满世俗风情。

二 湖北汉绣文化产业化意义

（一）输出优秀民族文化，提升国家软实力

中华民族优秀文化种类繁多，如何将其传播至海外，实现文化意义共享，增强国民文化自信，提升国家软实力，是学界关注的热点话题。汉绣不仅仅是单纯的技艺，也是凝聚着中华民族精神，体现中华民族生命力的优秀文化，既是湖北区域文化的视觉表象，又包含中华文化的遗传密码。换句话说，汉绣是承载和传播中华民族传统文化的视觉载体，其文化价值和传播价值甚至超过了实用价值。在"一带一路"倡议下重新审视汉绣文化产业发展问题，是十分必要和有意义的。

（二）有利于传播荆楚文化，推动湖北文化产业发展

汉绣文化深深植根于楚文化土壤，集中体现了楚地人民对生命的达观认识、浪漫神秘的审美意识以及对美好生活的祈祷和向往。曾几何时，汉口汉绣产业繁荣兴旺，曾有以汉绣命名的绣花街，前店后厂的经营方式十分流行。在当下语境里，人们普遍具有在民族及其文化身份上的迷失感，而确定自己在此语境中的角色与地位，是民族国家面对现代性所无法回避的问题，也是区域文化需要解决的主要问题。汉绣文化是湖北地区文化品牌代表之一，大力发展汉绣文化产业，有助于传播湖北特色文化，提升区域文化品牌形象。

（三）将汉绣资源转化为汉绣产业资本，满足消费者差异化、个性化需求

当前，文化消费需求日益增长。人们购买产品不仅仅是为了满足物质需求，更希望满足其精神需要。然而，在全球化浪潮中，信息技术的发达使得文化产品出现同质化现象，人们的差异化和个性化需求得不到满足。汉绣艺术以装饰为专长，具有较强的审美价值和文化价值，是湖北地区文化资源之一。深入挖掘汉绣资源的时尚价值，将其进行创意性转化，在坚持民族和地域特色的基础上，兼顾国际化视野，将文化资源转化为产业资本，有助于满足消费者求新、求异、求美等精神需求。

三 汉绣文化产业发展存在的问题

自从汉绣被纳入国家级非物质文化遗产保护名录之后，政府对其进行大力扶植，投入大量资金，用以资助汉绣传承和保护项目。其中，较为突出的是由政府和武旅投非遗文化传播有限公司共同创办的"汉绣精工坊"，集汉绣文化推广、文创产品销售、汉绣大师工作室、演艺互动和汉绣培训于一体。商品种类涵盖服饰系列、家居系列、配饰系列、旗袍系列、高定系列、生活用品系列和衍生品系列等，商品达500多种。但课题组通过问卷调查、实地调研以及对传承人、专家学者等深入访谈发现，汉绣产业化仍存在诸多问题。据调查，整个武汉汉绣产业年销售额不到5000万元，与苏绣10亿多元、湘绣4亿多元相比，差距甚远。具体表现在以下几个方面。

（一）辨识度低

为了摸清汉绣在受众心目中的认知程度，课题组进行问卷调查，最终收回有效问卷532份。其中，54.14%的受访者来自湖北。当问到湖北汉绣与四大名绣的区别时，调查结果显示，34.59%的受访者表示完全不了解，对其略有耳闻的占45.11%，有模糊概念的占17.8%。由此可见，汉绣在湖北

省内的认知程度不高,辨识度较低。而省外受访人员的调查结果显示,他们对汉绣的认识几乎为零。

原因有二。其一,汉绣的宣传推广路径与受众接收信息路径不对称。近年来,在政府的提倡与扶持下,湖北汉绣文化的传播呈现项目式、公益展销式、校企合作式、网络电商式特点,确实提高了汉绣在公众心中的认知度,但项目式相对短视,后劲不足;公益展销式较为被动,覆盖面相对较小;校企合作式流于表面,难以深入。调查显示,受众了解汉绣的渠道来自网络和服饰产品。网络电商似乎符合现代社会发展趋势,但从业者对新媒体平台的运用不够充分,产品同质化严重,实用性差,无法有效吸引消费人群。其二,在访谈过程中发现,汉绣市场尚不规范,一些汉绣从业者理论知识匮乏,实践经验不足,尚未厘清汉绣与其他绣种之差别,巨大的商业利益促使某些不良刺绣从业者假借汉绣之名,粗制滥造、鱼目混珠,以创新的名义从中渔利,形成恶性循环,严重影响了汉绣品牌形象发展。

(二)创新乏力

调查显示,消费者对汉绣文化产品的偏好从高到低依次是服饰产品、文创产品、家居产品、网络产品。当问到汉绣适合融入的产品类型时,高贵、淑女和休闲风格的刺绣服饰排在前列,嘻哈风格几乎被排除在外(见图1)。究其原因,刺绣费时费力,价格昂贵,自古便与着装者的身份地位成正比,高贵是其传统属性。在现代社会,大众常见的刺绣载体多是以旗袍为代表的淑女风格服饰,因此在受访者心中形成刻板印象。笔者在实地考察过程中发现,汉绣服饰品类少,确实多囿于中式服饰品类,休闲时尚化的服饰产品相对缺乏,即便出现,也创新乏力,对现代时尚潮流把握不够,对消费者心理缺乏细致分析。

实际上,随着社会发展,生活节奏加快,大众对休闲舒适的服饰需求日渐增加,因此汉绣只有突破传统定位,走进日常生活,才能获得广泛的传播效应,保持持久的生命力。汉绣文创和家居产品种类繁多,但缺乏本地文化特色、创意程度不高,造成同质性竞争,难以引起消费者共鸣,无法形成粉丝效应。

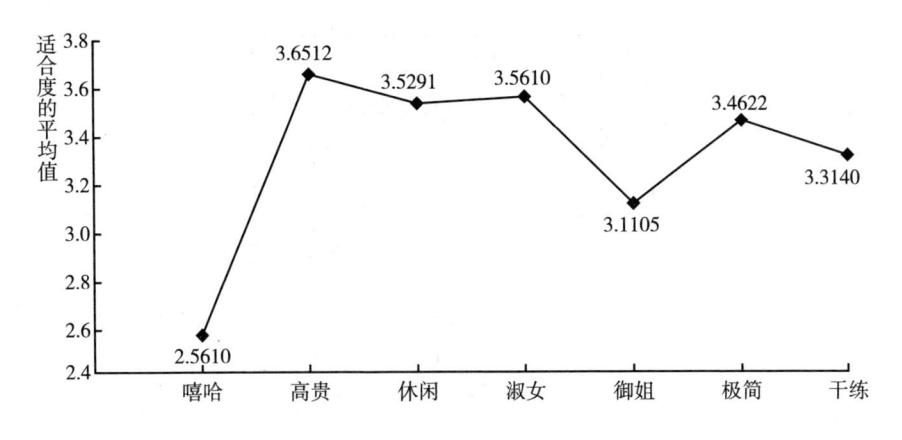

图1 汉绣产品时尚因子分析

（三）产业链不成熟

当问到"湖北汉绣不时尚的原因"时，主题选择、色彩搭配选择等因子表现出来的统计分析结果没有明显差异，这说明这些因素的影响程度几乎相同。通过类型分析后发现，主题选择和色彩搭配选择在旋转空间中的排列相近，可以被归入"设计因素"范畴，不实用、费时费力、价格高三种因子排列相近，可以被归入"市场因素"范畴（见图2）。由此可见，设计因素和市场因素是制约湖北汉绣产业化的主要因素，应从这两个方面入手进行研究，寻找对策。

对此，政府近年来确实加大了对汉绣文化产业化的扶持力度。2011年，杨小婷入驻昙华林，开设汉绣研究室，汉绣文化产业正式开启。2013年，武汉汉绣博物馆成立。2013年，长江日报报业集团、武汉旅游发展投资集团有限公司与武汉纺织大学签署武汉汉绣产业发展战略协议，共同组建武汉汉绣发展公司。这是湖北最早将自主研发、设计、生产和销售融合在一起的汉绣产业链发展平台。2018年7月，湖北省汉绣协会也正式成立，其目的在于架起政府、专家、保护单位、绣娘四者之间的沟通桥梁。但是，汉绣产业的发展，不仅需要沟通，更需要设计、市场营销、品牌运作方面人才的深度合作。走访调查时，汉绣传承人王燕表示，正所谓

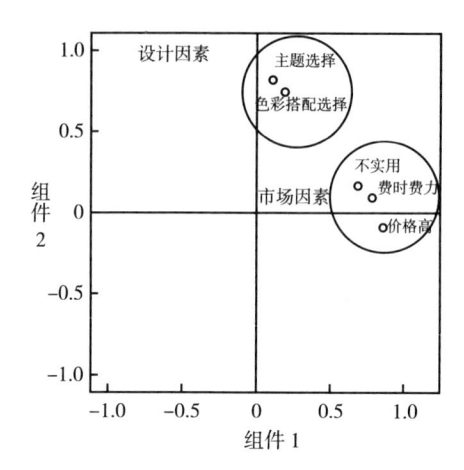

图2　湖北汉绣产业时尚程度的影响因子分布

"专业人做专业事",传统的汉绣题材逐渐与当下潮流脱节,而绣娘的专长是绣而非设计,因此汉绣从业者需要懂设计、会创新的设计人才提供符合时代审美的设计。"斯蒂芬妮"创始人李娟表示,汉绣艺术的装饰性特色及其深厚丰富的文化内涵在当下十分流行,但苦于找不到合适的汉绣大师合作。与此同时,市场推广和品牌营销也是汉绣创业者和设计师的短板。因此,汉绣产业发展仅靠政府输血、技能培训是远远不够的,以长远的目光,进行多方面协调,逐步完善产业链,是汉绣文化产业持续发展的重中之重。

四　汉绣产业化发展策略

(一)创建汉绣文化产业发展协同创新平台,加大传播力度

当前,湖北汉绣文化产业发展应借鉴故宫文化产业发展模式,后者深深植根于故宫文化,拥抱时尚媒体发展潮流,以内容为导向,以场景体验为特色,将产品融入日常生活,形成"网红文化"效应。同时,也应结合上海公共艺术协同创新中心(PACC)的经验,该平台由上海

市政府投资，围绕整合传统文化资源与当代文化资源，探索创新教育模式培养人才，对接现代公共艺术方向、都市手工艺方向和城市会展业方向。综合看来，汉绣文化产业发展应抓住"时尚""创意""互联网""设计"等关键词，将汉绣与消费者的日常生活变得"黏稠"，通过公益艺术展览、服饰时尚产品、虚拟现实体验、数字化微信平台、手机应用软件等形式实现传统汉绣产业形态的丰富与再造。进一步来看，湖北如果能打造一个类似以学科知识服务社会，推进社会进步和探索创新教育机制的项目执行机构，则有助于形成汉绣文化长效传播机制。

（二）湖北省汉绣文化产业发展应走年轻化、时尚化、创意化、多元化道路

据研究，"90后""00后"消费者对传统文化的热情持续上升。因此，汉绣产业的发展应对消费群体进行细分，分析年轻消费者的消费习惯和偏好，制定一系列应对措施。

课题组发放了调查问卷，结果显示，大学生填写人数占77.07%。据研究，大学生求新求异的心理需求较强，对时尚信息十分敏感，对现代传播手段的接受能力较强，也是未来湖北汉绣文化产业化的主要消费者，应进行重点培养，因此课题组将学生群体单列出来进行统计分析，该群体了解荆楚汉绣文化的渠道排名次序如图3所示，可见，网络、服饰产品、报刊书籍是学生群体了解汉绣文化的主要渠道。而他们的业余爱好如图4所示，音乐、影视剧和新媒体是他们的三大业余爱好，这些基本通过互联网来完成，因此，湖北刺绣文化的时尚传播应以互联网为主导。

该群体认为汉绣在文化内涵、制作工艺、色彩特色和主题特色方面对其时尚度产生影响，影响程度如图5所示，其中，文化内涵和制作工艺的时尚度较高，此结果与当前提倡的"文化自信""匠人精神"比较吻合。然而，湖北刺绣文化的主题特色和色彩特色对其时尚程度则有一定

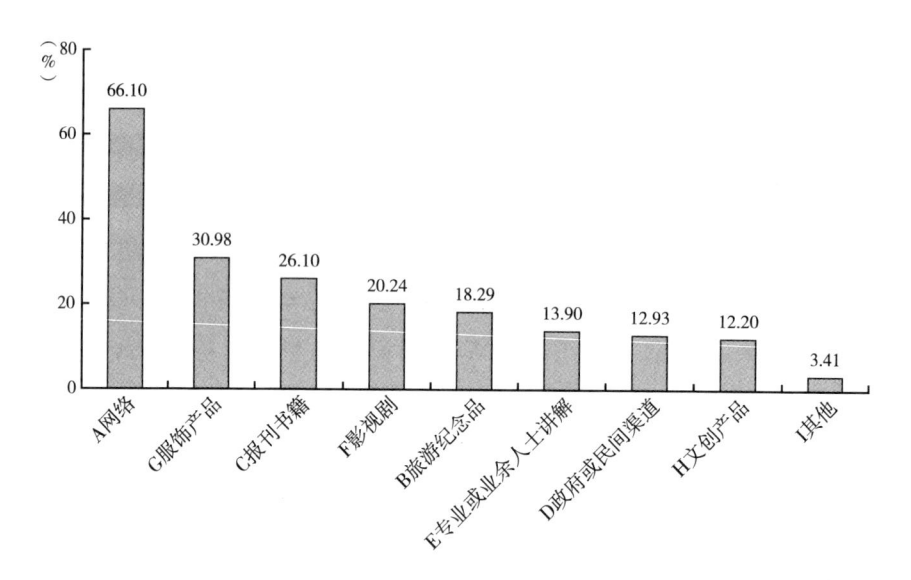

图3 学生群体了解汉绣文化渠道

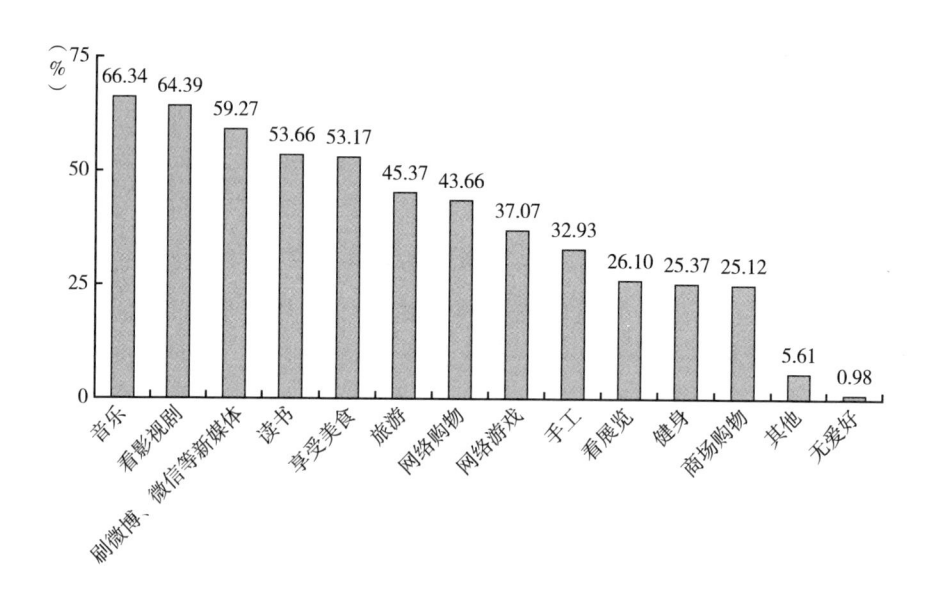

图4 学生群体业余爱好

的制约。

因此，在信息化和全媒体时代，湖北汉绣产业发展应走时尚化、创意化和多元化道路。具体而言，应对消费受众进行细分，分析不同受众的心理特点、行为习惯，制定合理有效的发展模式。在汉绣文化时尚化的过程中，产品的创意性和多元化、传播路径的网络化是重要着力点。

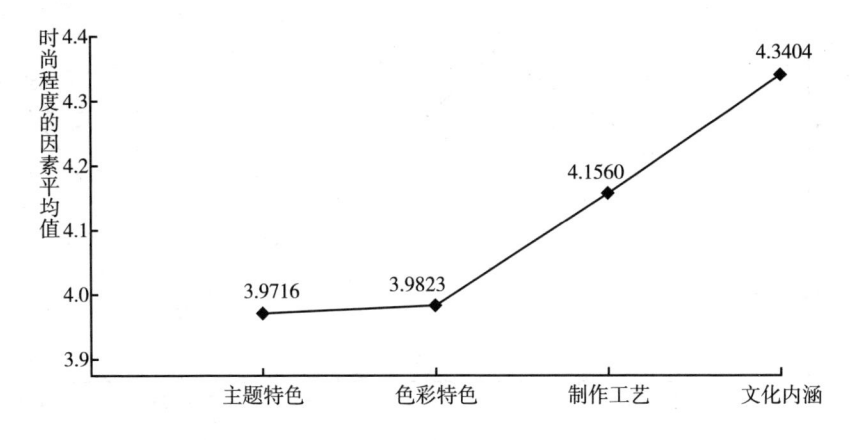

图5　影响湖北汉绣文化时尚程度的因素平均值

（三）重点借助服饰载体，构建湖北刺绣文化时尚传播模型

当问到"您觉得汉绣融入以下哪种产品会提升其时尚度"时，文创产品、服饰产品、家居装饰、床上用品、收藏品的影响程度表现出显著差异，利用SPSS统计分析方法，其单因素方差分析结果如图6所示，可见，受众对湖北刺绣文化与时尚服饰融合的期待最高。当问到"哪些渠道更适合对湖北刺绣文化进行时尚传播"时，统计结果显示，各选项所代表的影响因子之间表现出显著差异，如图7所示。其中，时尚服饰居首位，公益展示、时尚文化创意产品排在前列。这说明，刺绣文化最初的装饰性功能在现代社会仍有存在的土壤，其传播路径应从时尚和创意视角出发，而服饰产品是最主要的时尚载体。从人类服装的发展历史可以看出，服装的发展史与刺绣有着密切关系。刺绣艺术创造了服装史上的高端产品，至今仍能为服饰时尚注入新魅力。汉绣艺术图案构成方式十分多样，或抽象，或浪漫奇诡，加上其配色大胆，绣迹厚重，绣工粗犷实用，特别适合融入牛仔服装或棉麻类服装

产品，而后者是年轻消费群体喜爱的服饰风格。笔者以学生为主体受众，结合他们的心理特点和需求、审美取向等因素，以当代服饰时尚为载体，尝试构建湖北汉绣文化服饰传播理论模型，如图8所示。

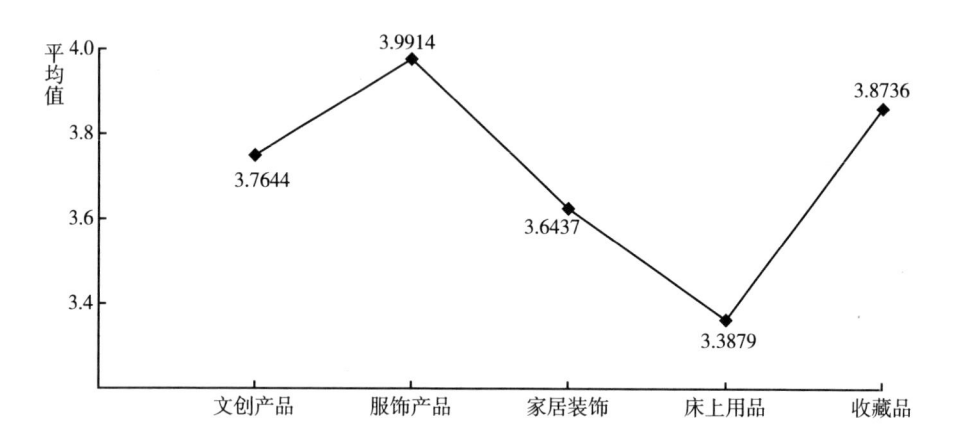

图6　湖北刺绣时尚度提升因子差异

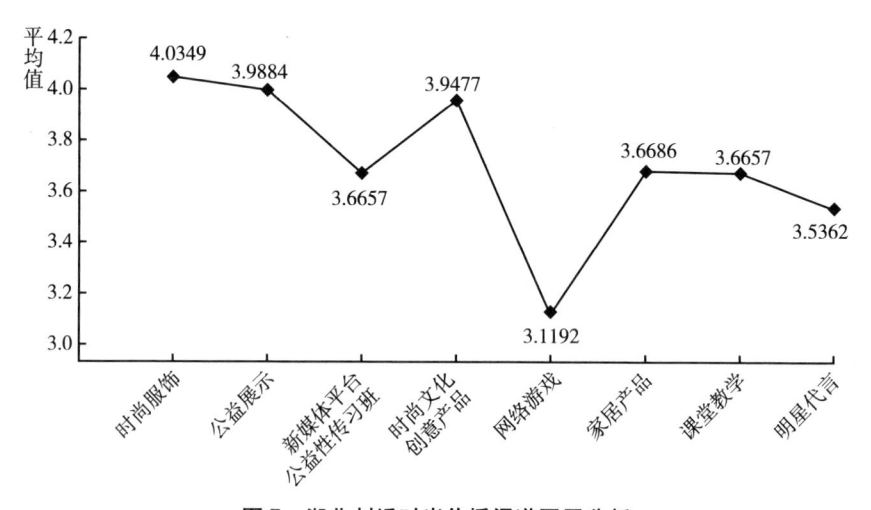

图7　湖北刺绣时尚传播渠道因子分析

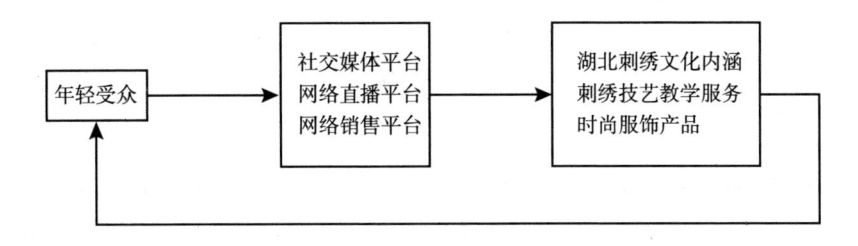

图8 湖北汉绣文化服饰传播理论模型

（四）将情感艺术与科学技术有机融合，解决市场和设计之间的矛盾

在对汉绣艺人和服装品牌设计师的深度访谈过程中得知汉绣的界定标准是如何平衡汉绣艺术和产品成本之间的问题。浮生若梦服装品牌设计师刘正心指出，当我们进行设计时，考虑的重点是刺绣艺术与服装风格审美之间的关系，以及如何最大限度地降低成本。机器生产的汉绣或者手推方式的汉绣更节约成本。然而，一些汉绣艺人则认为，机器生产的汉绣产品失去了汉绣最初的内涵，缺乏手工制品的情感和审美体验，不是真正意义上的传承和保护。汉绣传承人王燕则对此持开放的态度，认为汉绣文化本身就是兼收并蓄的刺绣文化，应在技法、图案等方面与时俱进，开拓创新，焕发新的生命力。课题组认为，在当今快速发展和机械化加工时代，对诸如汉绣之类的民族工艺的运用不是照搬，不再沿用传统烦琐的加工方法，而是进行简化，采用简单的镶边和机绣来替代传统的镶、滚、绣，既保留民族意蕴又符合现代简约适用的审美意识，也缩短了加工时间并与现代节奏合拍。[①] 汉绣技艺与现代产业发展之间是互惠互利的关系。汉绣文化产业发展战略应进行市场细分和消费者调研，可以将汉绣分为高端、中端、大众、收藏、创意等品类，将情感艺术与科学技术有机融合在一起，相互补充，制定一系列汉绣技艺评价标准，平衡市场和技艺之间的张力，将汉绣文化的应用价值发挥到极致。

---

① 吴永红：《现代视阈下服装设计与民族化》，《民族艺术》2011年第4期。

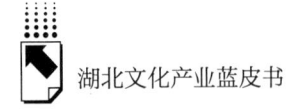

四 结语

任何一种技艺都是这个国家或民族文化继承、融合、创新的产物,携带着这个国家或民族的文化和传统密码。汉绣文化不仅是地域文化,而且是中华民族优秀文化代表,如何将这种针尖上的技艺和文化发扬光大,成为多元文化中的奇葩,是社会各界应该思考的问题。汉绣文化产业的发展经历了艰难的起步阶段,如今已初具规模。当下,创新、创意、时尚、年轻化是汉绣文化产业发展的关键词和着力点,完善汉绣产业发展链,建立协同创新平台,着力构建服饰时尚传播路径,解决市场和设计之间的矛盾,是产业发展的策略和方向。

B.13
湖北钢琴产业发展报告（2018）

王希翀*

摘　要： 本报告对2018年湖北钢琴产业做了系统而全面的分析，以一手调研数据和问卷作为分析素材，就湖北钢琴产业的现状进行了深入分析。在湖北地区，钢琴制造业、钢琴教育业、社会钢琴赛事等产业的整体发展形势均较为良好，发展前景乐观。但是，在发展的过程中，仍有许多现状需要进一步整改。同时，本文针对这些现状也提出了相应的对策建议，如优化与细化钢琴产业链、完善教师培训体系、优化考级与赛事资源平台等。

关键词： 钢琴产业　钢琴培训　钢琴制造

钢琴产业是以钢琴制造、销售与教育为一体的产业。钢琴文化的普及以钢琴产业为基础，且反作用于钢琴产业的发展。从钢琴制造与销售的角度来说，根据刘婷婷的研究，中国钢琴产业的发展经历了两个时期，自1950年中国完全制造出第一台立式钢琴后，上海、营口、广州等地相继出现钢琴生产企业。"中国钢琴从小作坊模式逐渐发展到具有一定规模乐器制造业体系。"[1] 第二个时期主要在改革开放后。那一时期，中国钢琴制造业借鉴与引进了国外先进的钢琴制造理念与生产模式，现代化的钢琴企业也相继出

---

* 王希翀，文学博士，湖北大学文学院讲师，主要研究英美文学、音乐文学与文化产业。
[1] 刘婷婷：《中国钢琴产业发展研究》，《山东理工大学学报》（社会科学版）2017年第2期。

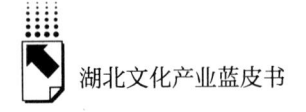

现，20世纪末钢琴产量也从不足2000台/年，增长到30万台/年。骆媛媛提出，21世纪后中国钢琴产业发展也发生了变化，由于西方钢琴制造龙头企业，进行了产业结构调整，变商品输出为技术输出和资本输出。中国钢琴产业也将在嵌入全球价值链的必要性、承接国际产业转移与增强专利研发等方面进行产业结构升级。[1] 根据中国产业调研网发布的《中国钢琴行业发展现状分析与市场前景预测报告（2018—2025年）》的相关数据，2018年，国内钢琴产量共计357302台，同比减少2.35%。其中立式钢琴有343699台，同比减少2.11%；三角钢琴有13603台，同比减少7.97%。钢琴产销量仍然高居世界首位，占世界钢琴总产量70%以上，但钢琴同比产量却在下降。

与钢琴相关的教育也是钢琴产业链条中的重要组成部分。它关系到钢琴文化在中国的普及力度与方式。中国钢琴的体系化教学起源于中华人民共和国成立后。迫于当时的国际形势，中国的钢琴教学引入苏联的教材。王健、吴晓娜提出："苏联的教材注重鲜明的俄罗斯民族风格，注重严格的高度技巧训练与歌唱音乐美感相结合的训练。"[2] 20世纪80年代催生的"学琴热"使各类艺术中心与钢琴学校遍地开花。根据智研咨询整理的数据，2017年其市场规模已达到814亿元，YOY比例达到18.67%。而这组数据还显示2020年市场规模有望达到1300亿元。据估算，2015年我国少儿艺术培训市场规模达574亿元，2020年规模将增至1316亿元。其中与钢琴教育相关的市场规模则达到总比例的38%。这更加说明钢琴学习已成为中国家庭的美育课程首选。

中国产业调研网发布的《中国钢琴行业发展现状分析与市场前景预测报告（2018—2025年）》指出，近些年钢琴制造数据同比下降的原因在于二手钢琴市场的逐步发展。二手钢琴市场的发展以更为大众化的性价比成为中国钢琴产业的新趋向。越来越多的儿童加入音乐学习尤其是钢琴学习的队伍中。据2018年中国音乐家协会的调查统计：全国学习钢琴的儿童已超过

---

[1] 骆媛媛：《新环境下中国钢琴文化产业结构动态研究》，《音乐创作》2018年第4期。
[2] 王健、吴晓娜：《钢琴音乐文化》，武汉大学出版社，2011。

3000万人，而且每年还在以10%的速度增长。另外，根据中国乐器综合统计信息显示，2017年中国城镇每百户家庭的钢琴拥有量为5.82台。预计在2020年这个数字会上升到8.62台。庞大的学琴队伍促使中国已然成为全世界学习钢琴人数最多的国家。钢琴教育已从精英化素质教育过渡为社会普及化教育的一部分。

得益于国家近些年对音乐文化普及的关注与政策倾斜，中国的钢琴教师与学员已不再单一追求考级、比赛等功利目标。从钢琴文化普及推广层面重新审视钢琴教学的相关命题，不仅在准确把握审美内涵上进行反省与研讨，还能运用理论依据引导学琴者在学习中发现美、创造美，从而能够由内而外地感受到音乐美的丰富性与多义性，一方面提高全民钢琴素养，另一方面促进社会精神文明发展。

一 湖北钢琴产业发展现状

作为华中地区的教育大省，湖北具有培育钢琴产业的先决条件和优势。专业院校与系别的设立为湖北钢琴的产业化奠定了基础，具体表现为稳定高水平的师资队伍的搭建与钢琴销售的基量保证。如果说大学的钢琴教育保证了专业水平与产业基线与发展空间，那么钢琴文化的普及与推广则需要依托钢琴文化的社会化，钢琴文化的社会化则包含社会普及过程中的钢琴销售与教学。我们对湖北的钢琴生产现状、钢琴销售现状、钢琴的专业与社会教育现状进行了调查。

（一）湖北钢琴生产现状

湖北省长期以来都是领先于全国其他省份的钢琴制造大省。其中，宜昌拥有全球最大的三角钢琴专业生产工厂，产品覆盖40多个国家和地区。世界上每7台钢琴，就有1台产自宜昌。当地各中小学及大中专院校都设有钢琴课程，市民拥有钢琴8万台。2014年，宜昌市也被中国音乐家协会授予"中国钢琴之城"称号。1999年，宜昌通过招商引资工作，吸引香港柏斯音乐集团来宜昌投资,建立国内规模最大的钢琴生产基地。2000年,宜昌金宝乐器制造有限公司正式启动。为打造精品名牌,柏斯音乐集团在北美购买云杉木材,在烟台建立木材加工基地,全资收购拥有百年历史的德国WILH. STEINBERG钢琴制造厂,引进国际先进生产设备,聘请德国、美国、奥地利、日本、韩国等10多个国家的专家组成研发中心。2009年,代表长江钢琴诞生的第一代九尺三角钢琴面世。"长江"跃然琴身,让汉字在世界几百年钢琴制造史上首次以"钢琴标志"的身份亮相。如今,长江钢琴已经形成了以九尺三角钢琴为代表,覆盖高、中、普及各档次,包含三角钢琴、立式钢琴多型号,满足音乐会、教学、家庭等各种演奏需求的庞大产品体系,成为全球最大的三角钢琴专业生产厂商之一。2018年宜昌钢琴生产基地钢琴年产量达到4万台,创收7亿元。宜昌市政府办2019年下发的《关于加快推进"中国钢琴之城"建设的实施意见》提出,激励引导企业不断延伸钢琴产业链,进一步扩大产能,力争全球每5台新产钢琴中不少于1台为宜昌造,建成全球最大的钢琴生产基地。为此,宜昌将积极支持钢琴产业研发创新,支持钢琴生产企业依托现有的湖北省钢琴制造工程技术研究中心,建立"长江钢琴研究院",打造国家级工程技术研究中心。得益于自主研发与制造,湖北已然成为中国乃至世界钢琴制造大省。

为了促进长江钢琴品牌的推广,柏斯音乐集团于2012年打造"长江钢琴音乐节"。该音乐节已经成功举办了7届。历届音乐节以"音乐惠民"为办节宗旨,每一届都会举办音乐论坛、专业钢琴赛事、音乐会、大师讲座、名家进社区进校园等众多音乐惠民活动。截至2018年12月,音乐节系列活动多达数百场、参赛选手及演员数千人、参与嘉宾近万人,惠及观众高达20余万人。音乐节的设置推动了国人对长江钢琴的认知,使之走上主流音乐会的舞台。例如,在"第四届深圳国际钢琴协奏曲音乐周"的舞台上,长江钢琴被选为长江钢琴大师讲堂唯一指定用琴、音乐周及闭幕音乐会选用琴,获得了大师们的一致称赞和多位演奏者的信赖与选择,并助力白岩峰、潘林子、陈学弘等优秀演奏者荣登音乐周荣誉之巅。近些年由于品牌的坚持努力,世界对中国制造、湖北制造的钢琴品牌有了新的认知。然而,在钢琴制造的过程中,也暴露出了一些问题,如技术研发能力的不足,产销链条运转还不够紧密,产业结构升级过程中的风险评估不足,以及核心技术的掌握不够,等等。

(二)湖北钢琴销售现状

钢琴销售主要发生在琴行之中。不同的钢琴品牌一般由琴行代理展示与销售。国内有超过 30 万家琴行。虽然在国家相关政策的促使下,整个行业呈现利好的发展趋势,琴行数量整体呈现快速增长状态,但其经营与管理方面带来的诸多问题仍导致该行业现实与理想的反差。根据《琴行经营报》的统计,2017 年倒闭的琴行占 15% 以上,全国将近 70% 的琴行在经营中持续亏损。

然而面对中国琴行经营状况的两极分化态势,湖北的琴行发展整体呈现良好稳定趋势。表 1 是 8 家湖北知名琴行代表与其主营钢琴品牌。

表 1 湖北知名琴行及其主营钢琴品牌

琴行	主营品牌	琴行	主营品牌
柏斯音乐集团(武汉)	长江	世纪	卡瓦依
银可可	施坦威	琴声何来	雅马哈
钢的琴	贝森朵夫	大音	查伦
兴乐达	珠江	乐尔	星海

资料来源:根据《琴行经营报》整理。

这些琴行在全国知名的"武汉音乐街"拥有门面店铺。位于解放路南端的"武汉音乐街",从彭刘杨路口到张之洞路口,全长 600 多米,武汉音乐学院也在这条街上,沿街聚集了大大小小 54 家琴行。它们经营乐器 3000 余种,音乐商品达 1 万个,乐器畅销中南五省,名扬全国,其规模位居全国之首。8 年前,这条街一年可卖出 2000 台钢琴。近年来,随着人们生活水平的提高,据不完全统计,这条街一年销售钢琴 5000 多台,销售额达 1.3 亿元,仍居全国前列。好的销售额一方面得益于同专业院校的良好互动,另

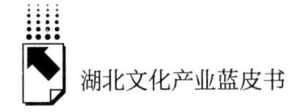

一方面也归功于琴行间合作与共谋而非恶性竞争的契约精神。早在2010年，该区域就成了武汉音乐街乐器行业商会。该商会由银可可琴行、大音琴行、超英琴行等24家经营乐器的琴行联合发起，是湖北省首个乐器行业商会。在琴行经营市场不景气的大环境下，该协会以协作共赢为先，多次发起与行业运营、货品、渠道及管理相关的业内交流与培训，为保质保量的产品销售路径奠定了良好基础，领航全省乃至全国。然而，从钢琴销售与钢琴制造市场的角度来看，湖北钢琴产业虽然面临着良好的商业机遇，但仍然面临着一些亟待解决的问题。

第一，国产钢琴制造商的品牌意识不强。孟晓、李瑞缘认为："在钢琴业，欧美制造技术与品牌价值远远高于亚洲的品牌，我国的钢琴几乎近九成是中低端产品。在国际市场上，外国品牌的价值凸显，中国造贴牌产品价格相差二三十倍。"[1] 同时，二手钢琴大量涌入，极大地影响了中国钢琴产业的健康发展。据中国轻工业网报道，2016年我国进口二手钢琴14.8万台，产品价格与新品相差数倍。这些产品有一定的缺陷，虽然可以满足大众的消费需求与对钢琴质量的要求，但对国内生产厂商来说却是致命的冲击，严重影响了我国钢琴产业的技术进步与发展。第二，国产钢琴技术投入力度不够。面对钢琴产业的产业升级大潮，原创钢琴品牌在先进技术与技工的引入上还未能由点及面。大多依赖单个技术或个别技术主体，未创立其自身的技术体系与创新实验室。第三，钢琴销售品牌过于繁杂，未实现市场标准化与价格分级策略。由琴行代理的品牌在市场上过于繁杂，且出现销售误导、偏听偏信甚至恶性竞争的情况。市场上缺乏统一的价格标准与标准化的钢琴品牌导购。

（三）钢琴的专业教育与社会教育现状

在专业钢琴教育方面，创立于1953年的武汉音乐学院是华中地区唯一

---

[1] 孟晓、李瑞缘：《钢琴文化产业的价值探讨和发展对策》，《青岛科技大学学报》（社会科学版）2019年第1期。

的音乐专业院校。在综合大学中，华中师范大学音乐学院筹建于1929年。除此之外，江汉大学音乐学院、湖北师范大学音乐学院、黄冈师范学院音乐学院、湖北文理学院音乐与舞蹈学院、长江大学音乐系、三峡大学艺术学院、荆楚理工学院、武昌理工学院、湖北第二师范学院下都设有钢琴表演以及教育专业。这给予了湖北社会钢琴教育强大的师资保障和学术背景。我们从三个方面对湖北省钢琴教育现状进行分析和总结，并制作了针对湖北省钢琴教师的调查问卷。

1. 高等院校钢琴教育现状

湖北省有30余所院校设立了钢琴教育相关专业，其中武汉音乐学院是中国9所独立设置的音乐学院之一，这也为湖北钢琴教育发展奠定了专业基础。钢琴教学需要不断完善教学体系，进行教学改革和更新，高校许多专业工作者都在不断深入研究和创新。但音乐类专业院校与院系仍存在一定的问题。

第一，高校产出与市场化需求未能高度匹配。从2018年高校毕业生专业对口率调查分析来看，毕业生所学的专业与从事岗位对口率为48.61%；不直接但相关的占比为28.75%；专业完全不对口的占比为22.64%，其中艺术类院校对口率更低。第二，艺术类专业院校与综合类院校联系仍不紧密，素质教育离不开专业的艺术院校，其不论在专业领域还是师资等内容上都会更加成熟和系统，综合类院校开设艺术类专业，丰富和增加学校专业和学生的多元化需求，但远不及专业院校的匹配程度，尤其是在教学体系和提供的实践机会等内容上。第三，音乐教程系统化不强。在高校钢琴教学当中，很多教学材料需要采取其他专业高等院校所编撰材料，这些材料往往是高校内部编撰，一般是顾及本校学生特色和实际情况进行教材编写，而并未结合全国高校情况。其他高校在引用这些教材时，往往忽略自身学校学生情况，使学生难以进行稳固扎实的学习，这给高等院校学生学习带来了很大难度。第四，高校教师在因材施教方面仍显不足。所有艺术类学生存在学习能力参差不齐的现象，有的学生受到家庭影响，天生对钢琴有特殊爱好，从而选择钢琴专业进行学习，此类学生学习较为刻苦，而且本身鉴赏能力和弹奏能力均较好；还有部分学生是为了寻找更好的出路才去选择钢琴这门艺术课程，但是这种学习往往时间较短，而且学生整体音乐素质不高。这两类学生对于钢琴的理解存在差距，因此对于高校老师而言，选择合适的教学方法十分重要。

2. 社会钢琴教育现状

艺术素质类培训需求量随着国家政策的颁发越来越大，社会上也涌现出大量的艺术教育品牌、培训机构以及个人工作室，面对众多选择，需求方应甄别优质的学习内容。对于相关社会钢琴教师，我们制定了一份问卷，并收集了500份相关数据信息。以下将从钢琴教学师资、钢琴教学的教材选择以及考级和钢琴协会三个方面进行探讨。

首先，从社会钢琴教育机构师资来源的方面看。钢琴教育的普及，在一定意义上，说明了社会在不断进步，与此同时，产生的钢琴教育品牌、机构以及个人工作室越来越多，门槛也在不断降低。一名合格的钢琴教师首先要有扎实的专业技能、正确的教育理念、科学的教学方法。还要有对职业的敬畏感和服务社会的意识，热爱自己的职业，有坚定的信念，拥有广博的学识；而知识是不断更新的，所以还要不断进取，跟随时代的发展，与时俱进。近年来，由于钢琴艺术培训机构方兴未艾，许多商家借钢琴教育之名利用各种商业手段招生，恰恰多数琴童家长对钢琴教学的特点并不了解，盲目入学。由于缺乏严格的筛选与监管机制，很多不合格的老师混进钢琴教师队伍。不少教师根本没有系统学习过钢琴，更不要提钢琴教学法。如图1显示，62.77%的钢琴从业者来自专业音乐学院，25.53%来自师范类大学音乐专业，其余来自综合类大学及其他。如图2所示，在这些教师中，84.04%的教师主修专业是钢琴，很多教师不是主修钢琴专业，甚至有古筝等专业的教师从事钢琴教育工作。

其次，从钢琴教学的体系及使用教材方面看。我国钢琴学员的数量越来越多，钢琴教学在音乐教育体系中的作用也越来越重要，从图3中不难看出，半数以上的教师根据自己的经验教学，仅有15.96%的钢琴教师使用完善的教学体系进行教学。郭瑞在《浅谈我国儿童钢琴教育的现

其他综合类大学
7.45%

其他
4.26%

师范类大学音乐专业
25.53%

专业音乐学院
62.77%

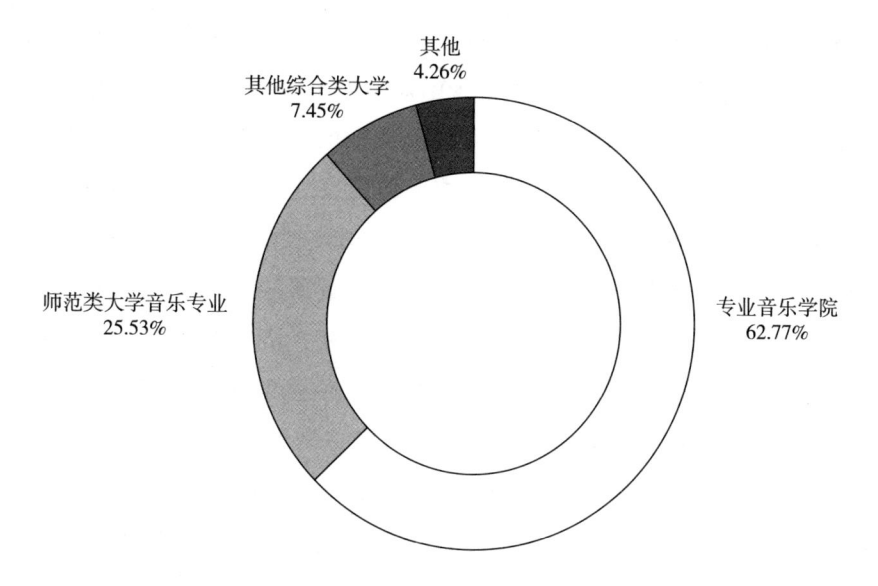

图1 钢琴教师毕业院校类型比例

资料来源：根据调查问卷数据整理。

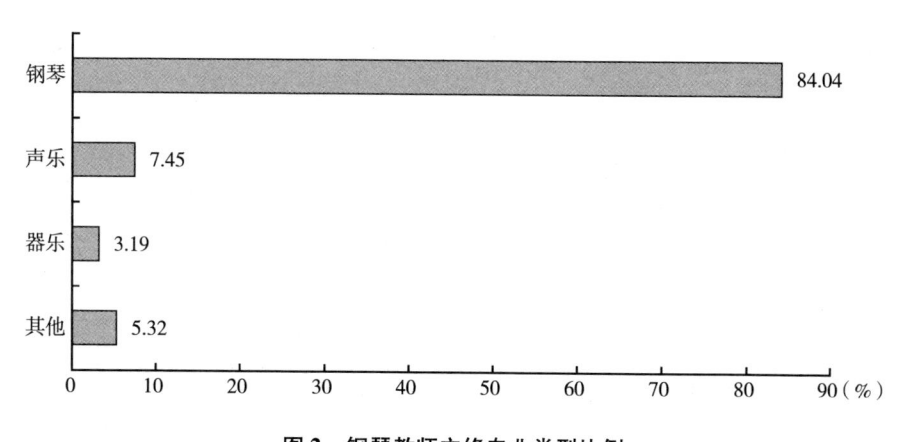

钢琴 84.04
声乐 7.45
器乐 3.19
其他 5.32

图2 钢琴教师主修专业类型比例

资料来源：根据调查问卷数据整理。

状及发展》中认为，单凭经验教学的教师在教学方法上容易出现两种问题。第一，在教学过程中技能化倾向严重。片面追求学生弹奏技巧，而忽略其创造力与鉴赏力的培养，会阻碍学生对音乐美的追求，且影响其对作品的感受与理解，最终让钢琴学习变得枯燥无味。第二，其传统式填鸭式的教学方法也会让学生们的学习缺乏创造性与新鲜感。在教材的选择上，《汤普森简易钢琴教程》《巴斯蒂安钢琴教程》《菲伯尔钢琴基础教程》等成为教师们的首选，但昭义最新的钢琴教材《新路径钢琴基础教程》也深受钢琴教师的喜爱，主要原因在于其教学内容的设计更适合中国家庭（见图4）。市场上少有完善的钢琴教学体系，多是通过钢琴教材的选择匹配教师的教学经验，形成教学模式。针对钢琴教材的使用情况，如图5所示，其均有明显的优势和劣势，大部分教材是通过国外引进的方式，中国市场环境与国外市场环境存在差异，教师应多参加专业的钢琴教学培训，结合实际情况进行教学，做到真正学以致用。《新路径钢琴基础教程》是但昭义根据多年教学经验，融合中西方内容，为中国琴童设计和编写的教程，为更好地培养人才和发展美育之路创造了社会价值。所以教师和家长在钢琴教材的选择上需谨慎，没有最好的，只有合适的。

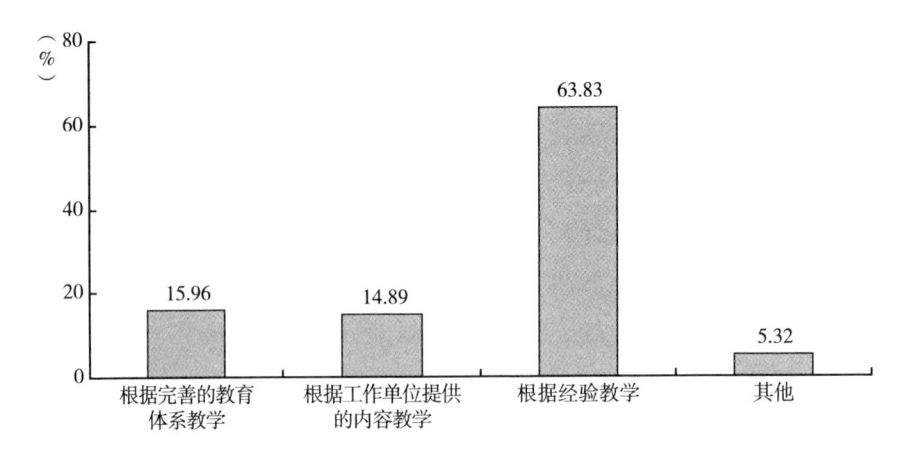

图3 教学设定来源比例

资料来源：根据调查问卷数据整理。

近年来，已有一些艺术教育机构着力于打造钢琴教学系统。其依据科学模式，分年龄阶段设置教学方法，并使用相匹配的教材。这种体系化教学模式的运用，连接了专业钢琴教学法的研发与社会钢琴教学的实践，使

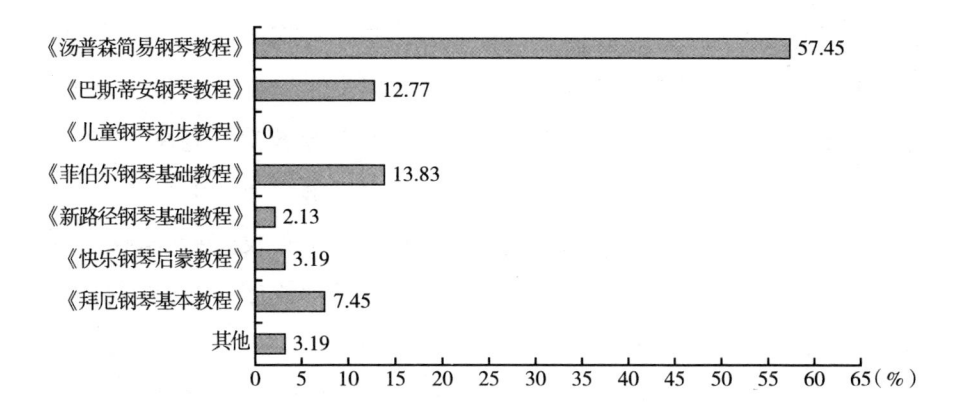

教材	比例
《汤普森简易钢琴教程》	57.45
《巴斯蒂安钢琴教程》	12.77
《儿童钢琴初步教程》	0
《菲伯尔钢琴基础教程》	13.83
《新路径钢琴基础教程》	2.13
《快乐钢琴启蒙教程》	3.19
《拜厄钢琴基本教程》	7.45
其他	3.19

图4 钢琴教材使用类型比例

资料来源：根据调查问卷数据整理。

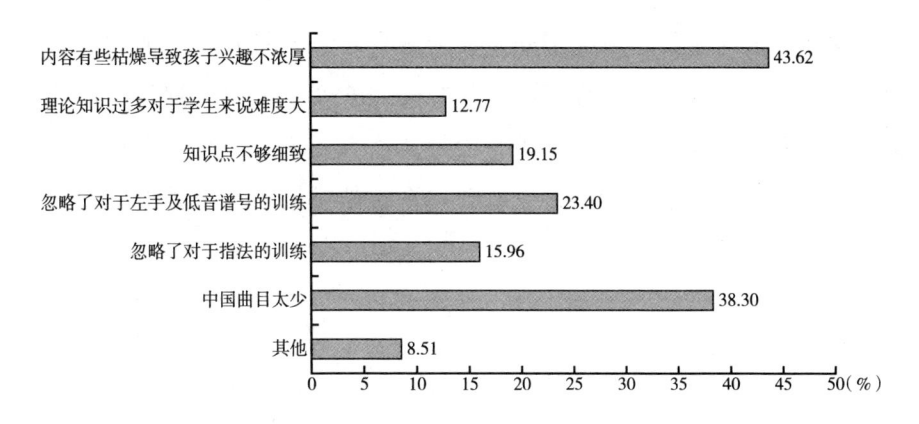

缺陷类型	比例
内容有些枯燥导致孩子兴趣不浓厚	43.62
理论知识过多对于学生来说难度大	12.77
知识点不够细致	19.15
忽略了对于左手及低音谱号的训练	23.40
忽略了对于指法的训练	15.96
中国曲目太少	38.30
其他	8.51

图5 钢琴教材使用缺陷类型比例

资料来源：根据调查问卷数据整理。

琴童们能够开启更为科学的钢琴学习模式。例如，唤醒花园音乐艺术教育中心研发的一整套钢琴教学体系（见图6）。这一套体系除了包含科学的钢琴教学进阶模式之外，还匹配了音乐素养与文学解析的对应性课程。该体系在快乐教学的前提下，以跨学科视野，充分激发琴童的综合艺术感知与创造能力。

最后，从钢琴考级和社会钢琴协会角度看。近10年来，钢琴考级在全国范围内广泛开展。作为艺术教育大省,湖北在钢琴考级的组织方面亦走在前列。考级既提高了业余钢琴教学的群众性、普及性和人们学琴的积极性,也树立了业余钢琴教学的准则,使钢琴教学日益规范化。同时,还拓宽了学生的视野,使他们更多更广地了解钢琴音乐文献的经典之作。但是,必须使学琴的学生及家长明白,考级仅仅是程度测试,是阶段性地让习琴者了解自己的学习程度、进度及准确度。考级对于大部分学生或者家长来说非常重要,因为他们认为这不仅仅代表孩子的钢琴水平,还意味着家长的投入与产出是否成正比。这种对考级的惯性思维,已经使考级偏离了原本的意义,我们应该更加理性对待。考级是阶段性检验钢琴学习的一种方式。如图7所示,多样化的考级选择,让学生明确目标和坚持学习,也有利于教师合理规划教学内容。然而,随着选择的多样化,如何选择考级类别开始成为广大琴童与教师思考的问题。为了让人们有更全面深入的理解,近年来湖北省音乐家协会钢琴专业委员会开始对考级长期进行专业分析与引导。这有利于凝聚行业资源,把握钢琴教学的动态和前沿资讯,让教师们在教学领域不断推陈出新,以优产优。

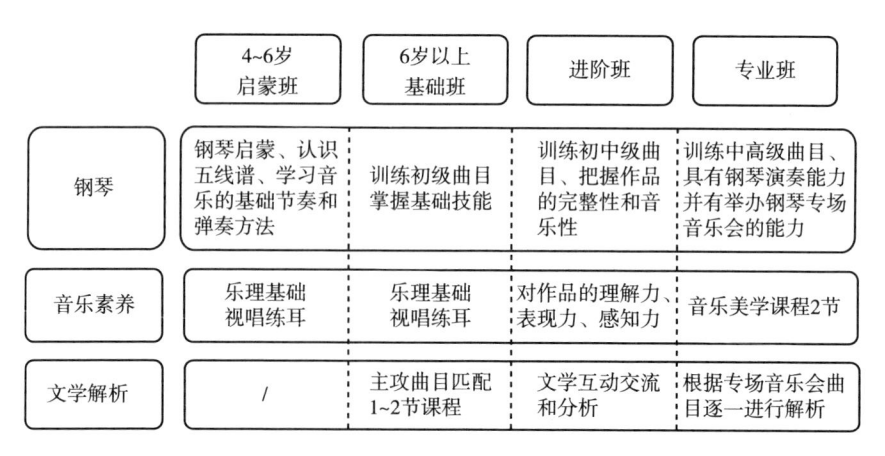

	4~6岁启蒙班	6岁以上基础班	进阶班	专业班
钢琴	钢琴启蒙、认识五线谱、学习音乐的基础节奏和弹奏方法	训练初级曲目掌握基础技能	训练初中级曲目、把握作品的完整性和音乐性	训练中高级曲目、具有钢琴演奏能力并有举办钢琴专场音乐会的能力
音乐素养	乐理基础视唱练耳	乐理基础视唱练耳	对作品的理解力、表现力、感知力	音乐美学课程2节
文学解析	/	主攻曲目匹配1~2节课程	文学互动交流和分析	根据专场音乐会曲目逐一进行解析

图6 唤醒花园钢琴教学体系

资料来源:根据内部资料整理。

3. 社会钢琴赛事现状

随着素质教育的不断推进和发展，音乐等艺术类赛事呈现喷涌的成长态势，特别是越来越多的钢琴比赛供家长、学生进行选择和参加，对素质教育具有重要的影响（见图8）。钢琴比赛主要分为商业性赛事和政府支持性赛事，湖北省为推动青少年艺术教育事业的发展，提高青少年的综合素质，增强青少年的审美情趣，联合中华文化促进会举办的"长江钢琴杯"青少年钢琴比赛，每年有几万人次的报名数量。湖北省也不断引进专业性和含金量高的钢琴赛事。例如，由全国性一级团体中国社会经济文化交流协会主办的上海国际青少年钢琴大赛，每年有将近1000人的报名数量。同时，由湖北赛区选送的选手在全国的各类钢琴赛事中成绩不俗。如，在2018年8月14日闭幕的第十一届上海国际青少年钢琴大赛中，湖北赛区的选手们几乎拿到了全部单项奖冠军。该赛事设立的最大奖项——年度评委会大奖也由湖北赛区乔治捧得。

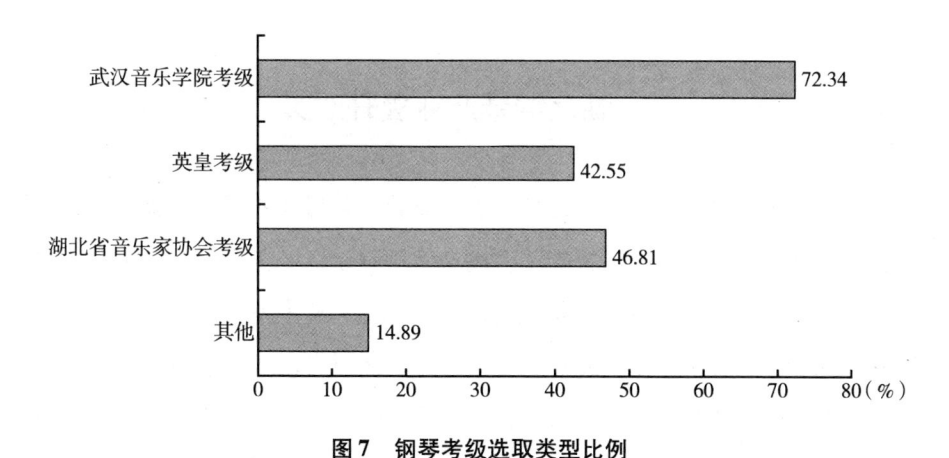

图7 钢琴考级选取类型比例

资料来源：根据调查问卷数据整理。

然而，随着越来越多赛事的出现，学生们纷纷拿奖拿到手软，比赛本身是一个主动选择的事情，但多种因素的出现，比如教师的要求、家长的推荐、奖品丰厚等，导致互相交流和学习的机会大大减少，变成了被动参与比赛。

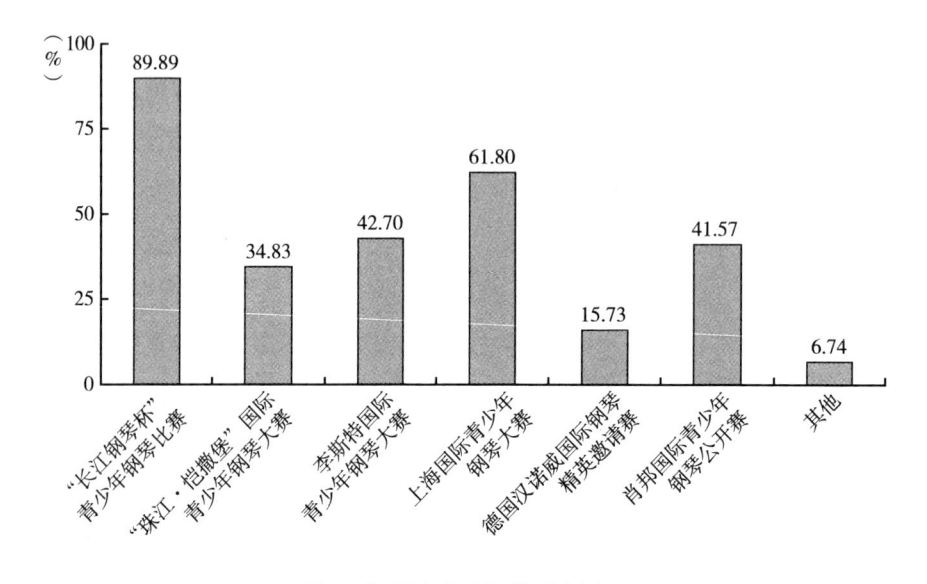

图 8 钢琴比赛选择类型比例

资料来源：根据调查问卷数据整理。

二 湖北钢琴产业提升对策

第一，钢琴制造业的技术升级。借助亚洲知名品牌的制造优势，与湖北本地政府的政策支持，钢琴制造厂已成功落地湖北且运营良好。然而，面对技术革新与原创力培养的制造业大局，钢琴制造行业仍要专注技术的升级，依靠不断地改进加工方法，提升产品竞争力，从而实现产业结构升级，循序渐进地减少自身投入，降低结构升级的风险。同时，在完成技术积累后，制造工厂可以尝试性地向产品研发和产品销售领域逐步拓展，厂家直销可以提升利润空间，时时把握市场动向，指导产品的研发和生产，用核心技术去提升产品价值，完成产业升级。另外，应该统筹钢琴之城地标性建筑区域内公共设施建设，提升钢琴之城地标性建筑档次。加快推进全国钢琴文化教育培训基地建设。高标准办好钢琴音乐节。大力发展钢琴音乐节会经济。

第二，优化与细化钢琴产业链。全球价值链主要包括研发环节，生产环节和销售环节。长期以来中国只占据了生产环节，我们知道全球价值链上的各种增值活动包括设计、生产研发、生产制造、营销、出售、售后服务等，制造环节是全球价值链上利润最低环节。中国需要优化和细化钢琴产业链。

第三，专业院校关于社会钢琴普及工作的指导。高校艺术类专业应积极与市场化需求接轨，以提高学生的对口就业率。一方面，许多高校与企业签订战略合作协议，通过挂牌实训基地的举措，增加就业机会，丰富学生在校的工作经验，良好地调动了学生踏入社会工作的积极性。另一方面，专业院校应多提供舞台演出、公益活动及企业学习等实践机会，学生通过自身的实践找到自身价值与社会的连接点，从而更好地利用在校时间，完善规划和制定目标。湖北地区钢琴类培训品牌或机构与高校合作不多，双方应寻找多样化的形式匹配资源，共同促进。以唤醒花园音乐艺术教育中心为例，其已经与武汉大学等多个高校签约。同时，综合类院校应与艺术类专业院校紧密联系，不论是从教学科研成果上还是从教学内容上均应实现资源共享，使双方共同发展。以湖北大学为例，其已经同武汉音乐学院达成校际战略合作。

第四，社会钢琴师资认证与教师培训系统的完善。进入21世纪之后，儿童、青少年逐渐成为钢琴教学的参与主体，教师对于学生的认知和学习起到了关键引导作用，越来越多的社会钢琴从业者，不追求质，只追求量，所以，社会钢琴教育应更加规范化，设立相应门槛或社会性组织来进行监管。

第五，考级与赛事资源平台的优化。应该进一步提升考级与赛事资源的第三方监督范围，该范围既包含对于其专业含金量的监督，也包含对于其所涉及的市场行为规范性的监督。另外，在比赛的选择上，教师和家长都不应盲目从众，而是根据目前的学习程度，配合老师与监督平台的建议，为子女选择合适的比赛与考级平台。

第六，创新钢琴教学方法。社会钢琴的教学法应该以专业院校的教学法为依据，并且在实践中完善优质教学模式。在儿童钢琴教学中应该提倡以人为本的教学模式，打破传统应试教育理念，注重儿童音乐素养的培养与儿童

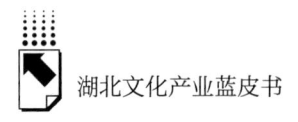

艺术潜能的激发。技能培训固然重要，但应该在注重传统技术的同时，增加趣味性与综合艺能方面的课堂互动，保持学生的学琴兴趣。同时，在教材的选用上，教师应该选择符合各年龄段学琴者特点的钢琴教材，使孩子在接触西方专业教材的同时，也能继承优秀传统文化，熟知优秀的中国当代钢琴作品。

B.14 湖北省新华书店发展报告（2018）

张 萱 熊旭华*

摘 要： 2018年，湖北省新华书店（集团）有限公司（以下简称湖北新华）连续两年跻身全国发行集团前十强。进入第一方阵后，湖北新华在传统业务和新兴业务上亮点突出，在湖北特色"全民阅读"品牌矩阵建立、实体书店布局优化、标准化运用等方面，取得了显著成绩，实现了湖北新华向阅读服务商新定位的转型。

关键词： 实体书店 湖北新华书店 "全民阅读"

绪 论

2018年，中国实体书店和发行网点为22.5万个，出版物销售总额为3704亿元，出版物零售总额为1580亿元，成为名副其实的出版发行大国。2018年10月31日，新华书店总店入选"改革开放40年40品牌"。1949年7月，湖北首家新华书店[①]在武汉创立。

---

* 张萱，湖北大学新闻传播学院副教授，武汉大学博士（2009）、博士后（2013）、美国北卡罗来纳大学教堂山分校（UNC）访问学者（2014），中国新闻史学会应用新闻传播学研究委员会常务理事（2016），主要从事新闻传播研究；熊旭华，湖北省新华书店（集团）有限公司综合管理部长，华中科技大学工程硕士。

① 2009年更名为湖北省新华书店（集团）有限公司，是长江出版传媒股份有限公司旗下最大国有法人独资子公司。下属2家全资子公司（湖北省外文书店有限公司、湖北新华文化教育科技有限公司），2家控股子公司（湖北新华银兴影视文化发展有限公司、湖北长江传媒国际旅行社有限公司），以及遍布全省的78家分公司（非法人分支机构）。

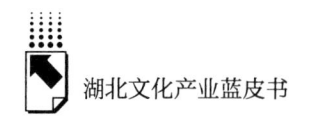

一 湖北新华发展环境与总体概况

（一）政策环境

1. 国家顶层设计更加完善，三大建设引导行业方向

2013年以来，政府相关部门相继出台了一系列文化发展政策，从顶层设计的高度为我国发行业与产业提供了政策性保障。2018年，各项扶持政策全面实施并日臻完善，为全国新华在建设实体书店、推广全民阅读以及发力新领域三个方面提供了政策保障。

一是十八大以来，习近平总书记专门作出批示支持实体书店的发展。《国家"十三五"时期文化发展改革规划纲要》和供给侧结构性改革导向目标的提出，从宏观层面为实体书店发展指明了方向。国务院《关于推动实体零售创新转型的意见》（2016）和中宣部等11部委《关于支持实体书店发展的指导意见》（新广出发〔2016〕46号），从具体落实层面为实体书店发展提供了路径导引和动能转换的保障。

二是《全民阅读"十三五"时期发展规划》（2016）、《出版物发行业"十三五"时期发展规划》（2016），从体系构建层面奠定了全国出版发行业实践"全民阅读"的基本框架。自2014年"全民阅读"首次写入政府工作报告以来，"全民阅读"已成为每年政府工作报告中的"标配"。2019年3月，李克强总理代表国务院在十三届全国人大二次会议上所政府工作报告时强调："倡导全民阅读，推进学习型社会建设。"

三是各部委重点发布的城乡网点建设、学前教育改革、文旅融合等具体政策，从不同领域为全国出版发行业的重点发力方向提供了指导。《关于加强城乡出版物发行网点建设的通知》（新出联〔2011〕9号）、《关于做好城乡实体书店和发行网点建设有关工作的通知》（新广出办发〔2017〕16号）、《关于加强新华书店农村发行网点建设的通知》（中宣办发〔2018〕42号）等政策文件指明了全国新华书店的网点建设方向。2018年11月，《中

共中央　国务院关于学前教育深化改革规范发展的若干意见》发布，全国新华积极响应，启动了多个新华幼教品牌项目。2018年11月24日，《关于在文化领域推广政府和社会资本合作模式的指导意见》的发布为文化企业引导社会资本参与PPP项目提供了政策支持。

2. 湖北地方政策积极落实，湖北新华文化高地现成效

2018年，湖北地方政府积极落实国家各项新政并进一步完善了地方配套政策，湖北新华在推动全省文化产业高质量发展中初现成效。

一是2016年以来，湖北在全国率先出台了《全民阅读促进办法》，为促进全民阅读活动开展提供了制度保障。活动开展以来，全民阅读立法、阅读品牌建设等工作走在了全国的前列。省委宣传部等多部门联合下发的《湖北省全民阅读三年行动计划》(2016)和《关于支持实体书店发展的指导意见》(鄂新广发〔2017〕27号)等政策文件，为地方公共文化服务平台的建设明确了标准、责任、任务和时间，通过争取资金、协调场地、实施项目、营造环境，湖北省内实体书店发展取得10多年来少见的成绩。截至2018年底，湖北新华共计建成了大型书城、主题书店、校园书店等3种类型的书店201家。其中，大型书城6家，包括武汉泛海书城、万隆书城、咸宁书城、鄂州书城、随州书城、仙桃书城；主题书店35家，主要有红T书店、景区书店、红色书店、医院书吧等；校园书店160家，主要有大学校园店和中小学校园店。加大实体书店建设力度，已成为实现"书香荆楚·文化湖北"的重要途径。

二是十九大后，中国文化领域改革加速，湖北省也出台相应新政以促进文化创新性发展。在贯彻落实好《关于印发〈新华书店社会效益考核评价办法〉的通知》(2017)和《关于加强新华书店农村发行网点建设的通知》(中宣办发〔2018〕42号)的基础上，2018年11月3日，湖北省委、省政府联合下发的《关于加快全省文化产业高质量发展的意见》中提到文化产业增加值占GDP的比重达到全国平均水平。2019年2月20日，湖北省委、省政府制定了《文化中心(实体书店)转型升级行动计划(2018—2020)》。该政策强调了湖北新华的发展和转型方向，尤其强调了湖北新华要从传统意义上的单一的阅读场所向公共文化空间转型。

（二）经济环境

1. 全国文化产业匀速增长，湖北文化产业成主力

国家统计局发布的《2018年国民经济和社会发展统计公报》显示，全年国内生产总值为900309亿元，比2017年增长6.6%。其中，第三产业增加值为469575亿元，增长7.6%。第三产业增加值占国内生产总值的比重为52.2%（第一产业与第二产业增加值占国内生产总值的比重分别为7.2%和40.7%）。作为第三产业重要组成部分的文化及相关产业中的9个行业里，有7个行业的营业收入实现增长。其中，增速超过10%的行业有3个，分别是：新闻信息服务营业收入8099亿元，比2017年增长24.0%；创意设计服务营业收入11069亿元，增长16.5%；文化传播渠道营业收入10193亿元，增长12.0%。

全国不同区域的分布情况为，东部地区规模以上文化及相关产业企业实现营业收入68688亿元，占全国的77.0%；中部、西部和东北地区分别为12008亿元、7618亿元和943亿元，占全国比重分别为13.4%、8.5%和1.1%。从增长速度看，西部地区增长12.2%，中部地区增长9.7%，东部地区增长7.7%，东北地区下降1.3%。

综合上述数据，2018年，中部地区文化及相关产业在总量和增速上均处于全国前列。湖北作为中部文化大省，2018年全省文化产业增加值首次突破1000亿元大关，比全国增速高9.16个百分点，2018年，武汉地区生产总值增长8%，武汉市文化产业增加值连续两年占GDP比重超过4%，占全省文化产业增加值过半。武汉地区文化产业增加值的持续提升，激发了省内文化企业的结构转型。

2. 数字付费阅读增长，湖北居民阅读跻身全国前十

2019年4月16日，中国新闻出版研究院公布了第十六次全国国民阅读调查成果。2018年，全国阅读指数为68.67点，较2017年的68.14点提高了0.53点。其中，个人阅读指数为71.67点，略高于2017年的71.65点；公共阅读服务指数为65.91点，较2017年的64.90点提高了1.01点。调查

结果还显示,"2018年我国成年国民人均纸质图书阅读量为4.67本,与2017年的4.66本基本持平"。数据显示,随着数字阅读的发展,中国已有超过半数居民倾向于手机阅读。

基于商报·奥示数据统计,2018年,中国图书零售市场稳步增长,实体书店销售数量同比增长约3.55%,销售码洋同比增长约13.39%,达近400亿元;网店销售数量同比增长约10.93%,销售码洋同比增长约20.74%,达500多亿元;市场总体规模约900亿元。居民消费和阅读水平的整体提升,为全国新华产业发展提供了巨大的市场动力。数字阅读与付费阅读的同步增长现状,意味着居民阅读习惯已经养成。从全国区域性分布情况来看,第十六次全国国民阅读调查显示,武汉已跻身前十位,居第九位(74.65点),相比第一位的深圳(84.39点)相差约10点(见表1)。同时,在城市个人阅读指数排行榜中,武汉位居第七位。

表1 全国居民阅读指数区域前十位

单位:点

排名	城市	阅读指数
1	深圳	84.39
2	苏州	79.91
3	北京	78.65
4	青岛	77.04
5	杭州	76.63
6	南京	75.60
7	上海	75.40
8	合肥	75.01
9	武汉	74.65
10	福州	74.64

市民阅读习惯的养成,为以湖北新华为代表的出版发行业提供了更大的市场空间。

（三）2018年行业总体概况

1. 全国新华行业两大"新亮点"

（1）亮点一：全国新华打造"五个平台"

2018年，新华书店总店大力推进经营性业务公司化运营，创新体制机制，营业收入均较2017年实现了翻番，尤其是在"五个平台"的创新上亮点突出。

第一个平台是新华书店网上商城，其于2018年4月23日正式上线。该平台由总店发起，联合全国12000家实体门店、585家出版机构、3000家公共图书馆，融合线上与线下多个平台。全国30个地区新华书店已完成第一轮投资工商登记，并与20个地区的平台对接。

第二个平台是全国大中专教材网络采选系统，这是一个以教材信息发布、征订为核心业务的B2B2C的教材电商平台。"2017年5月上线，到2018年年底，全国已经有217所高校确定使用教材采选系统，有57家教材经销商通过教材采选系统服务高校教材征订采购。"[1] 新华书店借助网络平台极大地发挥了与出版社、学校、学生、老师全方位联动的功能。

第三个平台是国际文化传播平台。总店2016年6月创办的《国际出版周报》被誉为"业内最好的关于出版信息的报刊"；"2018年第四届国际企业高层论坛，被与会海外嘉宾称为'BIBF'期间最好的论坛"。[2]

第四个平台是"新华+"文创产品研发与推广平台。总店已与其他品牌商合作开发了多个品质高、口碑好的文创产品，包括新华联合云南茶叶生产商开发的新华系列茶、和商务印书馆联合开发的新华书礼、和故宫博物院设计团队开发的新华1937等，促进了新华品牌和各地特色产品的融合发展。

---

[1] 《新华书店如何借助新技术，创新发展？》，湖北省新华书店（集团）有限公司网，http://www.etjbooks.com.cn/show.aspx?GENERALID=51940&NodeID=157。

[2] 《新时代 新变化 新机遇 新路径 2018国际出版企业高层论坛在京举行》，《国际出版周报》2018年8月22日。

第五个平台是新华资本运营平台。新华总店实现了用资本和文化对接推动新的发展。2018年10月23日，总店还与武汉东湖高新区签署了建设新华文化广场协议，设立了第一支专项基金。

（2）亮点二：全国书店主题论坛渐成气候

2018年，以全国新华书店为中心多方参与的行业性论坛、主题活动等频繁开展，并在短期内形成了广泛的社会影响力。2018年，中国书店学习大会、中国最美书店论坛、方所国际书店论坛、言几又亚洲书店论坛、江苏民营书业发展论坛等一系列专业书店论坛层出不穷，开启了书店论坛的新境界。

2018年11月1日，"中国改革开放四十年图书发行业致敬盛典"开幕，回顾了中国图书发行业改革40年的历史。通过论坛发布的诸多趋势性报告，成为反映和引领书店发展的最强音。从议题内容来看，2018年，书店论坛关注的重要话题包括城市与书店、跨界、大数据、新零售等。

2. 湖北新华2018年的营收情况与亮点

（1）湖北新华全年整体营收情况

2017年、2018年，集团公司连续两年进入全国"文化企业30强"名单。股份公司综合实力在全国上市出版企业中居第六位。2018年湖北新华在营业收入、重点板块改革、投资并购、"走出去"四个方面再创新高，净利润增速已领先全国水平。

2018年，新华书店集团收入突破40亿元，净利润突破4亿元。创历史新高。其中教材、教辅、一般图书三大主营板块从2017年的29亿元提升至35亿元，净利润4亿元，同比增长21.2%，确保了全年目标任务的完成。分公司在业务发展上的支撑作用更加明显。产业结构得到优化。教材征订码洋15.16亿元，同比增长15%，教辅发行码洋12.8亿元，同比增长11%。尤其是一般图书销售码洋8.33亿元，实现了32.3%的增长。同时，产业链延伸更深更广，围绕"出版+""文化+"，各单位实现出版主业向新兴全媒体业态转型，构建出版产业向关联文化产业延伸的新产业格局。文教板块销售额为3.71亿元，同比增长62.92%，其中政府采购项

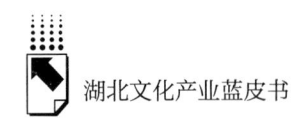

目中标2.13亿元，同比增长74.6%。多元文创板块实现销售0.79亿元，同比增长26.8%。

2018年，湖北新华大力推进重点板块改革，产业结构进一步优化。先后整合地产板块、文旅板块，成立了长江文化地产公司和文旅投公司。文旅投公司全年实现营业收入3.19亿元，完成全年经营目标的168%。

在投资并购合作领域也打开了新局面。湖北新华2018年首次召开公司投资工作会议，明确投资工作重要性。形成公司"十三五"期间重点投资意向项目清单，全面推进公司投资并购各项工作。2018年，分别与深圳宝能集团、省长投集团、省宏泰集团签订了合作协议，先后参与天风证券惠人基金、景林基金、长江文锦股权投资基金的发起设立。德锦公司完成股权投资项目2个、基金项目3个。进一步梳理爱立方转板上市路径，拟定海豚传媒投融资方案。

"走出去"也取得了新成效。股份公司2018年实现版权输出121种、引进91种；较2017年版权输出同比增长17%。马来西亚书店共计营业收入约114万元。2个品种入选2018丝路书香工程项目；《我的铁路我的梦》（英文、法文版）入选中宣部2018年对外出版项目。

（2）湖北新华四项业务表现优秀

2018年，湖北新华在书店布局、品牌矩阵、非书品经营和营销创新四项业务上表现尤为突出。

一是发行集团渠道下沉"最后一公里"。2016年，湖北新华启动"一县一特色书店"建设工程，新华书店进入社会更多空间，包括大学、军营、医院等。在此基础上，湖北新华"2017年、2018年分别新建网点48家、45家"[①]。

二是打造品牌矩阵。2018年，湖北新华又新建了45家实体书店，1月8日红T书店开业、7月28日仙桃书城开业、9月28日倍阅华中师大校园店开业，由此形成了以新华书店为母品牌，九丘主题书店、倍阅校园书店、

---

① 蔡蕾：《发行集团渠道下沉"最后一公里"》，《中国出版传媒商报》2019年3月12日。

书邻小境社区书店为子品牌的湖北新华品牌矩阵。

三是湖北新华的非书品经营重点发力。一方面，多元业务产品线进一步丰富。在文具文创、生活美学、电子电教、非遗传承、咖啡茶饮、培训教育六大领域，重点打造"博物馆文创快闪店""九丘咖啡烘焙""创手工DIY""阅界、书邻小境、倍阅自有文创"等品牌，并与供应商文创团队开展了定制合作，以高校为研发基地，对师生的创意产品形成贴牌量产转换。另一方面，门店多元业务建设成效明显。通过在全省范围内进行多元经营示范店建设、引入"新华有物"文创试点集成化运营、启动多元经营激励政策、打造多元产品陈列室等方式，促进门店多元业务发展。

四是推广形式多样的联展、促销活动。一方面，湖北新华主导或参与了全民阅读校园行、刊博会、华中图书交易会等活动，采取总部与多家分（子）公司联办的方式，携新华多元产品及互动体验营销活动亮相，创造了较好的经济和社会效益；另一方面，湖北新华以项目推进会、区域多元业务会、产品宣介及美陈培训、多元产品看样会等形式打造培训活动，组织开展20余场多元业务推进会及业务创新大赛，包含多元营销案例分享、九丘咖啡饮品制作、手工制作与礼品包装比赛等。

二 湖北新华书店发展新特征

（一）店内、店外齐发力，共建"全民阅读"湖北品牌

湖北新华已成为推进"全民阅读"的积极履行者，借助店内、店外齐发力，极大地推动了"全民阅读"。

在店外，湖北新华大力开展"十进一创"读书活动。湖北新华让"全民阅读"推广有了更高的辨识度。

更多好书惠及读者，让深度阅读更受欢迎。2018年，湖北新华组织活动总次数近千场，惠及读者群众超过500万人次。在贫困户方面，湖北新华

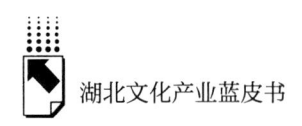

加大推广力度，通过下基层、进农村等深入服务，拓展了推广范围，打通了"最后一公里"，2018年投入文化扶贫的物资超过1500万元。

在店内，湖北新华长期开展各类文化活动，包括读书、交流、文化体验等丰富的主题活动，营造了浓厚的"全民阅读"氛围。湖北新华通过持续不断地推广"三大阅读品牌"（"青少年读书活动"品牌，"慧悦读"读书会品牌，"阅界大讲坛"品牌）在强化"书香荆楚·文化湖北"品牌建设中，逐渐成熟。

（二）"五个统一"建设标准，阅读服务商新定位

2017年以来，湖北新华在实体书店的建设过程中，兼顾统一与个性的关系，坚持把地域文化和书店主题融合设计，做到既"大统一"，又各具特色。依据"五个统一"的建设标准，湖北新华已初步实现从文化销售商向阅读服务提供商的转变。

"五个统一"包括五个方面。一是统一规划设计。实现全省一盘棋，明确不同类别书店的商业定位、功能分区、业态布局和地域特色等关键要素。二是统一品牌架构。围绕"新华书店"核心品牌，邀请国内一流策划公司，重塑清晰有效的品牌体系，创建书邻小境社区书店和倍阅校园书店2个子品牌，实现品牌差异化发展，满足不同群体的多元化、个性化需求。[1] 三是统一品牌标识。湖北新华完成了3大方面的SI系统设计和11大类终端形象识别系统（VI）的设计，提高了湖北新华书店的辨识度，实现了真正意义上的湖北新华书店连锁店。四是统一核心业态。以图书为核心，向非图书文化产业链延伸，确定饮品、文具、文创、亲子体验等4种标准业态，形成统一的品牌、产品线、供应链、营销和服务体系。五是统一运营管理。在服务标准、品牌营销、运营平台、财务管理等方面实现统一，建立会员管理平台、大客户服务平台、移动支付平台，提升门店文化消费体验感和文化生活服务力度。

---

[1] 蔡蕾：《发行集团做文创，做得咋样？》，《中国出版传媒商报》2019年4月11日。

三 主要问题与挑战

(一)湖北新华基础薄弱,高质量文化服务水平不高

虽然湖北新华在经济发展指标上已进入全国发行集团第一方阵,但因历史欠账太大,实体书店小、旧、差的现状没有得到根本性改变,经营空间不大、提供高质量文化服务的能力不强仍是当前短板。

在硬件设施方面,湖北新华现有门店资产在2006年以前建成的占94%,1995年以前建成的占70%,绝大多数房产建成年份超过20年。2006年以后基本没有新的建设投入。由于长期没有改造和维修,房产整体形象、配套设施都严重老化,维修、安全隐患压力越来越大。不少店面狭小、拥挤,业态单一,缺少改造升级的基础,因而其功能受到限制,仅仅是坐销、等销的模式,宣传功能、服务功能等难以发挥。

湖北新华卖场面积小、文化消费空间有限的基础性问题,相对于群众不断增长的文化需求已呈现不平衡、不协调、不适应的态势。据统计,江苏新华书店营业面积超过70万平方米;浙江新华书店近40万平方米。江西、安徽、湖南等中部六省新华书店卖场也在20万平方米以上,而且近几年每年投入均超过亿元,湖北新华书店卖场面积在全国靠后,中部摆尾,形象较差。

(二)湖北定位文化大省,阅读指数与之不匹配

2018年城市阅读指数排行榜显示,武汉虽然跻身前十,位列第九,但依然与其作为全国新一线城市的文化地位之间存在差距。同时,2018年全民阅读指数显示,湖北省的居民阅读总指数为65.05点,其中个人阅读指数为70.08点,公共服务阅读指数为60.40点,这一数据显示,定位于文化大省的湖北,在居民阅读指数上与之明显不匹配。同时,省内调研显示,超过70%的城镇居民希望多建一些公共文化服务设施、多举办一些群众性读书活动。在这样的背景下,湖北新华作为全省重点文化单位需要顺应人民群众的

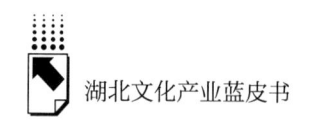

期待，在市场和读者需求的不断变化中迅速实现转型升级，逐步解决公共阅读空间资源不足、分布不均衡、服务质量不高等问题，为群众开展全民阅读提供更加美好的阅读空间。

四 湖北新华提升发展的对策

（一）实现产业升级，探寻新发力点

1. 业态创新推动产业升级

通过业态创新实现产业升级是2019年湖北新华发展的必经之路。从现有的产业布局来看，其应主要在五个领域重点发力。第一，新华产业园要尽快完成业态设计、规划，打造武汉设计中心、创意中心。第二，实体书店要向非图书领域快速扩张，推动以"图书"为核心向以"书店"和"空间"为核心转变，扩大文化元素、生活元素和时尚元素，让传统书业成为文化扩张时代的主导型力量。第三，通过大数据、云计算、人工智能、物联网等技术的应用，形成完整运营技术体系，灵活应对消费趋势转变，统筹推进智慧书城、共享书店项目，打造"共读、共听、共讲"共享书店，扩大流量入口，降低获客成本，提升会员黏性，形成共享阅读生态圈，不断提升文化惠民服务能力，推动全民阅读深入开展。第四，新华印务要以绿色印刷、数字印刷、智能印刷为技术方向，以"智慧工厂"建设、"两化融合"管理体系的深入执行为抓手，继续聚焦主业，抓好教材及精品图书生产线建设，紧盯数码、文创新兴市场，做新兴市场引领者。重点加快物流基地等项目建设。第五，完善物流基地在全省范围内的布点，寻找合作机会，以进入"大物流"体系和市场中。

2. 补齐短板，发力幼教领域

全国新华部分发行集团已经进入幼教领域并深耕多年，充分发挥着新华的文化教育功能。2018年全国大量新华集团建构了多种成熟的配套方案，助力新华幼教品牌化，主要表现为三种类型。

其一，新华幼儿园成常态。例如，"2011年起，安徽新华发行集团控股

的安徽新华传媒股份有限公司（皖新传媒）全面涉足学前教育领域，以解决'入托难，入托贵'为切入点，先后开办了皖新乐恩固镇幼儿园、亳州园丁幼儿园、淮北凤凰城幼儿园等10所普惠幼儿园"。再如，2018年9月，内蒙古新华发行集团的第一家幼儿园试点单位——包头市新时代新华幼儿园开园。值得关注的还有，浙江新华、江苏新华、山东新华、河南新华、山西新华等新华发行集团的学前教育项目也在紧锣密鼓地筹备运营当中。①

其二，新华学前教育品牌体系的建立。例如，河北新华计划到2019年底，建设绘本馆160家以上，逐渐形成'绘本课程设置科学、推广活动体系完善、运营管理模式成熟'的品牌建设体系，将'新华·小桔灯'打造为全国知名的幼教品牌②。此外，2018年11月，安徽最大的幼教产品集成平台展厅——皖新—海豚"幼教产品集成平台正式启用。

其三，新华幼教范畴拓展至全家式教育体系。例如，江西新华发行集团联合江西美术出版社成立了一站式全家素质与健康教育大型综合体新华LearningMall（国际公民素质成长中心），经营面积3000平方米，……新华LearningMall还为同行家长提供了瑜伽、茶艺、商务礼仪、红酒品鉴、商学院等课程。截至目前，已有1500余组家庭成为新华LearningMall的学员③。

相比全国其他省份新华书店在幼教领域的积极作为，湖北新华的改革步伐则相对缓慢了。2019年湖北新华应尽快进入该领域，通过借鉴吸收其他省份新华书店的成功经验，定位湖北，发挥优势，制定适合本地的品牌拓展战略。

（二）建立现代企业管理新模式

1. 建立"四大工程"管理体系，推动书店实现多元业态深度融合

湖北新华要推动由管控型向市场化、服务型转变，构建适应现代企业的

---

① 《发行集团如何打好学前教育牌》，《中国出版传媒商报》2018年11月30日。
② 王一：《新华子品牌正在突破全新格局，进入高速发展期》，百道网，https://www.bookdao.com/article/411668/。
③ 《发行集团如何打好学前教育牌》，《中国出版传媒商报》2018年11月30日。

管理模式。从"卖产品"到"卖文化""卖服务",聚焦C端构建全渠道流量入口,实现从聚焦产品向聚焦消费者转变,引领文化生活方式。具体来说,可重点打造四大工程。

一是产品线调整工程。围绕"书店+咖啡+文创生活+文化沙龙+生活元素"的4.0版本思维,进行业务拓展和延伸,梳理多元业务产品线,以文具文创、生活美学、咖啡茶饮为主线,优化多元业态组合,明确业务主线,全力推进业务发展。二是业务全流程梳理工程。围绕非书品经营,全力跟进多元ERP系统改造,完善商流、物流、财务信息系统;建设标准化多元产品仓储;做好零售类购销型商品收款模式的流程梳理,合理调度采购资金,减少门店经营顾虑。三是线上线下融合营销工程。线下通过促销、论坛、研讨会、比赛等活动,以"图书+多元"的方式,继续打造博物馆文创产品快闪店、"创手工"主题活动、九丘咖啡烘焙课堂、倍阅集市、倍阅橙风暴等品牌营销活动。线上通过与供应商合作,根据热点精细化选品,打造爆品。此外,倍阅、书邻小境等自有品牌文创产品,在结合线下营销工作的同时,还要在九丘网店等线上渠道进行宣传和售卖,打通线上线下。四是培训赋能工程。打造文具文创、生活美学、咖啡茶饮三大主力项目制团队,赋予多元项目制团队更充分的自主权,实施正向激励机制。

2. 湖北新华"新学习",创新人才培养管理模式

湖北新华在人才培养模式上,虽然颇有成效,但还需不断创新、积极学习其他地区的经验,进一步提升现有的人才培养管理效果。关于人才储备方式,新华书店的通用做法包括内部培训和外派学习两大类,并以内部培训为主。比如,江苏凤凰新华积极开展了异地挂职交流后备管理者的选拔、推荐工作。再如,上海新华人力资源部曾尝试跨部门小组的学习形式,学员由销售部、采购部、信息部和财务部等多个部门的业务骨干组成。围绕"O2O全渠道书业营销"的主题,跨部门小组成员从顾客角度出发,比较线上线下的优秀企业案例,思考改进书业营销的方法和措施,形成方案,为公司决策提供参考。另外,广东新华除了每年的中高层管理研修班,每年还会面向中基层青年团队开展创业人才训练营,面向大学生开展一些培训,以及制定

分序列培养计划。

除了实地培训，2018年，湖北新华、广东新华、山东新华、上海新华等还组织员工通过百道学习等知识付费平台进行在线学习。2019年，湖北新华还应将这种思路放大并不断创新，通过"新学习"，不断为湖北新华的发展提供新思路，新人才。

B.15
武汉"景绿网红小镇"发展状况调查*

黄晓华　张义明**

摘　要： 对特色小镇发展状况的调查，有利于推进特色小镇健康有序发展、推进"乡村振兴战略"实践、推进乡村文明的创新与发展。当前对特色小镇的调查仍存在局限性，本文对武汉市蔡甸区"景绿网红小镇"的发展状况进行了梳理，对特色小镇具有的独特性进行了总结，也为特色小镇的整体发展提供了有价值的参考意见。本报告分别从政府决策者和经营者主体入手，提出改善交通环境、加强基础设施建设、凸显特色和多元宣传等发展对策。

关键词： 特色小镇　"景绿网红小镇"　互联网

一　调研概述

（一）选题背景

《中华人民共和国国民经济和社会发展第十三个五年规划纲要》明确

---

* 本报告是武汉市社科基金资助项目"武汉特色小镇研究——以'景绿网红小镇'为个案"（项目编号：19029）的最终成果，谭青青、柯梦娜、翟友钢对该项目也做出了贡献。
** 黄晓华，博士，湖北大学文学院教授、博士生导师，湖北大学湖北文化产业研究中心常务副主任，中华文化发展湖北省协同创新中心研究员，主要从事叙事理论研究、文化研究、文化产业政策研究；张义明，湖北大学2017级文艺学研究生。

指出，应加快发展中小城市和特色镇，因地制宜发展特色鲜明、产城融合、充满魅力的小城镇。① 在此基础上，2016年7月1日公布的《住房城乡建设部　国家发展改革委　财政部　关于开展特色小镇培育工作的通知》，拉开了全国范围内开展特色小镇培育工作的大幕。通知指出，到2020年，要培育1000个左右各具特色的休闲旅游、商贸物流、现代制造、教育科技、传统文化、美丽宜居等特色小镇，引领带动全国小城镇建设，不断提高建设水平和发展质量，培育具有鲜明特色的产业形态、和谐宜居的美丽环境、彰显特色的传统文化、便捷完善的设施服务、充满活力的体制机制的特色小镇。特色小镇原则上为建制镇（县城关镇除外），优先选择全国重点镇。

2017年12月12日，湖北省政府办公厅印发《湖北省特色小镇创建工作实施方案》，同时公布了首批20个特色小镇创建名单。其中，武汉市蔡甸区大集街在列。该街打造"景绿网红小镇"，由省住建厅联系。

方案进一步发展了国家相关文件的指导意见。首先是坚持"一镇一业"，不搞产业的多元化，因地制宜；其次是明确湖北省当前特色小镇的培育重点是培育非建制镇类特色小镇，打造规模紧凑、功能集聚的具有明确产业定位、具有文化传承与创新能力、具有旅游和社区功能的创新创业平台。

2017年12月31日，《武汉市人民政府关于加快新城区特色（生态）小镇建设的意见》出台。意见指出，武汉市特色（生态）小镇建设按照"宽进严定、分类分批"的原则统筹推进。制定引领示范一批、创建认定一批、培育预备一批的发展目标，优先考虑都市田园综合体创建配套需

---

① 《中华人民共和国国民经济和社会发展第十三个五年规划纲要》第八篇"推进新型城镇化"第三十三章第三节。

要，每个都市田园综合体布局1~2个特色小镇。① 在之前的2017年9月13日，《市人民政府办公厅关于开展武汉都市田园综合体创建工作的通知》就已发布，到2018年3月，武汉将在武汉临空港经济技术开发区（东西湖区）、新洲区、江夏区、武汉经济技术开发区（汉南区）开展武汉都市田园综合体②建设。③

2018年3月16日，《市城建委、市发改委、市国土规划局、市环保局关于规范推进武汉特色（生态）小镇建设有关事项的通知》发布。通知着眼于生态小镇的建设，指出"生态小镇作为特色小镇的'微缩版'，要从传统村落和小集镇的实际出发，结合都市田园综合体的打造和'三乡'工程，大力发展绿色产业，形成独特品牌，走差异化发展的道路"④。

（二）选题意义

在全国特色小镇建设风起云涌的大背景下，本课题组选择比较有特色的蔡甸区大集街为调研对象，对武汉特色小镇建设的经验与问题进行实时跟踪调研，具有重要的理论意义与实践意义。

1. 有利于推进特色小镇建设健康有序发展

实时总结特色小镇建设的"武汉经验"，有利于助推特色小镇建设健康

---

① 《市人民政府关于加快新城区特色（生态）小镇建设的意见》，武汉市人民政府网，http://www.wuhan.gov.cn/hbgovinfo_47/szfggxxml/zcfg/gfxwj/201802/t20180228_187934.html。

② 田园综合体，是集现代农业、休闲旅游、田园社区为一体的特色小镇和乡村综合发展模式。武汉市将按照修改完善创建规划、编制年度实施方案、出台综合体支持政策、落实综合体创建资金、完善基础设施等步骤逐步开展创建工作。

③ 《市人民政府办公厅关于开展武汉都市田园综合体创建工作的通知》，武汉市人民政府网，http://www.wuhan.gov.cn/hbgovinfo_47/szfggxxml/zcfg/bgtwj/201709/t20170913_134967.html。

④ 《市城建委、市发改委、市国土规划局、市环保局关于规范推进武汉特色（生态）小镇建设有关事项的通知》，武汉市城乡建设局网，http://cjw.wuhan.gov.cn/content/2018-04/18/content_442211.htm。

有序发展。

2017年12月公布的湖北省首批特色小镇建设名单中，武汉蔡甸区大集街"景绿网红小镇"完成了前期建设，已投入运营。该地是武汉特色小镇建设的排头兵，总结这一特色小镇建设的"武汉经验"，对武汉特色小镇建设乃至省内外其他城市的特色小镇建设都具有一定借鉴价值。

"景绿网红小镇——武汉花博汇"位于蔡甸区大集街。大集街原为大集镇，位于武汉市蔡甸区中东部。古代属汉阳县所辖。大集街办事处所在地"大集场"形成于明末清初，历史悠久，2000年改街道建制。

蔡甸较早建设"两城""三带""六区"的城镇和经济发展格局。"六区"之一的知音湖生态旅游度假区，以观光农业、水上游乐休闲度假、水乡风情、综合游乐、知音文化旅游为主。大集街"景绿网红小镇"在该生态旅游度假区外围沿线，亦是发展对象之一。天鹅湖与知音湖沿线，水质清澈，湖岸线曲折，诸多半岛"梳状"罗列。从20世纪90年代开始已引进和发展旅游业。多家游乐园、休闲山庄进驻大集街。其在保护生态环境的基础上，大力发展"水上娱乐""山上休闲"。

"景绿网红小镇"是众多花卉特色旅游目的地中的代表。在此类旅游目的地中，"景绿网红小镇"是唯一一家入选湖北省特色小镇建设名录的单位，且项目建设的完成度较高，可视为当前此类旅游目的地的范式，具有一定的研究意义和价值。

2. 有利于推进"乡村振兴战略"实践

实时总结特色小镇建设的"武汉经验"，有利于推进"乡村振兴战略"实践。

十九大以来，习近平总书记关于实施乡村振兴战略的部署进一步深入各地。湖北省政府于2017年部署的"三乡工程"，就是围绕习近平总书记乡村振兴战略探索出来的湖北道路、湖北经验。"三乡工程"以"市民下乡、能人回乡、企业兴乡"为抓手，扎实推动乡村振兴战略实施，努力实现"产业兴旺、生态宜居、乡风文明、治理有效、生活富裕"的目标。在当前经济下行压力增大、经济结构性调整的背景下，应利用互联网建立共享农业

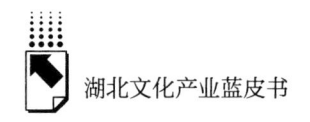

服务平台，实现农村的闲置资源与城市需求的最大化、最优化匹配，助推精准扶贫脱贫攻坚，增加农村集体经济组织和农民财产性收入，加快推进新农村建设。

加快推进乡村振兴战略需要大力实施"三乡工程"，积极培育特色小镇，探索可推广的运作模式。① "三乡工程"与特色小镇建设相辅相成，实时总结特色小镇建设的"武汉经验"，是推进武汉城乡协调发展的重要路径。

3. 有利于推进乡村文明的创新与发展

此外，实时总结特色小镇建设的"武汉经验"，也有利于乡村文明的创新与发展。《湖北省特色小镇创建工作实施方案》指出，特色小镇的主要功能也包括对文化的传承与创新。特色小镇文化本身应该具备文化的魅力和吸引力，它是历史积淀和现代文明碰撞摩擦出的火花，是博大精深中华文化的组成部分。对特色小镇的调研，了解特色小镇的发展状况，分析特色小镇在文化的传承与创新中的具体内容，探索创新与发展乡村文明的新路径，对于构建和谐社会、建设幸福家园、提高武汉文化的总体实力和文化竞争力有着重要的作用与影响，也可以为其他特色小镇的文化建设提供有效的范本。

（三）研究述评

"特色小镇"是中国人提出的概念。在西方早已有"特色镇"（characteristic town）的相关概念，但和中国的"特色小镇"多相近而非完全相同。对于"镇"的概念，英语中的 town 和 city 都不能与之完全画等号。

"小镇"最早的时候是特指驻兵镇守的州郡中之较小者。《南齐书·柳世隆传》中提到："东下之师，久承声闻。郢州小镇，自守而已。"后来，小镇又衍生为县以下人口较集中而有商业活动的居民点。唐代，除军事重地

---

① 《随州市：创建经济转型升级和创新驱动示范城市》，湖北省人民政府网，http://www.hubei.gov.cn/gzhd/zxft/2017fangtan/201810/t20181025_1356383.shtml。

的镇之外，还有集镇、居民点含义的"小镇市"，如唐代杨筱松的代表作《撼龙经》就有"大为都邑帝王州，小为郡县居公侯。其次偏方小镇市，亦有富贵居其地"。明清小说作品中常有"小镇店"一词，体现古代小镇有店铺有商业的要素。①

第一次使用"特色小镇"一词的是1996年中共昆山市委、市政府发表的《加快新型城镇建设促进经济社会发展》一文。文中说："近年来，我们坚持因地制宜、分类指导、确定特色、各展所长的发展要求，从各镇实际出发，积极探索小城镇建设上规模、上档次、健康发展的有效途径，逐步形成了一批功能独特、风格各异的特色小镇。"②从政府工作实践来看，特色小城镇、特色镇、特色小镇等名词都是有特色的小城镇的简称。

"特色小镇"这一概念引起了习近平总书记的高度关注。2015年浙江的相关文件赋予"特色小镇"一种独特的含义，即非镇非区的多功能创新空间。《住房城乡建设部　国家发改委　财政部关于开展特色小镇培育工作的通知》中也采用"特色小镇"的叫法。

在"十三五"规划提及"特色镇"以前，各类文章中所涉及的"特色小镇"往往是指"富有特色的小城镇建设"，多体现在城镇面貌和规划的差异性上。"在美国，追求个性，重视城镇特色则成为小城镇建设的主要特点。无论走到哪里，你都可以看到不同面貌和特色的小城镇，那种千城一面、万镇雷同的现象是见不到的。"③其落脚点多在于对小镇环境所达到的人与自然平衡的认同，对注重规划、保护历史文化和自然环境的认同。而此时已经有研究者注意到"特色小镇"和"生态""园林"之间的重要联系。例如，"因此，城镇性质应突出旅游资源、生态环境及民族文化特色，园林设计在小镇中的应用就尤为重要"④。

---

① 《特色小镇的起源和探索历程》，人民网，http：//history.people.com.cn/n1/2016/0912/c393599-28710443.html。
② 国家体改委农村司：《全国小城镇试点改革经验文集》，改革出版社，1996，第195页。
③ 王晓雅：《从英国的田园风光到美国的特色小镇》，《决策探索》（上半月）2013年第2期。
④ 王志勇、赵佳：《园林设计在特色小镇（朝鲜星火村）规划中的应用》，《林业科技情报》2013年第3期。

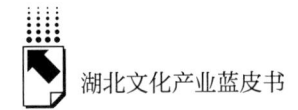

2015年浙江的特色小镇实践引领了一波对特色小镇的研究热潮。对浙江特色小镇建设道路的探索文章，多发表在《今日浙江》和《浙江经济》等期刊上。浙江力图打造"特而强、小而美"的特色小镇品牌，并结合本省省情，聚焦七大产业，兼顾丝绸黄酒等历史经典产业。①

在文献数量上，近几年学界对特色小镇的研究出现了一个高峰。特别是2016~2017年，数量剧增，自2016年起，关于特色小镇的研究呈现爆炸性的增长。这与"十三五"规划密不可分，2016年是"十三五"的开局之年，2017年、2018年关于特色小镇的期刊文献呈现持续增长状态。这说明特色小镇作为城镇创新发展的战略选择，各地区对其的关注度越来越高。

在研究选题上，2016年以来对特色小镇的研究主要集中在特色小镇培育与建设路径研究、特色小镇发展中的问题与对策研究两个主要方面。随着特色小镇建设的发展，关于特色小镇的文献不断增加，这也为特色小镇的发展做出了巨大的贡献。特色小镇这个词开始频繁出现在人们的视野中，全国各个地方都掀起了建设特色小镇的浪潮。国家政策提倡发展，地方也在积极响应，乡村、城市近郊都在积极发展建设。在检索的文献中，从城镇视角去研究探讨特色小镇的建设比例很大。

在研究内容及结论上，特色小镇研究的主要内容大多针对具体地域的建设实践，分析该地区发展特色小镇需要注意的问题，并提出相关建议。各地区特色小镇发展并不成熟，而相关的理论指导也不够成熟和深入。以云南省为例，西南地区在城镇化建设过程中，存在城市化水平与工业化水平不相适应的矛盾、城镇加速扩张与山多地少的矛盾、现有城镇体系与统筹城乡发展要求的矛盾、城镇综合承载能力较低与可持续发展要求的矛盾、粗放的城镇建设与特色发展要求的矛盾。而对于解决这些问题，也没有成熟的方法。②

---

① 叶慧：《经济转型发展的战略选择——浙江规划建设特色小镇综述》，《今日浙江》2015年第13期。
② 罗应光：《云南特色城镇化发展研究》，硕士学位论文，云南大学，2012。

在研究视角上，在知网上检索到的文献包括市场营销、田园城市理念、城市文化、城乡规划、产业转型、科技创新、价值网络、PPP 模式、技术设计、地理优势、资源保护、政治扶持、品牌效应、存量优化、产业定位等不同的视角。其中从产业转型的角度来分析的文章最多。传统空间先行的规划思路已不再满足新时期的需求，逐渐向产业先行的新思路转型。[1] 这些研究注意到了，将其他产业和特色小镇结合，如制造业与运动休闲相结合。[2] 这也是特色小镇发展自身特色的一大方向。同时，提出了较好建议：加快融入大都市圈，提升城市整体格局；搭建公共服务平台，吸引高端生产要素；积极推进项目落地，以产业链思维运作小镇；加强品牌与文化建设，营造创业创新氛围。[3]

从文化角度来分析的文章亦有一定占比。特色小镇具有区域特色的文化或非物质文化遗产，本身就是一张文化名片和金字招牌，[4] 再加上文化产品的生产销售及工艺、旅游、动漫、影视等文化产业的开发，可以使特色小镇成为文化输出和传播的策源地。相关文章也提出一些建议：推进人地协调的城镇化发展、投资模式上从政府主导向公私合营转变、功能设置向"产城"融合的创业创新生态圈转变、政府角色从全能政府向"有限""有效"政府转变。[5]

总体来说，随着近两年国家大力推进特色小镇的建设，各地方也纷纷响应，研究成果也随之大幅增加，这些研究对于推进特色小镇建设发挥了自己

---

[1] 梁冰瑜：《空间先行到产业先行的规划思路转向——以浙江省台州市无人机特色小镇为例》，载中国城市规划学会、沈阳市人民政府编《规划 60 年：成就与挑战——2016 中国城市规划年会论文集（13 区域规划与城市经济）》，中国建筑工业出版社，2016。
[2] 杨波：《体育产业供给侧结构性改革视域下运动休闲特色小镇建设启示》，《吉林体育学院学报》2018 年第 34 期。
[3] 许益波、汪斌、杨琴：《产业转型升级视角下特色小镇培育与建设研究——以浙江上虞 e 游小镇为例》，《经济师》2016 年第 8 期。
[4] 薛茜元：《非物质文化遗产视野下的民俗特色小镇景观设计研究》，硕士学位论文，西安建筑科技大学，2018。
[5] 苏斯彬、张旭亮：《浙江特色小镇在新型城镇化中的实践模式探析》，《宏观经济管理》2016 年第 10 期。

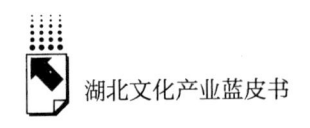

的作用。但在研究地域上，还是存在明显的不平衡，人们对湖北这类中部地区的特色小镇建设经验缺乏及时总结。在研究领域上，对特色小镇的文化建设与经济建设如何结合、如何协调的研究还有待深化。在研究方法上，大多数研究采用的还是描述性的方法。随着湖北特色小镇建设的不断发展，我们需要对新实践及时总结分析，深入探讨相关问题。

（四）调查概述

1. 调查基本情况

（1）调查对象

在入选省级特色小镇建设名录的武汉特色小镇中，"景绿网红小镇"建设速度较快、投入运营时间较早，在武汉特色小镇中的地位突出。该特色小镇同时兼具旅游景区、特色小镇、商业功能区等多重身份，成为当前武汉市内重要的旅游目的地。

"景绿网红小镇"依托鲜花资源，主打"网红"互联网特色牌，旨在凸显小镇的特色。通过对该特色小镇的调研，总结建设过程中经验，有助于为特色小镇建设提供范式，促进特色小镇建设更好更快发展，为决策者、经营者、服务业从业者提供启示与借鉴。

（2）调查情况

①调研团队

本课题的调研活动由"湖北文化产业研究中心"组织。该中心持续关注湖北省内各地的特色小镇建设发展情况，2018年7月至8月，该中心以相关研究人员为骨干，依托大学本科生、研究生"三下乡"暑期社会实践活动，组织两个调查小组，对大集街及相关特色小镇进行了多次问卷调查以及实地调研。调查问卷经过多次讨论完善。两个调查小组均由湖北大学文学院的老师和在校研究生、本科生组成，成员态度积极端正，具备扎实的文化研究基础，这些有利条件能够确保调查数据的真实可靠。经过历时一个月的实地调查和分散采访，本课题获得了较为充分可靠的第一手数据，对特色小镇的特色模式、存在问题及发展趋向有了较为直观的把握。

②问卷调查对象

"景绿网红小镇——武汉花博汇"特色小镇的游客、从业者、经营管理者；该特色小镇周边及其集镇的居民。

③问卷调查方式

纸质版发放（落实于"景绿网红小镇"及其周边）、电子平台发放（问卷星平台，链接于微博、微信、QQ）。

④问卷发放/回收情况

发放纸质问卷300份，回收有效纸质问卷227份，有效回收率76%；有效电子问卷28份；共计有效问卷255份。

（3）调查方法

本次研究从经济、文化、社会影响等多个角度出发，理论联系实际，研究特色小镇"景绿网红小镇"的建设与运营情况。本次调查既注重理论研究，更强调实证分析；既有定性分析，更强调定量分析。具体研究方法有以下几个。

文献研究法：通过阅读相关地方志材料，了解了蔡甸区及大集街的历史与现状。根据所确定的研究方向以及对象，课题组大量阅读国内外相关期刊论文、硕博学位论文、新闻报道等，广泛查阅与整理材料，为课题的研究奠定了基础。

问卷调查法：采用实地问卷调查的形式，以相关人员为问卷发放对象，收集相关数据，对该特色小镇进行实地调研，得到第一手资料，结合文献研究成果，进而提出相关引导策略和优化手段。

访谈法：通过与被调查对象进行面对面直接交谈，收集相关信息。该方法具有较好的灵活性和适应性。访谈与问卷调查数据结合，可以获得更为具体准确的信息，可以更为详细深入地了解相关内容。

案例分析法：对该特色小镇内功能区的不同情况做具体的案例分析，探讨该特色小镇内部建设的问题。

（4）调查经历

在调查活动开始前，课题组对调查问卷进行了多次修改，并逐步完善了调研活动的方案，使之更加具体，具有可操作性。课题组在实地调研的前后也进行了分组的文献搜集与整理工作。课题组成员到湖北省图书馆、武汉市图书馆等地查询了相关资料，并详细地阅读了《武汉市简明读本》《蔡甸区志》《大集镇（街）志》等主要文献资料。在资料搜集过程中，课题组不仅对特色小镇所在的镇（街）有了一定的了解，更对武汉市各行政区历年的发展规划、优势与劣势有了更加清晰的认知。

课题组从2018年7月21日起，到2018年8月底，共赴"景绿网红小镇"三次，并走访了武汉市其他的特色小镇。通过发放问卷以及访谈，课题组对该特色小镇有了更多直观的了解。"景绿网红小镇"既有生态园林特色，又有互联网特色。在此课题组也着力关注了"网红"这一特征。课题组认为该特色小镇另辟蹊径，利用独特的文化资源，打出了互联网自媒体时代的新牌。但在建设过程中，该特色小镇仍有一些发展上的问题或不足。在调研报告中，课题组在其基础设施建设与改良、服务质量提升方面都提出了一些较为客观的建议。

2. 问卷数据分析

（1）受访者男女比例

从本次分发问卷的男女比例来看，女性明显多于男性，女性占比为62.75%，男性占比仅为37.23%（见图1）。这显示女性对武汉特色小镇更加青睐。

中国的男女在社会分工上存在一定差异。女性在家庭中更多扮演着母亲的角色，照顾家人、陪伴孩子成长。女性拥有更多的自由可支配时间，利于外出度假休憩的实现。武汉特色小镇的建设功能定位包含休闲游憩、观光度假，这迎合了女性的需求。

武汉花博汇生态小镇位于武汉蔡甸区东部的知音湖，境内旅游资源得天独厚，花卉生态风光秀美，这与女性的审美相契合，女性一般倾向于秀丽清新、温婉典雅的审美体验。这与生产发展水平相契合，随着国内经济过渡到平稳发展阶段，审美也趋于一种平柔的模式，而不再是改革开放初期的狂烈式审美。同时，人们的审美观念从改革开放前的单一走向了多元，特色小镇

武汉"景绿网红小镇"发展状况调查

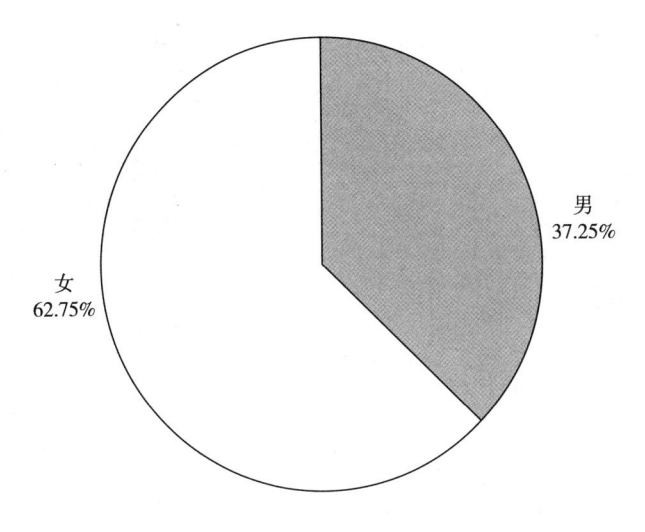

图1 受访者性别比

建设的具体细节把控，让景区的美感呈现多元化的倾向。

（2）受访者来源

交通便捷、出行方便导致了蔡甸大集街"景绿网红小镇"的游客90.59%来自湖北本省，其中一半有余来自武汉市内（见图2）。

问卷调查侧重于生活场景，因此可以从中了解当前武汉特色小镇的辐射范围仍以市内居民旅游出行为主。

（3）受访者年龄和居民收入

由图3可知，游客的主体年龄在18~45岁，偏向于年轻化。这说明，蔡甸大集街"景绿网红小镇"的服务主体人群为青年、中年人。根据调查结果，5万元以下的受访者最多（见图4），这可能是由于受访者中大学生占比较高，也体现出受访者工资水平普遍不算太高。

这类人群对于旅游景点的新颖性、特殊性及服务要求较高。此外，不能忽视的是，这类人群的消费能力及消费潜力最大。

特色小镇中，现代农业的观光性、游客体验性大大增强，这对各年龄段的游客的吸引力都很大。在年轻化群体中，农业生产的体感给予年轻化群体的吸引力更大。休闲游憩、观光度假也是现代快节奏生活的调

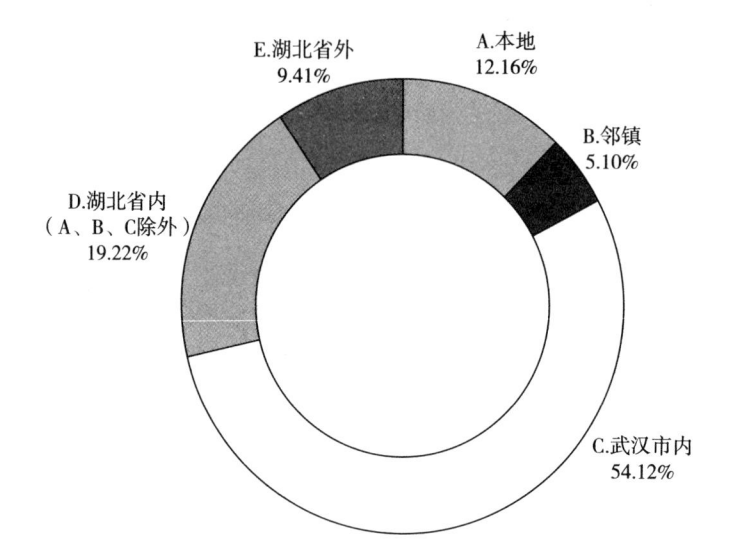

图 2 受访者来源构成

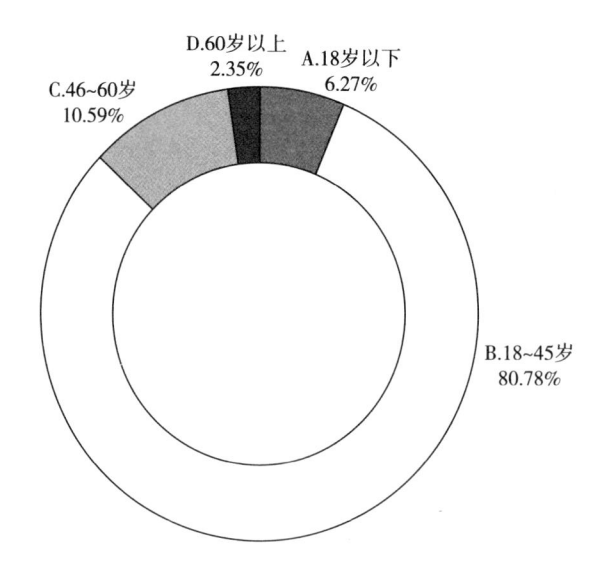

图 3 受访者年龄结构

节剂，迎合了都市人群的消费需求，存在巨大的消费空间和经济增长潜能。

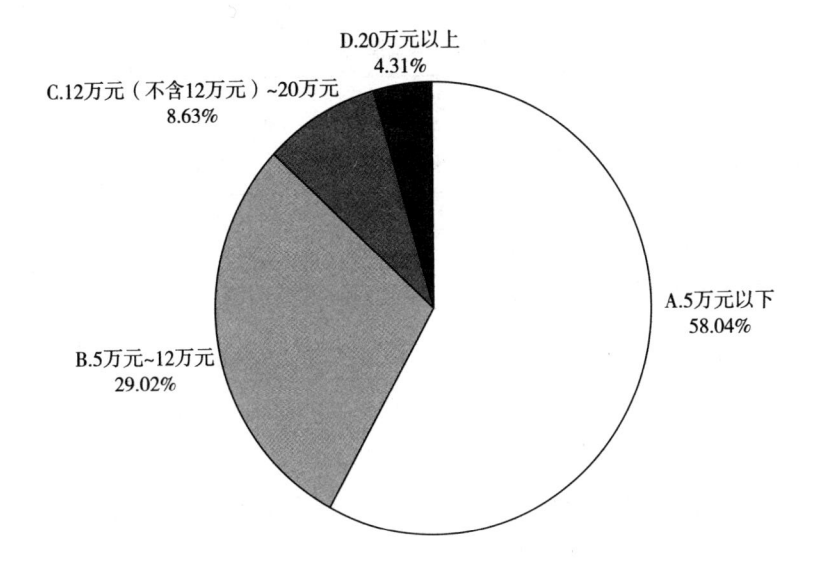

图4 受访者收入结构

主题文创的受众大多为青年、中年人，他们对新生事物的包容性更强。但是这一类人的收入并不高，消费水平较低，蔡甸大集街"景绿网红小镇"满足该类人的消费水平。在18岁以下的受访者中，大多数是跟随家长出行的，他们往往不具有独立的消费能力，因此在投放问卷时也避开了这一群体。

（4）受访者收入和预期消费额度

对"游客收入"和"预期消费额度"进行自变量与因变量的交叉分析可知，收入较低的群体的预期消费额度也相应较低。"5万元以下"的收入群体一般选择"200元以下"的预期消费额度，而随着收入的增加，受访者的消费预期有所提高。值得注意的是，整体的预期消费额度都集中在"200元以下"和"200~500元"这样的低消费空间，这与游客的总体收入水平相契合（见表1）。此外，到达特色小镇较为方便，一般情况下不需要过夜，在此消费以出行、门票和饮食为主。大部分受访者选择"200元以下"或"200~500元"档次作为他们认可的消费额度与特色小镇的旅游模式大体以短途旅游为主，他们对在特色小镇旅游的消费持较为谨慎的态度密不可分。

表1 受访者消费预期

收入	A.200元以下 人次	A.200元以下 占比(%)	B.200~500元 人次	B.200~500元 占比(%)	C.500元以上~1000元 人次	C.500元以上~1000元 占比(%)	D.1000元以上 人次	D.1000元以上 占比(%)	小计
A.5万元以下	127	59.91	80	37.74	4	1.89	1	0.47	212
B.5万元~12万元	77	54.23	60	42.25	4	2.82	1	0.70	142
C.12万元(不含12万元)~20万元	13	41.94	15	48.39	3	9.68	0	0.00	31
D.20万元以上	8	57.14	6	42.86	0	0.00	0	0.00	14

（5）受访者文化程度

本调查受访者的学历情况基本符合当前的普遍情况，即以高中/中职学历的人群为主，也有较多有本科/大专学历的人（见图5）。一部分游客有着相对较高的文化素养。

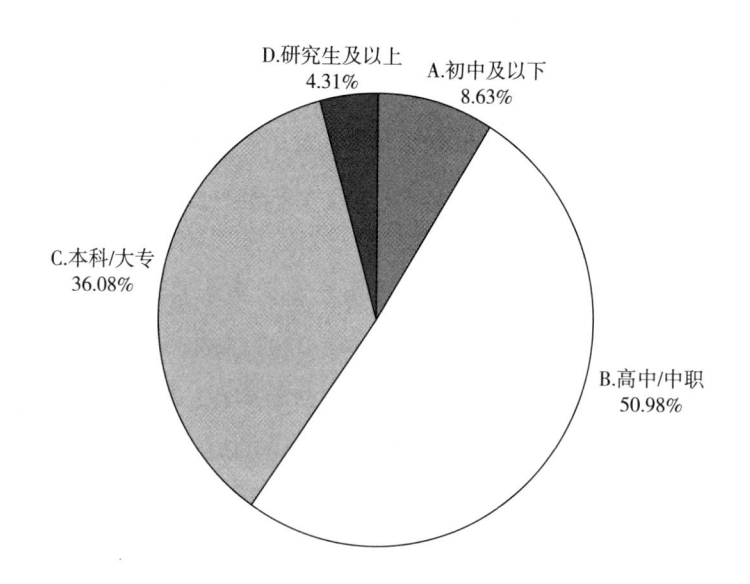

图5 受访者文化程度构成

（6）受访者身份

由图6可知，来蔡甸大集街"景绿网红小镇"的人员主要目的是旅游，旅游者占受访者绝大多数。也有少数居住或从事商业或经营活动、从事管理服务工作的人。

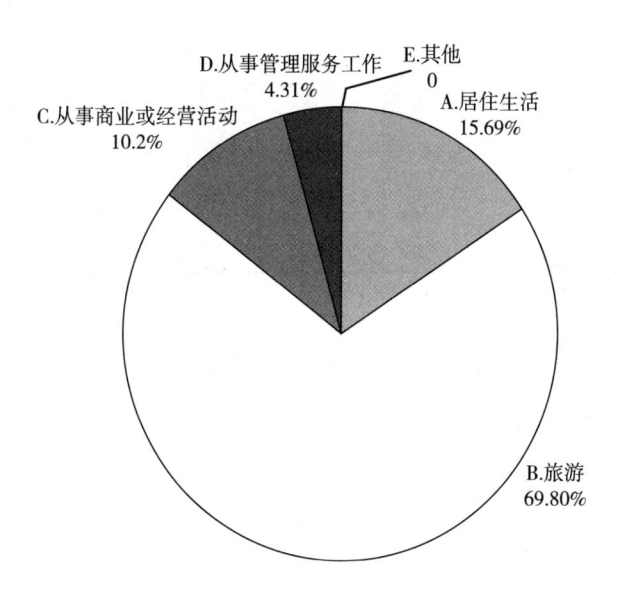

图6 受访者身份结构

通过问卷调查可知，从事商业或经营活动的人数较少，这也折射出当地招商引资上面的不足。

对问卷中的受访者文化程度与他们来小镇主要的目的进行交叉分析可知，来小镇旅游的主要是拥有较高学历者，大多数游客学历在高中/中职以上。在小镇居住的人群主要是低学历群体，可能是附近部分迁移居民。

本次调查中，在当地从事商业或经营活动的人群，学历条件一般，主要为高中/中职学历，其次是初中及以下学历。由此可以推断出，该地的商业或经营活动还没有吸引高学历人才加入，大多数经营者从事的可能还是传统的商业与经营活动。这可能限制了特色小镇服务向高端发展的空间。

本次调查中，在当地从事管理服务工作的人群均为研究生及以上学历，这意味着特色小镇注重对管理服务人才的引进（见图7）。

259

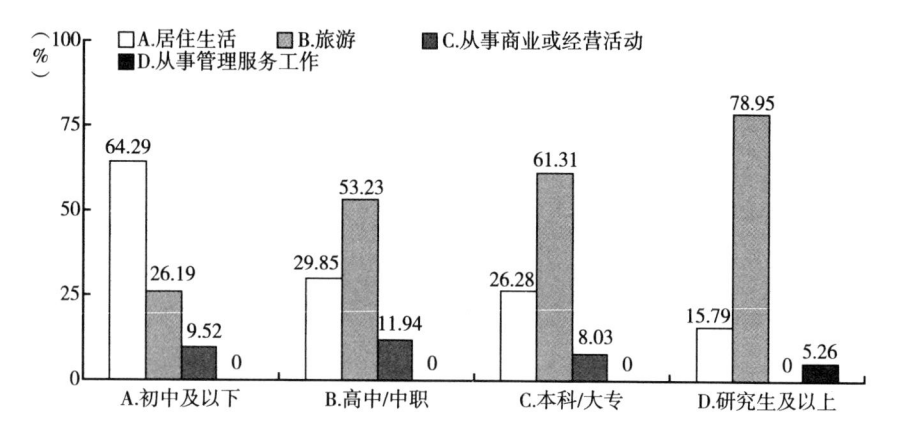

图7 受访者身份与学历相关性分析

说明：调查中本题为多选题，因此有些占比加起来非100%。

（7）受访者了解蔡甸大集街"景绿网红小镇"的情况

从问卷数据可以得知，大部分受访者对特色小镇相关政策呈一知半解或不清楚的状态，仅有不到两成的受访者选择了"了解，并能列举几个小镇"这一选项，对于蔡甸大集街"景绿网红小镇"的情况所知不多（见表2）。

表2 受访者对特色小镇的了解情况

选项	小计（人次）	占比（%）
A. 了解，并能列举几个小镇	32	12.55
B. 仅听说过，但不清楚详细信息	116	45.49
C. 不清楚	107	41.96
本题有效填写人次	255	

通过访谈可以发现，无论是当地居民还是游客，都有可能并不清楚所在地的特色小镇建设情况，而仅把当地作为一个生活场所或旅游景点。从受访情况可以了解，当前对于特色小镇建设和宣传方面仍存在一些短板，尤其是在旅游管理方面，当特色小镇的"特色"得以突出时，其对旅游者的吸引

力就会进一步提高。

从表3可以看出,受访者受社交媒体的影响最大,受主流媒体、平面媒体宣传的影响则相对较小。许多受访者通过微信朋友圈、QQ空间说说等形式,较快地从身边的旅游者或居民获得特色小镇的动向。诸如特色小镇的特色活动及营业时间,都可以通过自媒体进行有规模的传播。

在广告宣传方面,旅游主管部门一般采用传统的宣传模式如放置巨幅广告牌、在旅游景点周边的路段设立大幅海报等。这些传统宣传模式有一定的影响力,但相比于互联网信息的快速传播,传统宣传模式已显颓势。

旅游者的"口耳相传",也是特色小镇宣传模式中的重要组成部分。在个人微信、微博作为媒介的情况下,旅游者有意或无意地将特色小镇情况向外传播,达到了宣传的效果。

表3 受访者了解特色小镇的渠道

选项	平均综合得分	比例
E. 社交媒体(如微博、微信)	3.64	
D. 广告宣传	2.87	
B. 我在当地生活	1.71	
C. 人民政府公报、新闻等	1.07	
A. 我不知道	0.26	
F. 其他	0.05	

(8)受访者反馈的蔡甸大集街"景绿网红小镇"的特色

游客反馈的蔡甸大集街"景绿网红小镇"的特色主要为互联网特色、生态特色、园林特色(见表4)。

大部分受访者认为特色小镇的最主要特色是"互联网特色",这与其自身定位相吻合。这也能体现该特色小镇在宣传方面有意识地展现自身的主要特色,受访者印象较为深刻。

表4　受访者对特色小镇的评价

选项	平均综合得分	比例
C. 互联网特色	4.27	
B. 生态特色	3.78	
A. 园林特色	3.69	
G. 自然资源特色	1.75	
D. 历史文化特色	0.87	
F. 传统工艺特色	0.49	
E. 高新技术特色	0.43	
H. 其他	0.03	

（9）受访者对蔡甸大集街"景绿网红小镇"的评价

较多受访者肯定了特色小镇能更好地发挥本地具有独特性的文化资源。也有一些受访者肯定了特色小镇能较好结合本镇的特色或产业优势，大集街能够结合中法新城的建设，将特色小镇与当地发展规划结合起来，拉动当地居民的就业，并且能在生态特色的基础上，改善周围环境，建设宜居场所。

特色小镇基础设施与服务质量等方面，在该题中排序靠后。这显然与基础设施建设不完善有关，也与特色小镇发展缓慢有重要关联（见表5）。

表5　受访者对特色小镇优势的排序

选项	平均综合得分	比例
C.能更好地发挥本地具有独特性的文化资源	3.75	
D.能较好结合本镇的特色或产业优势充分挖掘	3.27	
B.服务设施齐全且功能区完善（如住宿、餐饮、游乐等）	2.22	
A.基础设施建设质量高（如交通、通信、厕所等）	1.35	
E.服务质量较高、服务业从业人员素质较高	0.73	
F.其他	0.10	

在受访者心目中,"招商引资的吸引力不够""政府资金支持力度不够""从事本镇特色产业的人才不够"是蔡甸大集街特色小镇的主要不足之处(见表6)。

特色小镇往往处于城市外围,位置偏僻,交通不够发达,居民聚集较少。招商引资的吸引力不足,政府资金支持力度不够,周围商业、公共基础设施发展停滞,对特色小镇整体的布局和发展都会有很大的影响。此外,商家进驻追求的是经济效益,在经济效益尚未成型之时,空谈社会效益也是不现实的。

表6 受访者对特色小镇不足的排序

选项	平均综合得分	比例
B.招商引资的吸引力不够	3.47	
A.政府资金支持力度不够	2.48	
C.从事本镇特色产业的人才不够	2.18	
D.未能较好利用本地的特色文化及自然资源	1.77	
E.过分追求经济效益,忽视社会效益	0.75	
F.其他	0.21	

(10) 特色小镇建设的影响

特色小镇的建设对当地带来的积极影响主要在于能够提升当地知名度和拉动当地的经济增长两大方面,对文化本身发展带来的积极影响亦较为突出。

多数受访者认为,特色小镇可以建设当地文化地标,提升小镇知名度。在特色小镇建设的过程中,往往可以打造当代文化景观,作为当地的新地标。

部分受访者也肯定了特色小镇在挖掘文化底蕴和促进文化传承方面的正向作用。特色小镇建设往往依托行政区乃至整个城市的发展规划,大集街特色小镇对知音文化的传播、网络新媒体文化的推广具有一定价值,已起到促进文化传承的作用。

部分受访者认为,特色小镇可以开发当地特色资源,形成完整产业链。在特色小镇建设中,当地特色资源或优势的开发是必经环节之一,对当地特色资源的合理利用可以提升特色小镇发展的整体质量(见表7)。

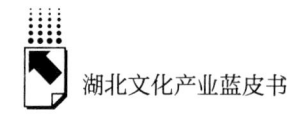

表7 特色小镇建设的积极影响

选项	平均综合得分	比例
C.建设文化地标,提升知名度	4.12	
A.增加就业机会,带动居民脱贫致富	3.42	
B.开发当地特色资源,形成完整产业链	3.35	
D.挖掘文化底蕴,促进文化传承	2.9	
E.完善基础设施建设,加速城镇化进程	1.5	
F.丰富文化消费场所,提升民众文化素养	1.28	
G.其他	0.14	

特色小镇的建设对当地带来的消极影响主要是破坏乡土文化的原生性和鲜活性、占用耕地两大方面（见表8）。开发文化产业，本身需要对原生文化进行包装和改造，开发其中能够适应当下经济的部分。在文化资源转化成文化产业资源再成为现实的产业资源这一过程中，传统文化一定程度的变形一般难以避免。但对于传统文化本身，首先，我们需要甄别，应该保护与传承的是传统文化中可以与现代生活相适应的优秀因素，而对其中的糟粕则应予以抛弃；其次，优秀传统文化的传承也离不开发展与创新，要注意将保护、传承、发展、创新结合起来，而不是以为保护就是原封不动。在占用耕地方面，同样要注意协调处理耕地资源保护与经济发展之间的矛盾。景区绿化用地的增加，也是对土地资源的保护，与对土地资源的合理利用。把部分耕地转化为商业用地，可以提升土地的有效利用率，促进城镇功能分区的完善。

表8 特色小镇建设的消极影响

选项	平均综合得分	比例
B.破坏乡土文化的原生性、鲜活性	2.92	
A.占用耕地	2.45	
C.贫富差距拉大	1.30	
D.拆迁等使社会矛盾滋生	0.93	
E.其他	0.27	

(11) 建设特色小镇有效的措施

通过表9可知，受访者对于特色小镇基础设施和配套服务设施建设的需求占据上风。这凸显当前各特色小镇基础设施建设不完善。由于交通、住宿、环境等多种配套设施的不完善，游客的出行体验不佳，对外地游客的吸引力不强，长此以往，特色小镇发展可能归于沉寂。完善配套设施，如住宿、环境等不仅能提高游客的旅游舒适性，更能拉动当地服务业的发展，提高服务水平，达到循环上升的效果。

受访者希望政府能加强资金支持与政策扶持。政府支持是特色小镇建设中的重要环节。特色小镇发展与所处行政区的发展走向相关联，将特色小镇建设纳入城市规划和经济发展规划中，有助于特色小镇健康成长，也有助于特色小镇在未来对当地反哺。

另外，受访者希望能改良融资渠道，实现投资主体多元化，促进市场经济朝着规范化、高效化方向发展，拉动本区经济增长；引进科学技术，培养创新人才；建立健全监管审核机制，促进企业优胜劣汰都是特色小镇建设的有效措施。

表9 受访者建议

选项	平均综合得分	比例
B.完善配套设施,如交通、住宿、环境等	4.42	
A.政府加强资金支持和政策扶持	3.2	
C.改良融资渠道,实现投资主体多元化	2.55	
D.引进科学技术,培养创新人才	1.53	
E.建立健全监管审核机制,促进企业优胜劣汰	0.77	
F.其他	0.02	

二 网红小镇建设的经验与问题

课题组通过实地调研，访谈相关人员，对大集街"景绿网红小镇"的

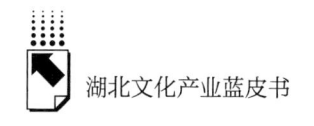

建设情况有了较为直观的感性把握，与较为深入系统的理论分析，从而找到大集街"景绿网红小镇"的成功经验及存在问题。

（一）网红小镇建设的基本经验

1. 有序运营，合理开展基建

"景绿网红小镇"规划总面积约48公顷，其在武汉市内的旅游景区和特色小镇（非建制镇）中都属于规模较大者。在建设标准方面，号称按照"5A"级景区标准建设，投入了总量可观的财力和物力，建设初步完成时已经初具都市田园综合体特征。

该特色小镇在各类以园艺为主打特色的景区或特色小镇中，位置相对靠近市区，适合市内居民的一日游和省内居民的多日游。该特色小镇位于中法新城和沌阳经济技术开发区之间，发展前景良好。在当前中法新城大力发展的背景下，该特色小镇符合武汉"新花城"的城市品牌塑造要求，在发展园艺旅游业的同时兼顾餐饮、文创产业，并以互联网为自身特色，以塑造具有武汉特色的特色小镇片区。

在较好的投资环境中，该特色小镇景区布置有序，各类服务设施运转正常，具有多元的服务内容，可以满足不同年龄段、不同层次游客的需要。

2. 因地制宜，紧握时代脉搏

"景绿网红小镇"依托花卉资源，在园艺、生态特色的基础上，着眼于时代发展的动向，联系互联网产业发展的实际，打出"网红"特色牌。当前人们对互联网产业的依赖程度较高，对于互联网所衍生的现象也不陌生，"网红"更是大部分游客耳熟能详的互联网新衍生物。

互联网与特色小镇的结合，能在一定程度上促进特色小镇的发展，并促进双方的共赢。一方面，利用该特色小镇独有的仿西洋建筑群落，推动带有异域风情的民宿、文创、餐饮产业发展，可以为该特色小镇提供经济增长点；另一方面，该特色小镇的独有建筑、花海等景观，可以为"网红"的培养提供独特的外在环境。

互联网与传统园艺、生态小镇的碰撞，有助于该特色小镇赢得不同年龄段、不同学历层次游客的良好观感。互联网产业对当前青年人群（"90后""00后"）影响较大，一方面要通过特色小镇相关特色吸引青年人群，另一方面要通过其他不同类别的服务游乐形式赢得其他年龄段游客的好感。该特色小镇具有多元的服务、游览设施，如植物迷宫、树袋熊探险主题乐园等符合低龄段游客的喜好；花海、问茶村符合中老年游客的喜好。多元化的发展可以满足不同层次的需要，使游客对该特色小镇的游览体验更好，并给予良好的反馈，促进该特色小镇的良性发展。

3. 重视规范，打造口碑品牌

特色小镇建设具有长期性，在建设的各个阶段，需要重视规范，以推动不同时期的特色小镇都能获得游客的青睐。

首先，要重视特色小镇内产业建设的规范性。在此方面"景绿网红小镇"能较好地进行不同功能区的分类，在各区域内重视规范性的树立。在管理不同功能区时，要注意结合该片区的特色，如弗洛伊鲜花小镇功能区和花食街功能区的设计和建设，就重视了功能区所承载特点的规范性。

其次，要重视特色小镇内的合理营销。在一个"好酒也怕巷子深"的时代，需要重视特色小镇的合理营销。规范的运作和合理营销并不矛盾，在开拓特色的基础上，努力靠拢市民的兴趣，在坚持面向市民的同时，坚守特色小镇本身的特色。在此方面，"景绿网红小镇"能在建设花卉风景的基础上，将各中外建筑风格集聚一堂，并打造老少皆宜的各类游乐设施，树立良好的口碑。

（二）网红小镇建设的困境与问题

1. 资源整合不够，集群效应较弱

"景绿网红小镇"周边的基础设施较为孱弱，主要体现在交通环境较差、公共设施不完善两个方面。

首先是交通环境较差。该特色小镇周边的主干道修筑时间较短，因而周围的居民数量较少，公交线路不够完善，公交覆盖范围不够广泛，这阻碍了一部分市内、市外游客前往该地，增加了奔赴此地的时间成本。

其次是公共设施不完善。限于该地整体人口密度较低，产业不发达，正在建设的相关服务业设施距离较远，该特色小镇周围缺乏主要的市政公共设施和服务业设施，未能构成良好的产业集群。

2. 特色小镇不特，内涵开掘不深

"景绿网红小镇"依托花卉和风情建筑，结合互联网进行产业发展，本应具有较为突出的特色，但当前互联网特色流于表面，甚至有噱头之嫌；在特色小镇和旅游景区的建设中，花卉和风情建筑也逐步丧失了它的差异化特性，逐渐显露同质化倾向。

首先是互联网特色日趋沦为噱头，在该特色小镇中"网红"等互联网因素体现得不明确，游客不能很好地将互联网与该特色小镇联系起来。此外，在当前互联网不断变化的过程中，"网红"等新鲜概念逐渐变成明日黄花，人们有理由质疑其特色的落脚点。

其次是武汉市"新花城"品牌效应所带动的城市田园、花卉旅游基地建设，逐步冲淡了该特色小镇花卉的独特性，不利于该特色小镇游客数量的增加。该特色小镇中的马鞭草、樱花、荷花在当前属于常态花卉，单从"大""多"来看已不具备对游客广泛的吸引能力。该特色小镇的"特色"不突出，仍有待进一步改善。

3. 宣传渠道单一，品牌流传度低

品牌效应的打造对于各特色小镇的建设十分重要，在特色小镇建设过程中，知名度的攀升与品牌效应的打造密切关联。

首先是城市品牌形象不够鲜明。需要结合特色小镇所处行政区划发展的整体特点，将特色小镇纳入整个城市形象的发展中。例如，蔡甸区进行的中法新城规划建设，喊出了"千年知音文化"的口号，又与中法新城的建设结合起来，使古汉阳县（今蔡甸）焕发新生。江夏、新洲也可根据特色小镇周围的区划，树立自身品牌形象。例如，2018年长江新城规划对新洲武湖区域的发展促进作用，既可以由特色小镇等内部设施进行提振，也可以由整体带动局部，实现共同发展。

其次是特色小镇整体品牌不够响亮。需要把特色小镇的名头做响，做好。特色小镇不仅要有真切的"特色",更需要把好宣传关,努力打造特色小镇的名号。蔡甸区大集街的"景绿网红小镇",打造全国首个网红小镇,便是在全国繁杂的特色小镇中杀出重围,提振了自身的特色。但这一品牌所产生的效应以及民众对于"网红"的接受和认可程度,还有待进一步观察。

最后是特色小镇内部品牌不够独特。特色小镇往往并非建制镇,在多个产业园或景区集群的状况下,内部也应该有自身的独立品牌,共同联合打造品牌效应。在特色小镇建设的背景下,也应发展如商会经济、民宿旅游等其他产业。在未来建成后,也可能形成在特色小镇内不同品牌效应的组合,扩大品牌效益。

4. 照搬外来文化,破坏乡土本色

在建设特色小镇的过程中,需要保护乡土的原生性。在建设特色小镇时,要注意保留本地所处的历史文化风貌,拒绝盲目从外来文化中照搬、照抄。

在蔡甸区大集街"景绿网红小镇"特色小镇的建设中,为符合"网红"的特色,小镇内建设了许多具有欧式风格的建筑。这些建筑较好地与特色小镇的定位吻合,并与该特色小镇花卉的"底色"相映衬。建筑多经过精心设计,具有西洋艺术风格,加上建筑外围花卉多数为外国品种引进而来,具有异域风情。但值得注意的是,大面积的西洋艺术建筑,是否与该地其他经济体或农村生态原貌相得益彰,是否破坏了乡土的原生性,犹未可知。

在特色小镇发展的过程中,应注意特色小镇风貌与其所在行政单位风貌的相似性。此外,在规划特色小镇用地时,也应注意对乡土原生性的保护。

三 特色小镇建设的对策

"景绿网红小镇"存在的问题,在众多的特色小镇建设过程中同样存在。为了推进武汉特色小镇建设又好又快发展,各级政府、相关企业、从业人员乃至当地民众,应该齐心协力,通力合作,注重长效,凸显特色,从不同向度解决特色小镇发展中出现的问题。在这些因素中,政府与企业的角色

特别重要。政府应从宏观角度把握特色小镇的发展方向，做好战略规划；而相关企业则应该加强内涵建设，凸显文化特色，注重长效发展，实现经济效益与社会效益的协调互促。

（一）政府进行合理的规划设计

就各级政府而言，最关键的是为特色小镇建设做好战略规划设计，为特色小镇的发展提供良好的政策保障与硬件支持。

1. 改善交通环境

"景绿网红小镇"位于知音湖大道南段，处于武汉四环线和武汉绕城高速西段之间，与汉口主城区直线距离约23公里、与汉口循礼门的道路距离约为31公里。在武汉市内居民旅游规划中，该地属于距离稍远的一日游目的地。改善当地交通环境，吸引客源，是当前该特色小镇发展的必由之路。

首先是完善城市公共交通线路，实现多方位目的地互通。当前该特色小镇沿线的公共交通属于不完善的状态。线路较少、覆盖面较小，是当前交通环境方面的主要症候。可以沿中法新城核心区开设公交线路，以沟通市区、中法新城和"景绿网红小镇"。武汉市大力发展中法新城，蔡甸区的发展重心也围绕在中法新城核心区的后官湖和知音湖一带。该特色小镇位于知音湖以南，可以规划一条较长的公交快车线路，以连接汉口（硚口、东西湖）、中法新城和"景绿网红小镇"。

其次是提高自驾游出行的便利性。"景绿网红小镇"南接沌口，位于沪渝高速、武汉绕城高速出口东侧6.5公里处，位于四环线东风大道出口西侧9公里处，其区位对于自驾游旅客而言较为便利。特色小镇应在线上、线下宣传时告知自驾游旅客最佳出行线路，引导自驾游旅客避开修建地铁路段、有轨电车路段等，从而提升自驾游乘客出行体验。

最后是完善特色小镇内及其周边的通勤与接驳。"景绿网红小镇"在特色小镇内部设置了游览观光车，能较便利地将游客输送到特色小镇内的功能区，建议特色小镇对其票价做适度调整，浮动下调，以实现旅客出行和特色小镇盈利的平衡。

2. 加强基础设施建设

依照武汉"主城、副城、新城"的三级规划，蔡甸区大集街"景绿网红小镇"位于蔡甸中法新城（知音新城）和沌阳开发区（武汉经济技术开发区）之间，地理位置相对偏僻。改进基础设施建设，是当前该特色小镇发展的必由之路。

首先，要改进特色小镇区域内的基础设施建设。特色小镇管理方应大力招商引资，促进内部服务类别的多元化。当前，该特色小镇在内部发展了露营、攀岩、趣味迷宫等多项旅游增值项目，并逐步建设特色风情建筑群，发展民宿事业。从基础设施规划情况来看，该特色小镇区域内的基础设施以游乐设施、民居设施和餐饮设施为主，在文化创意产业、特色品牌商业等方面还有进一步拓展的空间。此外，特色小镇内户外拓展、水上舞台、帐篷营地、婚庆长廊等项目仍存在一些建设不完善之处，问茶村、北海民宿村等具有中国传统建筑风格的建筑群建设优先级较低，仍在规划、建设过程中，这进一步加剧了当前特色小镇基础设施的不完善、不平衡现状。

在该特色小镇主打的内部游乐设施中，"植物迷宫"号称是"华中地区最大、最美的植物迷宫"，但从游客整体满意度、游乐设施趣味性和游乐设施美观程度来说，该"植物迷宫"仍存在票价略高、景观不够优美的问题；"树袋熊探险主题乐园"的儿童游乐设施可以再进一步丰富化，结合沙滩、人工湖景观做适当拓宽，提高游乐设施的趣味性和丰富性。

其次，市级、区级管理决策单位应注意该特色小镇外围基础设施建设的优化。"景绿网红小镇"是省级特色小镇建设单位，是蔡甸区乃至武汉市未来旅游发展的重要经济增长点。在多样的市内旅游选择中，各地市民往往会选择具有良好基础设施和便利性的景点作为其首选旅游目的地。该特色小镇在外围基础设施建设方面仍存在一些亟待改善的状况。增加周边公共厕所、垃圾箱等必要设施，完善停车场建设，是当前基础设施建设方面的第一步。拉动外围区域的商业发展，增加便民商店、餐馆的数量，则是基础设施建设方面的后续步骤。

3. 引进高质量人才

"景绿网红小镇"有望成为都市田园综合体的潜在建设对象，其在初期注重全方位、多向度的产业结构建设，在民宿产业、餐饮业、文创产业等多个产业都开辟功能区。为使特色小镇良性发展，促进旅游业质量的不断提高，政府等相关管理机构应高度重视高质量人才的引进，适当设置人才落地的优惠政策，以促进就业、完善特色小镇人才链的建设。

对特色小镇内行业的监管，应注重质量管理，建设合理的筛选机制，以确保从业者无不良记录，保持较高的服务水平。政府部门应对此做积极引导和干预，开展相关培训以使从业者更好融入特色小镇环境，鼓励外出的人才回乡就业，让他们成为特色小镇建设长久的智力保障，从而提高小镇从业者的整体文化水平。

（二）经营者进行合理的战略营销

特色小镇的经营者只有苦练内功，凸显特色，挖掘文化内涵，把握时代脉搏，才有可能生产出能够满足广大群众需要的文化产品，使特色小镇在真正成为"特色"小镇的同时，实现经济效益与社会效益的同步增长。

1. 凸显特色，避免同质化竞争

"景绿网红小镇"一方面以花卉景观为主要特色，另一方面依托"火蜂文化传媒有限公司"，大力发展网络平台运营、主播经纪代理等"网红"特色。但在实际建设运营过程中，花卉景观所对应的园艺、生态特色具有同质化特征，而"网红"等互联网特色在该特色小镇当前的发展中并不明显，未能成为足以让游客普遍印象深刻的主要特色。

当前以花卉为主的特色小镇或旅游景点，在武汉市内便有多家。"景绿网红小镇"，和其他景区或特色小镇一同落入了"同质化"的窠臼。东西湖区武汉花世界，新洲区农耕年华，都是大规模的花卉或农业主题公园，其植物数量较多，人工景观建设较多；新洲区紫薇都市田园、东西湖郁金香主题公园等，则突出园艺，在此基础上建设田园综合体或景区。"景绿网红小镇"兼具上述两种主题公园或特色小镇的特点，但也需要进一步凸显自身的特异性，注重差异化发展。

该特色小镇应适当选取主要园艺特色作为其宣传的侧重点，在花卉类别中，选择该特色小镇内数量最多、游客观感最好的品种大力宣传。该特色小镇中有马鞭草花海、紫薇花海、四季花海等多个花卉种植区，可以以马鞭草花海为该特色小镇重点宣传的内容，以突出其在众多园艺、农业、花卉景区中的特色，并将马鞭草花海的独特紫色与花博汇宣传系统的主色调联系在一起，使游客能够对该地特色有更明确的感知。

该特色小镇应注意突出"网红"这一自造特色。在当前武汉特色小镇、旅游景区中，以"互联网"为主要特色者不多。特色小镇建设不应将"网红"作为噱头，忽视其在特色小镇发展中的主体性地位。该特色小镇中与"网红"关联的企业、商家较少，主要分布在"弗洛伊鲜花小镇"片区。该片区主打"颜值"和"艺术"，但主要发展的是婚庆、民宿产业。在此基础上，着力营造互联网特色，是该小镇突破瓶颈的重中之重。

特色小镇管理者应向游客释放积极信号，鼓励游客关注该小镇的互联网特色。在宣传中，该特色小镇致力于打造"网红"基地。在当前"网红"一词受争议的状况下，向游客传递"网红"的正向因素，让游客对互联网文化中的优质内容有所认同，是特色小镇管理者需要着重思考的内容。互联网的迅速发展，导致部分流行语的意义快速更迭，"网红"作为流行语所带有的意义从原来的中性偏褒义逐渐往中性偏贬义发展。在微博上，"网红"往往与其他流行语如"戏精""蛇精"联系在一起，时常也能在自媒体文章中看到作者对"网红"的抨击之声，"网红打人"等社会事件在网络上屡见不鲜。对"网红"特色的诠释，在一定程度上影响了游客对该特色小镇的观感。因此应着力传递"网红"的"正能量"，将"网红"与拜金主义、哗众取宠等社会敏感内容剥离开来。在宣传策略上，尽可能避免类似"网红小镇，圆梦基地"这样的诱导性字眼；在娱乐经纪代理方面，应注意筛选优质人才，加强对网络平台主播的管理与培训，促进网络平台主播提高素养，完善自我，进而才有反哺特色小镇建设的可能性。

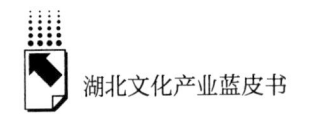

特色小镇管理者也应加强对特色小镇园艺内容的科普性宣传，让游客身临其境，愿意从特色小镇的游览设施或游览内容中提升自我的科学修养。特色小镇可以将"网红"和"科普"联系起来，通过一些当前流行的短视频形式，游客普及科普的愿望得以实现，也在一定程度上对特色小镇自身的"互联网"特色加以宣传。

2. 多元宣传，丰富营销策略

当前该特色小镇在宣传策略上仍有改进空间。特色小镇一方面需要继续利用传统宣传方式进行宣传；另一方面则需要开拓思路，进一步扩大新媒体宣传的有效性，提高特色小镇的知名度。

在传统宣传方式中，"景绿网红小镇"由旅游主管部门牵头，在蔡甸区辖区内主干道（新天大道、知音湖大道）设置了大型广告牌。该特色小镇可以在主要商圈或交通枢纽的外墙或走廊安装中小画幅的宣传广告，提高知名度。

在新媒体宣传方式中，"武汉花博汇"认证微博、微信公众号较为活跃，但影响力孱弱。建议可以与本地事业单位的新媒体平台、有影响力的公共自媒体平台进行适度合作，并扶持特色小镇内的商铺建设自身的自媒体平台，以点带面，促进宣传影响力的扩大。

游客口碑是最好的宣传工具之一。该特色小镇可以利用当前较为流行的"转发抽奖"模式来扩大自身影响力。QQ空间、微信朋友圈的传播能极大地提高武汉市民对该特色小镇的认知程度。奖励成本较低，但对应的宣传收益可能会很高。此外，在自媒体宣传途径中，应注意符合各平台（微信、微博）的规则，避免违反相关规则以起到相反效果。

3. 深化文化内涵，提升社会效益

"景绿网红小镇"在建设中应注重挖掘文化内涵，提升社会效益。

首先，要发扬传统文化在特色小镇建设中的积极作用。在当前该特色小镇建设日臻成熟的阶段，对辖区内"问茶村"徽派建筑群的功能性打造至关重要，这对于该特色小镇文化效益的提升具有重要意义。如何继承中华传统文化中的优秀内容，将民宿、商业和中华传统文化联系起来，是该特色小镇建设中要面对的重要问题。在开发中，应重视经济效益和文化效益、社会效益的平衡，避免出现过度商业化开发的倾向，从而贬损其文化价值。

其次，在当前该特色小镇西洋风格建筑群中，对外国建筑、艺术风格的介绍较少，过多的是迎合游客的求异心理，在此基础上，对特色建筑进行适当的文化宣传和介绍，有助于游客更好地理解外来文化，从而实现文化效益。

特色小镇建设在大众科普方面仍有拓展空间。通过适当的科普导览建设，推广带有科学普及性质的亲子游项目，可以进一步发掘特色小镇的文化内涵，从而提升其文化效益。

"景绿网红小镇"在社会效益、文化效益方面的建设目标，同样适用于其他特色小镇的建设。当前，以园林、生态、自然资源为特色的特色小镇如雨后春笋般建设起来，这些特色小镇应当注意经济效益和文化效益、社会效益的平衡。在旅游业发展中，要重视对大众的知识普及、素养提高，从而提高大众审美趣味，促进旅游业文明健康发展。

4. 注重市场调研，适当调整价位

"景绿网红小镇"在市场调研和游客需求方面仍有改进空间，通过对市场调研的注重，调整价位，景区基本门票价格按照季节适当有序浮动，有助于达成游客的心理预期，从而使游客体验更好。

在问卷调查中，调查对象整体的预期消费额度集中在"200元以下"和"200~500元"这样的低消费空间，这一方面和游客群体的基本收入情况相关，另一方面也与市内游客居多，进行一日内短期市内旅游的出行特点有关。在此方面，特色小镇内诸多的附加游乐设施也应注重价位的调研，对部分普遍不符合游客心理预期的游乐项目进行适当调整，或将部分内购项目融入基本门票价格之中，从而打造消费透明的良好形象。

注重市场调研，适时调整价位也是当前其他特色小镇需要面对的问题。部分养生、生态小镇有将特色小镇项目"轻奢化"的倾向；部分旅游景点以农业、花卉、植物为特色，但在淡季对园区疏于管理，旅客满意度较低，适当调整价位也有利于旅游目的地的口碑建设，促进旅游景点的良性发展。

附 录
Appendix

B.16
湖北文化产业发展大事记（2018年）

1月

2018年1月2日 武汉城市留言板入驻江岸区政务服务大厅。

2018年1月9日 湖北省工商局发布消息，黄石东楚融媒体广告双创示范基地等12个广告基地被认定为省级广告产业基地。至此，全省拥有40个省级广告产业基地，其中，广告产业孵化基地（广告双创示范基地）有14个、广告人才培训基地有11个、广告创作基地有15个。

2018年1月11日至13日 2018北京图书订货会在中国国际展览中心成功举办。湖北省20余家出版发行单位携近万种精品、重点图书参展，集中展示了湖北省出版业锐意改革进取的最新成就，拓展了与全国同行的交流与合作。

2018年1月18日至19日 湖北广电网络2018年经营工作会在武汉召开，提出围绕智慧广电建设，着力抓好改革发展五个方面重点工作。

2018年1月23日 由国家新闻出版广电总局、中国作家协会主办，新华网承办的"2017年优秀网络文学原创作品"发布仪式在北京举行，长江中文网《秋江梦忆》入选国家"2017优秀网络文学原创作品"。

2018年1月30日 国家出版基金规划管理办公室公布入选2018年度国家出版基金资助项目名单，湖北省共有12家出版单位的26个项目入选，入选总量创历史新高，与2017年相比实现85.7%的增长。

2018年1月 湖北省政府印发《关于深化职称制度改革的实施意见》，将动漫、智能制造等行业纳入专业技术职称评审范畴，并将建立职称申报动态调整机制。

2月

2018年2月2日 网络视听节目内容建设创作研讨座谈会召开，研究部署2018年"弘扬社会主义核心价值观 共筑中国梦"暨"8·20"精品工程主题原创网络视听节目征集推选和展播活动，以及"网络视听节目精品创作传播工程"有关工作。

2018年2月5日 湖北广电网络与诚毅软件公司在武汉举行TV+创享实验室签约授牌仪式。双方共同成立实验室，在非视频类互联网和物联网场景业务研发、客户服务大数据聚合和利用、集客业务支撑软件开发服务等重点领域开展深度合作。

2018年2月5日 国家新闻出版广电总局全民阅读活动组织协调办公室发布2017年度"大众喜爱的50种图书"推荐活动入选图书名单。湖北省长江文艺出版社《雪祭》《远行，与异文明的初恋：冯骥才欧游手札》、长江少年儿童出版社《追梦珊瑚——献给为保护珊瑚而奋斗的科学家》等3种图书入选。

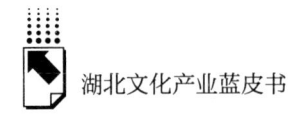

2018年2月23日 荆州园博园在纪南生态文化旅游区正式动工建设。荆州园博园项目规划用地1550亩，总投资约30亿元。

3月

2018年3月1日 湖北省市场监督管理局召开省级媒体和重点互联网站广告监管约谈会，集中约谈50家省级广告发布媒体。据通报，2018年湖北省查办互联网违法广告案件397件，案件罚没金额2081.12万元。

2018年3月3日至15日 湖北日报融媒体中心以一只来自神农架的猴子"楚楚"为卡通形象，打造出短视频产品《楚楚说两会》特别节目。

2018年3月8日 湖北广电网络与湖北省体育彩票管理中心联手打造的全国首家体育彩票电视购彩平台正式上线。

2018年3月9日 第六届中华优秀戏曲文化艺术节在武汉开幕，来自全国各地的戏曲名角带来32场精彩演出。

2018年3月22日至24日 第二十六届中国国际广播电视信息网络展览会（CCBN2018）在北京中国国际展览中心举行，华中科技大学出版社复合出版工程建设应用成果获邀参展。

2018年3月31日 "2018中国点播影院/院线/泛娱乐资源对接会"在武汉举行。

2018年3月31日 武汉召开长江云平台建设研讨会，总结长江云发展经验，为各地融媒体中心建设提供方案。

2018年3月 国家新闻出版广电总局公布了对全国各省市2017年度境外卫星电视管理工作的考评结果，湖北省继2015年、2016后再次获得满分。

4月

2018年4月3日 武汉市歌舞剧院创作演出的大型舞剧《江湖》在武

汉琴台大剧院首演。

2018年4月12日 湖北广电网络发布公告，公司于4月10日审议通过了《关于变更公司经营范围的议案》。变更后的经营范围在原有的前提下增加了数项内容，集客业务、跨界融合方面的业务突出，涉及电商、电视购彩、信息咨询、物联网、信息集成、金融多个领域。同时，湖北广电网络还决定投资设立4个全资子公司——信息集成公司、工程建设公司、工程监理公司、科技实业公司，总计投资1.3亿元，对广电网络集客业务、湖北省广电网络建设资源业务和线上线下新零售业务加大建设力度。

2018年4月13日 "2018德国·中国湖北文化节"在柏林中国文化中心开幕。

2018年4月23日 2018年湖北省"书香荆楚·文化湖北"全民读书月活动启动仪式在华中师范大学举行。

2018年4月 2018年度国家新闻出版广电总局改革发展项目库发出通知，湖北省十堰"创享乐园"传媒文化产业园——湖北省十堰日报传媒集团等15个项目入选；湖北省新华书店（集团）有限公司泛海书城等6家书店入选实体书店优秀店。

5月

2018年5月7日 湖北省新闻出版广电局印发《湖北省新闻出版广电公共信用信息管理办法》。此办法的出台，将更加有力地促进行业信用体系建设的开展。

2018年5月8日 湖北广电网络与启迪云计算有限公司在武汉签署战略合作框架协议。双方将依托各自资源优势，在智慧城市、人工智能、物联网、大数据和科技园区等领域全面深入合作。

2018年5月9日 "荆楚文库"首批89种116册图书面世。"荆楚文库"是湖北省2014年启动的重大文化工程，旨在全方位搜集、整理湖北历代文献，建立完整的研究湖北的资料系统，促进湖北文化繁荣发展。

2018年5月10日 2018年湖北文化产业招商会暨项目签约仪式在深圳举行。

2018年5月17日下午 首届长江云共享大会在襄阳开幕,全国百余家媒体及云上系列客户端运营单位齐聚襄阳,共襄盛会。成立了长江云平台运营合作体,试行直播积分制、舆情产品加盟制、广告联合招商代理制,通过整合用户资源提高议价能力,通过策划全平台运营方案增加合作机会,各媒体按访问量、用户数量等指标进行收益分配。

2018年5月31日 湖北省十三届人大常委会第三次会议表决通过了《湖北省广播电视条例》,该条例是全省广播电视行业管理和服务的基本法。它的颁行,是全省广播电视发展史上的一件大事,具有里程碑式的重大意义,开启了新时代湖北广播电视迈入依法高质量发展的新征程。

6月

2018年6月9日 湖北省首届荆楚文化旅游节在荆州开幕。

2018年6月14日 2018俄罗斯世界杯开幕。湖北广电作为湖北省内唯一获得央视俄罗斯世界杯高清直播正版授权的广电网络运营商,截至2018年6月15日零点,通过湖北广电网络收看2018俄罗斯世界杯开幕赛的用户达89.7万户。

2018年6月20日 "中国500最具价值品牌"排行榜中"楚天都市报"再度上榜,品牌价值首次突破百亿,达115.39亿元,是湖北唯一上榜媒体。

2018年6月25日 长江日报社与青山区委宣传部在武汉市青山区共同打造的"青山绿水红钢城新时代展馆"项目正式上线。"青山绿水红钢城新时代展馆"项目是全市首个社区里的党的十九大精神主题宣传馆。

2018年6月26日 国家新闻出版广电总局公布2018年"弘扬社会主义核心价值观 共筑中国梦"主题原创网络视听节目征集推选和展播活动优秀节目评审结果,52部剧情类作品和49部非剧情类作品获补助。湖北省

"中国梦"主题原创网络视听作品再创佳绩,《我的环卫姐》《重逢》《大威相亲记》《走出大山》《马上来了》等5部作品成功入围总局展播并获扶持,剧情类优秀作品数量同两个兄弟省并列第一,连续四年在该项活动中稳居全国前列。

2018年6月28日　中国版权保护中心华中版权登记大厅在武汉正式启用,华中智谷(华中国家数字出版基地)产业服务功能再上新台阶。

2018年6月30日　孝感临空经济区凤凰旅游区项目签约,投资额为300亿元。

7月

2018年7月7日　2018年"荆楚文化欧洲行"系列展演圆满收官。

2018年7月11日至16日　2018非洲"湖北传媒周"在埃及和南非成功举办。此次传媒周活动成功签署国际合作协议13个,其中图书版权类交易15项,举办各类活动40多项。

2018年7月13日　国家智慧文博新融合产业基地暨"互联网＋中华文明"示范基地获国家文物局批准落户武汉。

2018年7月15日至16日　中国—俄罗斯电影节暨第二届湖北电影产业发展大会在武汉举行。

2018年7月23日　赤壁市融媒体中心挂牌成立,赤壁市融媒体中心是湖北省首个县级融媒体中心。赤壁市融媒体中心整合了赤壁电视台、赤壁人民广播电台、赤壁网、赤壁政府网、赤壁手机报、云上赤壁客户端、赤壁电视台微信公众号等8个媒体平台。

2018年7月26日　湖北省旅游委发布《建设长江国际黄金旅游带核心区　推进旅游服务业提速提升工作方案》,通过实施十项行动,推动旅游高质量发展。

2018年7月　国家出版基金规划管理办公室公布国家出版基金资助项目2017年绩效考评结果,对2017年432个已结项目进行了综合绩效考评。

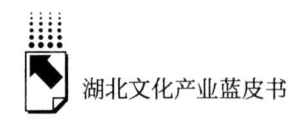

湖北教育出版社出版的《中国教育改革大系》被评为"优秀项目"。

2018年7月 国内青年网络文化社区的领军企业哔哩哔哩入驻光谷金融港，在湖北设立第二总部，正式确立了"上海＆武汉"双核的发展思路。

8月

2018年8月8日 湖北省政府新闻办公室召开发布会，宣布实施"长江经济带绿色发展十大战略性举措"，涉及58个重大事项、91个重大项目，总投资1.3万亿元。

2018年8月17日 两岸优秀版权图书评选结果在第14届海峡两岸图书交易会上发布，湖北省共有《世纪楚学》《中国古籍版本学》《戏剧概要》等10种图书获奖。

2018年8月28日 湖北省广播电视信息网络股份有限公司发布了2018年半年度报告，报告期内实现营业收入12.99亿元，比2017年同期增长12.79%；归属于上市公司股东的净利润为1.79亿元，比2017年同期减少了8.61%。

9月

2018年9月14日至16日 第五届中国（武汉）期刊交易博览会在武汉国际博览中心举行，由国际期刊联盟和中国期刊协会主办的"第六届亚太数字期刊大会"邀请20余位海外嘉宾演讲，近百名海内外专家现场交流。

2018年9月14日上午 由刊博会组委会和湖北省新闻出版广电（版权）局主办的华中国际版权高峰论坛在武汉国际博览中心隆重召开。国家版权交易中心联盟各成员单位，出版、影视、动漫、音乐、游戏等文化创意企业，以及知识产权和金融服务机构的行业专家和企业精英近200人参加了本届论坛。

2018年9月17日 第十六届中国人口文化奖广播影视类获奖作品颁奖

典礼在河北沧州举行，由湖北长江电影集团第一出品，海口市海晏无限影视文化中心、九头鸟文化产业有限公司联合出品的电影《云在故乡等我》荣获二等奖。电影《云在故乡等我》思想深刻、制作精良，现已荣获第十四届长春电影节"银鹿奖"、第三届巫山神女杯艺术电影周"优秀儿童电影"奖，入围第十二届华语青年影像论坛和2017第九届澳门国际电影节。

2018年9月30日 国家广播电视总局公布了2017年度广播电视公益广告扶持项目评审结果。经湖北省局推荐，总局专项资金项目评审委员会审核评定的作品项目共3部获得扶持，2家传播机构获得扶持。其中，湖北卫视《赤子之心　深海作证》获电视类一类扶持；湖北广播电视台新闻广播部《得与失》《祝福祖国　成就梦想》分别获广播类二类扶持和三类扶持。

10月

2018年10月1日 第十六届艾妮动漫游戏展在武汉国际博览中心开幕。

2018年10月19日至21日 第七届中国国际版权博览会在苏州举行。湖北省武汉市江岸区人民法院知识产权审判庭荣获"中国版权金奖"。全国共20家单位获得此奖，这是湖北省首次获此殊荣。

2018年10月19日 第三届湖北艺术节暨庆祝改革开放40周年优秀作品展演开幕式在洪山礼堂举行。

2018年10月26日 中央广播电视总台广告精准扶贫及国家重大工程公益传播项目签约仪式在北京举行。中央电视台和湖北省委宣传部签署了《中央电视台"国家品牌计划——广告精准扶贫"项目合作备忘录》。湖北省委常委、襄阳市委书记李乐成出席签约仪式。届时，武当道茶、房县小花菇、木耳、蕲艾、红安花生、赤壁青砖茶、恩施硒土豆等湖北优质农产品，将在央视多个有影响力频道的公益广告黄金时段免费刊播，每天每个产品播出频次不低于20次。

2018年10月26日 由襄阳市委宣传部主办、湖北广电襄阳分公司协

办，湖北广电精心打造的全省新闻聚合栏目——《湖北新闻展播》上线新闻发布会在襄阳市广电中心举行，襄阳市民足不出户即可通过多终端直击全省新闻，襄阳本地新闻也可通过平台传至全省各地。

2018年10月27日上午 第十七届华中图书交易会暨第二届荆楚书香节在武汉国际会展中心盛大开幕。

2018年10月30日晚 襄阳日报在金庸先生逝世之际，发起了一项"为先生点亮襄阳城"的活动。2018年10月31日，"为先生点亮襄阳城"活动成为微博热搜前十，新华社、紫光阁、中新社等主流媒体纷纷转载。在不到24小时的时间里，"为先生点亮襄阳城"活动单条抖音播放量突破2000万次，单条微博阅读量突破1500万人次，网友评论数超过100万条。

2018年10月 2018国际戏剧影像展在武汉举行。

2018年10月 荆州日报打造"融合AI智能终端实验室"落户荆州。

11月

2018年11月16日 湖北省文化和旅游厅举行挂牌仪式。

2018年11月19日 《湖北日报》第六版和《楚天都市报》第八版同步推介了刚刚开通运行的新版湖北省政府门户网站。据悉，党报、都市报将连续三天用半个版面同为网站做广告，这种纸媒为政府网实力"打call"的方式属全国首创。

2018年11月21日 湖北省广播电视局、湖北省新闻出版局、湖北省版权局、湖北省电影局正式挂牌。根据中央批准的《湖北省省级机构改革的实施意见》，省委决定由省委宣传部统一管理新闻出版和电影工作，重新组建省广播电视局，不再保留省新闻出版广电局。

12月

2018年12月20日 湖北省广播电视信息网络股份有限公司（以下简

称"湖北广电网络")与紫光旗下新华三集团(以下简称"新华三")在第五届华中融媒体峰会上签署战略合作协议。双方将本着"发展、共赢、平等、互利"的原则,在 IP 网络架构演进、云计算、大数据、网络安全、智慧城市等方面建立全面战略合作伙伴关系。未来,湖北广电网络将依托新华三在 SDN、NFV 和云计算技术方面的融合创新以及丰富经验,建设以"三网融合"为特征的下一代广播电视网,共同打造满足广电行业核心需求的服务产品与解决方案,提升广电网络的智能化水平和创新能力,降低综合运营成本,为智慧广电的建设与发展提供不竭动力。

2018 年 12 月　第九十一届奥斯卡最佳动画短片奖最终入围名单公布,10 部作品从全球 81 部优秀动画电影中脱颖而出。湖北省版权登记作品《冲破天际》(*One Small Step*)成功入围,成为中国唯一一部冲刺奥斯卡奖的作品。《冲破天际》由太崆动漫(武汉)有限公司制作出品。该公司创始人张少甫是出生在武汉的美籍华裔,曾参与制作过《疯狂动物城》《超能陆战队》《海洋奇缘》等多部国际知名动画电影。此次《冲破天际》代表中国角逐奥斯卡,不仅意味着湖北省动漫产业发展迈上了新的台阶,而且反映出在持续加强版权保护的背景下,湖北省创新创业环境呈现不断优化改善及对版权相关产业发展促进作用日益明显的良好局面。

2018 年 12 月　华中科技大学出版社中标国家数字复合出版系统工程应用示范(出版数字化流程创新方向),是图书出版类中唯一入选的大学社,获资助资金也在单体出版社中排名第一。

2018 年 12 月　香港电影武汉展映活动启动。

B.17 后 记

2018年，根据中央指示，湖北将在"一个新篇章"的总体要求下，以文化自信、文化强国、文化道路和文化使命的时代要求为指引，以文化软实力实现经济的"硬发展"。面临迅速变化转型的新业态、新风口，如何提振湖北的文化消费，如何实现传统文化产业的可持续发展，如何推动新兴文化产业及时转型，"以高质量文化供给增强人们的文化获得感、幸福感"，既是从业者和决策者孜孜以求的目标，也是本课题组希望尽力探究、研判并呈现给业界与管理部门的内容。

下面就报告的研创思路做简要说明。

1. 研究目的

本报告聚焦飞速转型的新业态，探寻湖北文化产业的高质量发展之路。通过对核心产业门类和特色产业门类的深度分析，在产业不断深度融合的新常态中，寻找增强文化供给质量的有益途径，最终增强人民群众的文化获得感与幸福感。

2. 研究对象

本报告采取"总报告＋指数报告＋行业报告＋专题报告"的结构，点面结合，各行业报告的理论视角保持一致。具体针对湖北报业、出版产业、广播电视产业、电影产业、广告产业、演艺产业、动漫产业、文化旅游产业8个研究对象撰写了行业报告；同时，针对特色产业门类或新兴产业门类，如汉绣产业、钢琴产业、武汉"景绿网红小镇"等展开专题调研。

3. 数据来源

本报告以国家统计局、湖北省统计局、湖北省委宣传部、湖北省财政厅等机构的官方数据为依据。同时，以多家文化企业的公开数据为补充，并以

后 记

主流报刊、专业数据库的数据为参考，组织团队进行专题调研，力求做到数据的真实、准确、可靠。

4. 报告的编撰团队

本报告的编写者来自湖北大学、湖北工业大学、武汉纺织大学、武汉市文化局、湖北人民出版社等机构，既有思路开阔的中青年骨干学者，也有从业多年的资深业界人士。令我们倍感鼓舞的是，本蓝皮书的编写得到了中共湖北省委宣传部等政府部门的大力支持，得到了湖北省社科院、武汉大学、华中师范大学和湖北大学诸多研究机构的前辈学人的热忱关心与无私帮助，为蓝皮书不断提升编撰质量奠定了坚实基础。与此同时，"中国文化传承与发展优势学科群"所提供的经费支持，当代文艺创作研究中心、湖北大学高等人文研究院、湖北文化建设研究院及湖北大学各相关院系为本书提供的人力与物力支持，都使我们深怀感激与敬意。

本报告是我们为推进湖北文化产业发展所做的又一次努力探索，限于才智、眼界，报告必然存在不尽如人意之处，我们诚恳希望专家、读者与各界朋友批评指正，以期为我们今后的研究和后续蓝皮书的编写积累宝贵经验。

最后，对所有帮助与支持本蓝皮书研创出版的单位与个人表示衷心的感谢！

黄晓华
"湖北文化产业发展报告"课题组组长
湖北大学文学院副院长
湖北大学湖北文化产业研究中心常务副主任

Abstract

With the promulgation of programmatic documents such as the "Opinions of the Hubei Provincial Committee of the Communist Party of China and the People's Government of Hubei Province on Accelerating the Quality Development of the Cultural Industry of the Province", Hubei cultural industry has established the core idea of brand strategy, which is "enhancing the cultural acquisition. of people with high-quality cultural supply, adhering to the correct orientation and always puts social benefits first, insisting on deepening reforms and promoting supply-side structural reforms in the cultural field, adhering to integration and innovation, promoting the transformation and upgrading of cultural industries, fostering new cultural formats, adhering to characteristic development and vigorously implementing culture".

In 2018, the policy environment and economic environment for the development of Hubei cultural industry continued to improve, with the formation of "One Main , Two Pairs and Multiple Poles" industrial layouts. Hubei cultural industry actively integrated into international intellectual property exchange protection cooperation while internally promoted the construction of public cultural service facilities, which increased the sense of popular culture. The cultural tourism industry was deeply integrated. The industrialization path of traditional culture has become clearer, the modern cultural industry has steadily transformed, and the emerging cultural industry has actively seized the new enthusiasm. Cultural poverty alleviation and rural revitalization complement each other, the social and cultural atmosphere keeps warming, and e-commerce and express logistics are further integrated. A group of leading cultural enterprises and fist brands have embarked on the road of sustainable development, systematic cultural brand projects such as "Chu Cai" and "Qianjiang Lobster" started, which made contribution to cultural integration and carrier industry integration. At the same time, how to quickly boost

Abstract

cultural consumption, how to achieve sustainable development of traditional cultural industries, and how to promote the timely transformation of emerging cultural industries is still a difficult problem for practitioners and management departments.

Annual Report on Hubei Culture Industries (*2019*) (hereinafter referred to as *Report*) comprehensively sorted out the development of Hubei cultural industry in 2018, focusing on the pain points and highlights of the cultural industry in the transformation and development, and striving to provide useful reference for practitioners and decision makers.

Based on a large number of policy interpretations, field research and data analysis, *Report* believes that according to the instructions of the Central Committee of the Communist Party of China, Hubei will be under the overall requirements of "a new chapter", with the era of cultural self-confidence, cultural power, cultural path and cultural mission. The requirements are guidelines, and the "hard development" of the economy is achieved with cultural soft power. *Report* believes that while the new technology and new formats continue to promote the transformation and upgrading of the cultural market, only by combining the social benefits and market benefits, deepening the system reform, strengthening and expanding the market, attracting cultural talents, and activating the culture consumption can seize the opportunity, promote the high-quality development of Hubei cultural industry, and continuously enhance the people's cultural sense of acquisition and happiness with a high level of cultural supply.

Report is the blue book of Hubei cultural industry launched by the research team for the third consecutive year. After further condensing the direction and highlighting the characteristics, the book still adopts the structure of "general report + index report + industry report + special report", so as to make a unified review of the core categories in the cultural industry. In addition, it targets traditional industries with distinctive characteristics, or emerging categories, such as Han embroidery and net-popular towns. The research group also organizes special classes to conduct in-depth exploration.

Keywords: Hubei Culture Indusbries; Industry Integration; Cultural Supply; Cultural Acquisition

Contents

Ⅰ General Report

B.1 Report on the Development of Hubei Culture Industry (2018)

Huang Xiaohua, Niu Min / 001

Abstract: From 2017 to 2018, the policy environment and economic environment for the development of cultural industry in Hubei Province continued to improve. " One Main, Two Pairs and Multiple Poles " has been formed. Various regions achieved differentiated development. The pace of "going out" of cultural industry quickened. The cultural industry took the initiative to integrate into international intellectual property exchange and protection cooperation. The construction of public cultural services continued to advance and the sense of people's culture gained increased. With the increasingly fierce competition in cultural industries and the rapid transformation of new formats in various provinces, Hubei will further optimize the industrial layout around international-level cultural construction projects, systematize and sustain the development of industrial integration with brand as the carrier, adhere to the combination of social and market benefits, deepen the reform of the system, strengthen and expand the market main body, and promote the high quality of cultural industries in Hubei Province. Development, with a high level of cultural supply to constantly enhance the people's sense of cultural acquisition, happiness.

Keywords: Hubei Culture Industries; Industrial Convergence; Cultural Supply

II Index Report

B.2 Release and Evaluation Report of Cultural Industry Development Index in Hubei Province (2018)

Qing Jing, Shi Yingxia / 018

Abstract: Based on the eight main evaluation indicators of cultural industry development in Hubei Province in 2017, this report draws Hubei Cultural Industry Development Index and related rankings of 2017, which provides data reference for the development of cultural industries in various regions of our province.

Keywords: Cultural Industry; Hubei Cultural Development Index; Cultural Industry System

III Industry Reports

B.3 Report on Hubei Newspaper Industry Development (2018)

Zhang Yan, Nie Yuanzheng / 034

Abstract: With the continuous promotion of media integration strategy, Hubei newspaper industry is moving from the initial integration of "extensive growth" to the deep integration of "intensive farming". First of all, at the level of media function, under the blessing of digital technologies such as AI, cloud computing, and big data, the traditional newspaper industry has moved forward from a single functional model to a composite and diversified intelligent media, and the newspaper industry can provide more and more services. It is more accurate to serve the crowd. Secondly, at the level of integration strategy, the major newspaper groups in Hubei put forward different integration schemes, whether it is to establish their own media integration center, or with the help of mature media integration platform. All the newspaper groups have taken a solid step on the road of integration and development. In response to the fierce competition of new media, Hubei newspaper industry through local reports, deepen the strategy of media integration, layout of multiple industries, multi-faceted, multi-angle "invigorate" the development of the newspaper industry. In the deep water area of integrated development, Hubei newspaper industry will develop in the direction of high quality, authority and intelligence.

Keywords: Hubei; Newspaper Industry; Deep Media Convergence; Intellectualization; High Quality

B. 4　Report on Hubei Publishing Industry (2018)

Zhang Qi, Chen Ge / 063

Abstract: This report, first of all, from the aspects of policy environment and economic environment for the development of the publishing industry of Hubei province environment are analyzed; Secondly, from the economic and social benefits, public services, integration development, foreign exchange and other aspects of the development of the publishing industry of Hubei province are summarized; Again, the publishing industry of Hubei province in the original publishing, digital transformation, scientific research, the problems existing in the "going out", etc are discussed in this paper; Finally, in view of the development of the publishing industry of Hubei province is proposed to coordinate the two benefits, in accordance with the rules in accordance with the management, deepen supply-side strutural reform, the development of fusion, to strengthen the construction of a think-tank, to strengthen the international influence and so on.

Keywords: Digital Transformation; Think Tank Construction; Supply-Side Structural Reform

B. 5 Report on Hubei Radio and Television Industry

Development (2018) *Lu Junwei, Peng Ya* / 083

Abstract: 2018 is the year of comprehensive upgrading and transformation of Hubei radio and television industry. With the development of media integration, Hubei radio and television industry has improved the quality of its public services, and has steadily promoted its industrial development, and its development has been provided with new opportunities by policies and regulations. Hubei radio and television industry presents the characteristics of an overall advancement of integrated platform construction, technology empowerment driving media integration, and media integration promoting content production. In view of new development opportunities, this report puts forward development strategies such as promoting the development of the network audio-visual industry, improving the quality of creation, exploring flow realization mode, and accelerating the upgrading of artificial intelligence technology.

Keywords: Broadcasting Industry; Media Integration; Content Creation; Technical Empowerment

B. 6 Report on Hubei Film Industry Development (2018)

Liu Li / 099

Abstract: In 2018, with the adjustment of industrial structure and environment, business rules and market norms of Hubei film industry are being rebuilt, the market maintain growth. The quality of local films has improved, animated films have made a significant breakthrough, upgrade the projection mode of rural film, film industry and related industries coordinated development, "going out" project continues to deepen. In order to achieve the goal of transforming from a big province of film consumption to a strong province of film production, efforts should be made in project cultivation, talent reserve, technology introduction, capital operation and management concepts. With these measures taken, it is reasonable for us to expect a energetic, confident and motivated development of Hubei film industry.

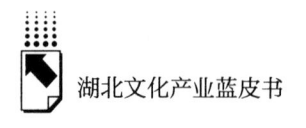

Keywords: Hubei Film Industry; Film Industrial Chain; Improve Quality and Performance

B.7 Report on Hubei Advertising Industry (2018)

Li Ming, Cui Shizhen / 113

Abstract: In the impact of the Internet in 2018, the number of traditional media audience is on a cliff fall, increasingly lower marketing value, the use of digital media and wireless terminal technology makes the Internet and outdoor advertising market is rapid development momentum, realize from the traditional media advertising industry in Hubei province to meet the new medium of the Internet and offline outdoor stride type transition in an all-round way. In the expansion of new media, Hubei's advertising industry is also experiencing the pains of a period of change, with intensified market competition and content marketing problems becoming a reality. New challenge give birth to new marketing idea, "social +" and we-media marketing since becoming new ways of marketing, media marketing cannot jump advertising become a new trend of marketing, precision marketing has become the new core of marketing, new generation consumer market has become a new market marketing has "her economy" and the light of the rapid expansion of the luxury brand advertising, advertising industry is growing in scale, the advertising industry in Hubei province are bringing in the new business opportunities.

Keywords: Hubei Advertising Industry; New Marketing Ideas; Marketing Characteristics

B. 8 Report on Hubei Performing Arts Industry

Development (2018) *Hu Xiaoya , Liang Yanping* / 130

Abstract: 2017 -2018, Hubei performing arts industry has maintained good momentum of development. The policy environment has been continuously improved, culture and tourism have been deeply integrated, and the top-level design has been constantly completed. The marketization of the performing arts industry has been continuously improved, and the private economy has been active. However, there are also some problems, such as the low marketization degree of state-owned cultural troupes, the unbalanced of regional development and the low attention paid to the private cultural enterprises. The overall environment of performing arts ecology needs to be further improved. It is urgent to build an interactive, mutually beneficial and symbiotic performing arts ecosystem by deepening the reform of state-owned cultural troupes, standardizing the management of theaters, constructing cinema chain within the province and deeply integrating development, so as to promote the development and growth of the performing arts industry in our province.

Keywords: Private Enterprises; Performing Arts Industry Chain; Ecosystem of Performing Arts Industry

B. 9 Report on Hubei Animation Industry Development (2018)

Niu Min / 147

Abstract: During 2017 and 2018, as the market tends to be rational, the game version number is strictly controlled and because of the tax reform, the cost of animation production is continuously pushed up and profits are reduced. The domestic animation and game industry has experienced a short "winter". The accelerated recession of capital hot money has forced the animation and comic market to change its previous single cash flow mode. Animation and comic companies have explored refined operation mode, gradually transiting from short-term profits to deep cultivation of IP, focusing on creating animation and comic brand and creating animation culture. To shift to a new mode dominated by high-quality content production. In the process of transformation, Hubei animation and comic industry began to combine with traditional culture and local cultural image in depth, carrying the important social function of inheriting culture and shaping city cultural brand image with high quality original content.

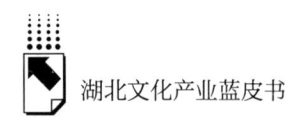

Keywords: Content Production; Hot money's Ebb Tide; Animation Industry

B.10 Report on Hubei Cultural Tourism Industry Development (2018) *Li Zhifei, Xia Chengcheng* / 164

Abstract: In recent years, Hubei province, based on local characteristics, vigorously develop cultural tourism, and constantly improve the quality of "tourism +" and "+ tourism" industry. This paper firstly analyzes the development environment of Hubei cultural tourism industry from the aspects of policy environment, economic environment, technological environment and social environment. Secondly, it summarizes the overall economic strength, projects, products, markets and brands of Hubei cultural tourism industry. It is found that the use of cultural resources is inefficient, the spatial distribution of cultural tourism industry is unbalanced, the development of cultural tourism products is prominent, and the professional talents are scarce. Finally, some suggestions are put forward, such as exploring cultural resources, innovating tourism products, creating cultural tourism IP, combining scientific and technological applications, strengthening tourism talent construction, and integrating marketing mechanism, so as to adjust and optimize the structure of cultural tourism industry in Hubei province and promote the healthy and vigorous development of cultural tourism industry.

Keywords: Cultural Tourism Industry; Leisure Agriculture; Rural Tourism

Contents

Ⅳ Special Reports

B. 11 Analysis on Investment and Financing of Hubei Cultural

Industry Development (2018) *Xu Junwu, Li Shiyuan* / 185

Abstract: The Hubei Provincial Party Committee and the Provincial Government attach great importance to the development of cultural industry. The Opinions on Accelerating the High-quality Development of Cultural Industry in the whole Province promulgated in November 2018 emphasizes the cultivation of cultural industry as a pillar industry and the construction of a strong socialist cultural province. With the importance of cultural industry from all walks of life, how to promote the development and prosperity of cultural industry has become a research hotspot in academic circles. At the same time, under the background of economic, political and cultural globalization, the development of cultural industry has entered the era of capital operation. Combining with the reality of Hubei province, the urgent task is to accelerate the development of investment and financing of cultural industry, improve the investment and financing mechanism of cultural industry, and realize the full connection between culture and capital. The development of cultural industry in our province must effectively solve the problem of investment and financing. Without the all-round involvement of capital, it is difficult for culture to truly industrialize.

Keywords: Hubei Cultural Industry; Financial Institutes; Investment and Financing

B. 12 Report on Hubei Han Embroidery Industry (2018)

Guo Fengqiu, Wang Yuting and Tan Weirong / 199

Abstract: Han embroidery in Hubei province has been listed as "the four famous embroidery in the Yangtze river basin", and is the representative of Hubei embroidery industry, which has long history and culture, rich connotation, and creative, fashion value. With the cooperation of the government, universities, experts, enterprises and inheritors, a series of inheritance and protection policies have been issued and implemented. However, questionnaire survey and interview show, Han embroidery industry development bottleneck lies in low identification, lack of innovation, immature industrial chain. In this regard, it is urgent to establish a collaborative innovation platform in Hubei province to strengthen resource integration, focusing on clothing fashion products, taking the road of young, fashionable, creative, diversified, and then accomplish the initiative, effective, stable, mature, sustainable fashion creative industry chain.

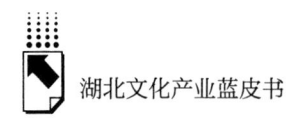

Keywords: Han Embroidery Industry; Industry Chain; Han Embroidery Clothing

B.13 Report on Hubei Piano Industry (2018)

Wang Xichong / 213

Abstract: This report makes a systematic and comprehensive analysis of the piano industry in Hubei province in 2018. With the first-hand survey data and questionnaires as the analysis material, this paper makes a thorough analysis of the present industrial situation of the piano industry. In Hubei province, the overall development situation of piano manufacturing industry, piano education industry and the social piano competitions are relatively booming, and the development prospects are optimistic. However, in the process of development, there are still many current situations that need to be further rectified. At the same time, this paper also puts forward corresponding countermeasures and suggestions, such as optimizing and refining the piano industry chain, improving the teacher training system, optimizing the grading and competition resources platform.

Keywords: Piano Industry; Piano Training; Piano Making

B. 14　Report on Hubei Xinhua Bookstore Development (2018)

　　　　　　　　　　　　　　　　Zhang Xuan, Xiong Xuhua / 229

Abstract: In 2018, under the guidance of Yangtze Publishing and Media Co., Ltd, Hubei Xinhua Bookstore (Group) has ranked among the top 10 national distribution groups for two consecutive years. After entering the first batch, Hubei Xinhua has highlighted its traditional and emerging business. In 2018, Hubei Xinhua achieved remarkable achievements in the establishment of the "All People's Reading" brand, the optimization of the layout of physical bookstores, and the standardization of use in Hubei, and realized the transformation of Hubei Xinhua into a new position as a reading service provider.

Keywords: Entity Bookstore; Hubei Xinhua Bookstore; "All People's Reading"

B. 15　Report on Hubei "Jinglv Characteristic Town" (2018)

　　　　　　　　　　　　　　　　Huang Xiaohua, Zhang Yiming / 244

Abstract: The investigation of the development status of characteristic towns is beneficial to promoting the healthy and orderly development of characteristic towns, promoting the practice of "village revitalization strategy" and promoting the innovation and development of rural civilization. At present, there are still some limitations and gaps in the investigation of characteristic towns. Through the combing of the basic experience and problems in the construction of "Jinglv Characteristic Town" in Caidian District of Wuhan, not only can the uniqueness of the characteristic towns be summarized, the experience can also provide valuable reference for the overall development of the characteristic town. From the perspective of successful experience, "Jinglv Characteristic Town" has a sound infrastructure and an orderly operation, keeps up with the times and develops the brand effect. However, there are problems in the development of this characteristic town such as lack of unique features, inadequate resource clustering, and harm of native land. This report consists of two parts and provides suggestions from the perspective of the authorities and businessmen, concerning the enhancement of transportation, infrastructure and brand promotion.

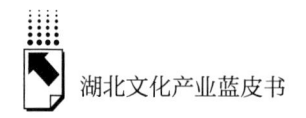

Keywords: Characteristic Town; Jinglv Characteristic Town; Internet

权威报告·一手数据·特色资源

皮书数据库
ANNUAL REPORT(YEARBOOK) DATABASE

分析解读当下中国发展变迁的高端智库平台

所获荣誉

- 2019年，入围国家新闻出版署数字出版精品遴选推荐计划项目
- 2016年，入选"'十三五'国家重点电子出版物出版规划骨干工程"
- 2015年，荣获"搜索中国正能量 点赞2015""创新中国科技创新奖"
- 2013年，荣获"中国出版政府奖·网络出版物奖"提名奖
- 连续多年荣获中国数字出版博览会"数字出版·优秀品牌"奖

成为会员

通过网址www.pishu.com.cn访问皮书数据库网站或下载皮书数据库APP，进行手机号码验证或邮箱验证即可成为皮书数据库会员。

会员福利

- 已注册用户购书后可免费获赠100元皮书数据库充值卡。刮开充值卡涂层获取充值密码，登录并进入"会员中心"—"在线充值"—"充值卡充值"，充值成功即可购买和查看数据库内容。
- 会员福利最终解释权归社会科学文献出版社所有。

数据库服务热线：400-008-6695
数据库服务QQ：2475522410
数据库服务邮箱：database@ssap.cn
图书销售热线：010-59367070/7028
图书服务QQ：1265056568
图书服务邮箱：duzhe@ssap.cn

卡号：764791355385

S 基本子库
SUB DATABASE

中国社会发展数据库（下设 12 个子库）

整合国内外中国社会发展研究成果，汇聚独家统计数据、深度分析报告，涉及社会、人口、政治、教育、法律等 12 个领域，为了解中国社会发展动态、跟踪社会核心热点、分析社会发展趋势提供一站式资源搜索和数据服务。

中国经济发展数据库（下设 12 个子库）

围绕国内外中国经济发展主题研究报告、学术资讯、基础数据等资料构建，内容涵盖宏观经济、农业经济、工业经济、产业经济等 12 个重点经济领域，为实时掌控经济运行态势、把握经济发展规律、洞察经济形势、进行经济决策提供参考和依据。

中国行业发展数据库（下设 17 个子库）

以中国国民经济行业分类为依据，覆盖金融业、旅游、医疗卫生、交通运输、能源矿产等 100 多个行业，跟踪分析国民经济相关行业市场运行状况和政策导向，汇集行业发展前沿资讯，为投资、从业及各种经济决策提供理论基础和实践指导。

中国区域发展数据库（下设 6 个子库）

对中国特定区域内的经济、社会、文化等领域现状与发展情况进行深度分析和预测，研究层级至县及县以下行政区，涉及地区、区域经济体、城市、农村等不同维度，为地方经济社会宏观态势研究、发展经验研究、案例分析提供数据服务。

中国文化传媒数据库（下设 18 个子库）

汇聚文化传媒领域专家观点、热点资讯，梳理国内外中国文化发展相关学术研究成果、一手统计数据，涵盖文化产业、新闻传播、电影娱乐、文学艺术、群众文化等 18 个重点研究领域。为文化传媒研究提供相关数据、研究报告和综合分析服务。

世界经济与国际关系数据库（下设 6 个子库）

立足"皮书系列"世界经济、国际关系相关学术资源，整合世界经济、国际政治、世界文化与科技、全球性问题、国际组织与国际法、区域研究 6 大领域研究成果，为世界经济与国际关系研究提供全方位数据分析，为决策和形势研判提供参考。

法律声明

"皮书系列"（含蓝皮书、绿皮书、黄皮书）之品牌由社会科学文献出版社最早使用并持续至今，现已被中国图书市场所熟知。"皮书系列"的相关商标已在中华人民共和国国家工商行政管理总局商标局注册，如LOGO（ ）、皮书、Pishu、经济蓝皮书、社会蓝皮书等。"皮书系列"图书的注册商标专用权及封面设计、版式设计的著作权均为社会科学文献出版社所有。未经社会科学文献出版社书面授权许可，任何使用与"皮书系列"图书注册商标、封面设计、版式设计相同或者近似的文字、图形或其组合的行为均系侵权行为。

经作者授权，本书的专有出版权及信息网络传播权等为社会科学文献出版社享有。未经社会科学文献出版社书面授权许可，任何就本书内容的复制、发行或以数字形式进行网络传播的行为均系侵权行为。

社会科学文献出版社将通过法律途径追究上述侵权行为的法律责任，维护自身合法权益。

欢迎社会各界人士对侵犯社会科学文献出版社上述权利的侵权行为进行举报。电话：010-59367121，电子邮箱：fawubu@ssap.cn。

社会科学文献出版社